ROLF MEYER

Die Wahl und Ernennung der gemeindlichen Wahlbeamten in der Bundesrepublik

NEUE KÖLNER RECHTSWISSENSCHAFTLICHE ABHANDLUNGEN

HERAUSGEGEBEN VON
DER RECHTSWISSENSCHAFTLICHEN FAKULTÄT
DER UNIVERSITÄT ZU KÖLN

HEFT 31

Berlin 1964

WALTER DE GRUYTER & CO.

vormals G. J. Göschen'sche Verlagshandlung · J. Guttentag, Verlagsbuchhandlung
Georg Reimer · Karl J. Trübner · Veit & Comp.

Die Wahl und Ernennung der gemeindlichen Wahlbeamten in der Bundesrepublik

Von

Dr. Rolf Meyer

Rumeln-Kaldenhausen

Berlin 1964

WALTER DE GRUYTER & CO.

vormals G. J. Göschen'sche Verlagshandlung · J. Guttentag, Verlagsbuchhandlung
Georg Reimer · Karl J. Trübner · Veit & Comp.

Archiv-Nr. 2 708 63 8
Satz und Druck: Walter de Gruyter & Co., Berlin 30

INHALTSÜBERSICHT

LITERATURVERZEICHNIS

Bachof, Otto	Anmerkung zu dem Urteil des BGH vom 12. 2. 1951, DÖV 1951 S. 275f.
Bachof, Otto	Beurteilungsspielraum, Ermessen und unbestimmter Rechtsbegriff im Verwaltungsrecht, JZ 1955 S. 97ff.
Baring, Martin	Berufung und Ernennung, BBZ 1953 S. 145.
Baring, Martin	Die kommunale Selbstverwaltung und die Verwaltungsgerichtsbarkeit, StT 1952 S. 105ff.
Becker, Erich	Die Selbstverwaltung als verfassungsrechtliche Grundlage der kommunalen Ordnung in Bund und Ländern, bei Peters Hdbch. Bd. I S. 113ff.
Becker, Erich	Entwicklung der deutschen Gemeinden und Gemeindeverbände im Hinblick auf die Gegenwart, bei Peters Hdbch. Bd. I S. 62ff.
Becker, Heinz	Die Rechtsverhältnisse der hauptamtlichen Wahlbeamten der Gemeinden und Landkreise, Diss. Marburg 1960
Bender, Bernd	Allgemeines Verwaltungsrecht, 2. Aufl., Freiburg 1956
Berkenhoff, H. A.	Das Kommunalverfassungsrecht in Nordrhein-Westfalen, Köln 1960
Bochalli, Alfred	Landesbeamtengesetz von Nordrhein-Westfalen, Köln-Berlin 1955
Bochalli, Alfred	Kommentar zum Bundesbeamtengesetz, Köln-Berlin 1958
Brand, Arthur	Das Deutsche Beamtengesetz, 2. Aufl., Berlin 1938
Ehmke, Horst	Ermessen und unbestimmter Rechtsbegriff im Verwaltungsrecht, Tübingen 1960
Elsner, Werner	Gemeindeverfassungsrecht in den Ländern der Magistratsverfassung, bei Peters Hdbch. Bd. I S. 280ff.
Enneccerus-Nipperdey	Allgemeiner Teil des bürgerlichen Rechts, 14. Aufl., Tübingen 1952
Fischbach, Oskar Georg	Bundesbeamtengesetz, 2. Aufl., Köln-Berlin 1956
Forsthoff, Ernst	Lehrbuch des Verwaltungsrechts, Allgemeiner Teil, 7. Aufl., München und Berlin 1958
Friesenhahn, Ernst	Rechtsgutachten über die Anstellungsverhältnisse der Hauptgemeindebeamten im Lande Nordrhein-Westfalen, Bonn 1949

Fritz, Wilhelm	Die Wahl der Bürgermeister und Gemeinderäte sowie Gemeinderatssitzung nach geltendem bayerischen Recht, Diss. Würzburg 1956
Geib, Ekkehard	Schleswig-Holsteinisches Landesbeamtenrecht, Stuttgart 1956
Gerner-Bußler	Bayerisches Kommunalwahlbeamtengesetz, München 1952
Göbel, Kurt	Gemeindeordnung für Baden-Württemberg, Stuttgart 1956
Görg, Hubert	Kommunales Dienstrecht, bei Peters Hdbch. Bd. II S. 84
Görg, Hubert	Die kommunalen Wahlbeamten, ZBR 1958 S. 65ff.
Groß, Werner	Anmerkung zu der Entscheidung des OVG Koblenz vom 18. 7. 1957, DVBl. 1958 S. 358
Hefele-Schmidt	Bayerisches Beamtengesetz, Kommentar, Neuwied-Berlin 1961
Helmreich, Karl	Bayerische Gemeindeordnung, 5. Aufl., München 1958
Helmreich-Widtmann	Bayerische Gemeindeordnung, 2. Aufl., München 1959
Henrichs, Wilhelm jr.	Zuständigkeit der Verwaltungsgerichte im Kommunalverfassungsstreitverfahren, KomPolBl. 1958 S. 515ff.
Henrichs, Wilhelm jr.	Kommunalverfassungsstreitverfahren vor den Verwaltungsgerichten, DVBl. 1959 S. 548ff.
Heylandt, Karl	Anmerkung zu dem Urteil des Württ.-Bad. VGH vom 31. 3. 1950, DVBl. 1951 S. 123f.
Heylandt, Karl	Deutsches Beamtenrecht, Berlin 1938
Hölzl, Josef	Gemeindeordnung für den Freistaat Bayern, 3. Aufl., München 1960
Hölzl-Rollwagen	Gemeindeordnung für den Freistaat Bayern, München 1952
Hofmeister, Walter	Interessenkollisionen nach deutschem Gemeindeverfassungsrecht, Göttingen 1955
Huber, Ernst Rudolf	Wirtschaftsverwaltungsrecht, 2. Aufl., Tübingen 1953 u. 1954
Jellinek, Walter	Verwaltungsrecht, 3. Aufl., Offenburg 1948
Kanka, Karl	Zweifelsfragen aus der praktischen Anwendung der hessischen Gemeindeordnung, KommPolBl. 1954 S. 360ff.
Köttgen, Arnold	Wesen und Rechtsform der Gemeinden und Gemeindeverbände, bei Peters Hdbch. Bd. I S. 185ff.
Kottenberg, Kurt	Gemeindeordnung für das Land Nordrhein-Westfalen, 6. Aufl., Siegburg 1961

Kunze-Schmid	Die Gemeindeordnung für Baden-Württemberg vom 25. Juli 1955, Kommentar von Richard Kunze und Carl Schmid, Stuttgart und Köln 1956
Lauritzen, Lauritz	Die Selbstverwaltung in Schleswig-Holstein, Kiel 1950
Lindemann, Kurt	Die niedersächsische Gemeindeordnung, Hannover 1955
von Mangoldt, Hermann	Das Bonner Grundgesetz, Berlin und Frankfurt a. M. 1953
Masson, Christoph	Gemeindeordnung für den Freistaat Bayern, München 1952
Maunz, Theodor	Deutsches Staatsrecht, 9. Aufl., München und Berlin 1959
Menth, Hermann	Die Rechtsstellung der im kommunalen öffentlichen Dienst stehenden Beamten, Angestellten und Arbeiter in Bayern, Diss. Würzburg 1955
Müller, Klaus	Der Gemeindedirektor in Nordrhein-Westfalen, Diss. Heidelberg 1956
Müller, Trudpert	Bemerkungen zur Rechtsstellung und Wahl des Landrats in Baden-Württemberg, B-W VerwBl. 1957 S. 68
Muntzke-Schlempp	Kommentar zur hessischen Gemeindeordnung, von Hans Muntzke und Hans Schlempp, Bad Homburg v. d. H. und Berlin 1954
Neeße, Gottfried	Die Interessenkollision im bayerischen Gemeinderecht, Bayer. Bgm. 1955 S. 196ff.
Odenbreit, Walter	Gemeindeordnung in Nordrhein-Westfalen, 10. Aufl., Münster 1957
Otto, W.	Die Nichtigkeit von Beamtenernennungen, ZBR 1955 S. 1ff.
Peters, Hans	Handbuch der kommunalen Wissenschaft und Praxis, Berlin-Göttingen-Heidelberg 1956
Peters, Hans	Die neue Gemeindeordnung für Nordrhein-Westfalen, DVBl. 1953 S. 38ff.
Peters, Hans	Zwei Jahre Gemeindeordnung in Nordrhein-Westfalen, KommPolBl. 1955 S. 65ff., 99ff.
Peters, Hans	Lehrbuch der Verwaltung, Berlin-Göttingen-Heidelberg 1949
Peters, Hans	Grenzen der kommunalen Selbstverwaltung in Preußen, 1928
Prandl	Offene Fragen zur Landkreisordnung, Bayer. Bgm. 1953 S. 4ff.
Rietdorf, Fritz	Gesetz über die Kommunalwahlen im Lande Nordrhein-Westfalen, Stuttgart 1956

Rollwagen, Hans	Was soll an den Kommunalgesetzen geändert werden?, Bayer. Bgm. 1957, S. 265 ff.
Rooschütz, Gerhart	Einige Bemerkungen zum Gemeindebeamtenrecht in Baden-Württemberg, VerwPraxis 1957 S. 32 ff.
Ruscher, Edgar	Die rechtliche Stellung der berufsmäßigen Gemeinderatsmitglieder nach der bayerischen Gemeindeordnung von 1952, Diss. Erlangen 1956
Salzmann-Schunck	Das Selbstverwaltungsgesetz für Rheinland-Pfalz, Kommentar, Siegburg 1955, 2. Aufl.
Schneider	Anfechtung der Bürgermeisterwahl in Hessen, DÖD 1952 S. 144
Schorn, Karl-Heinz	Die Wandlungen der ehrenamtlichen Tätigkeit in den Gemeinden und Gemeindeverbänden, Diss. Köln 1958
Schütz, Erwin	Zusicherungen, Verzicht und Vergleiche im Beamtenrecht, DÖD 1959 S. 61 ff.
Schunck-De Clerk	Verwaltungsgerichtsordnung, Kommentar, Siegburg 1961
Sorge, Siegfried	Wiederwahl und erneute Wahl hauptamtlicher Bürgermeister, Beigeordneter und Landräte nach der hessischen Gemeindeordnung, RiA 1956 S. 151 f.
Sudhoff-Groß, Rudolf	Die Rechtsstellung des Bürgermeisters, Berlin 1941
Surén-Loschelder	Die Deutsche Gemeindeordnung vom 30. Januar 1935, Kommentar, Berlin 1940
Stich, R.	Die Rechtsnatur der beamtenrechtlichen Zusicherung, ZBR 1956 S. 250 ff.
Stiefel, Karl	Zum Fortbestand der Verwaltungsrechtsbehelfe in den Ländern, DÖV 1960 S. 19
Thiele, Willi	Zur Frage der Rechtsgültigkeit sogenannter dienstrechtlicher Zusicherungen, DÖD 1958 S. 101 ff.
Türke	Die Stellung des Verwaltungsausschusses nach der modifizierten Ratsverfassung, AöR Bd. 82 S. 301
Ule, Carl Hermann	Die Lehre vom Verwaltungsakt im Licht der Generalklausel, Recht-Staat-Wirtschaft Bd. III S. 260 ff.
Ule, Carl Hermann	Anmerkung zu den Entscheidungen des OVG Münster vom 9. 3. 1956 und des BGH vom 14. 7. 1956, DVBl. 1957 S. 26 ff.
Ule, Carl Hermann	Verwaltungsgerichtsbarkeit, Köln-Berlin 1960
Weber, Werner	Der fehlerhafte Verwaltungsakt als Gegenstand der Gesetzgebung, AöR n. F. Bd. 34 S. 60 ff.
Werner, Fritz	Kommunale Selbstverwaltung und Verwaltungsgerichtsbarkeit, DVBl. 1952 S. 549 ff.

Wiggert, Karl-Heinz	Die Zusicherung einer Ernennung oder Beförderung im Beamtenrecht, DÖV 1959 S. 170ff.
Wolff, Hans J.	Verwaltungsrecht I, 2. Aufl., München-Berlin 1958 1958
Wolff, Hans J.	Der Gemeindedirektor in amtsangehörigen Gemeinden des Landes Nordrhein-Westfalen, DVBl. 1959 S. 837ff.
Zizler	Kommunale Wahlbeamte und Dienststrafverfahren, Bayer. VerwBl. 1957 S. 175

ABKÜRZUNGSVERZEICHNIS

a. A.	anderer Ansicht
aaO	am angegebenen Ort
Abs.	Absatz
a. E.	am Ende
a. M.	anderer Meinung
Anm.	Anmerkung
AöR	Archiv des öffentlichen Rechts
Art.	Artikel
AS	Amtliche Sammlung
AZ	Aktenzeichen
b.	bei
bayer.	bayerisch
Bayer. Bgm.	Der Bayerische Bürgermeister
Bayer. VerwBl.	Bayerische Verwaltungsblätter
BBG	Bundesbeamtengesetz
BBZ	Bayerische Beamtenzeitung
Bd.	Band
BeamtenR	Beamtenrecht
BG	Beamtengesetz
BGBl.	Bundesgesetzblatt
BGH	Bundesgerichtshof
BGHZ	Entscheidungen des Bundesgerichtshofs in Zivilsachen
BNG	Beamtenrechtsneuregelungsgesetz
Brem.	Bermer
BRRG	Beamtenrechtsrahmengesetz
BVerfG	Bundesverfassungsgericht
BVerfGG	Bundesverfassungsgerichtsgesetz
BVerwG	Bundesverwaltungsgericht
b-w	baden-württembergisch
B-W VerwBl.	Baden-Württembergisches Verwaltungsblatt
DBG	Deutsches Beamtengesetz
DGO	Deutsche Gemeindeordnung
DÖD	Der Öffentliche Dienst
DÖV	Die Öffentliche Verwaltung
DV	Die Verwaltung (DVBl. Jahrgang 1949)
DVBl.	Deutsches Verwaltungsblatt
DVO	Durchführungsverordnung
Entsch.	Entscheidung
Erl.	Erläuterung
ESVGH	Sammlung der Entscheidungen der Verwaltungsgerichtshöfe
ff.	folgende
GG	Grundgesetz
GKWG	Gemeinde- und Kreiswahlgesetz

GO	Gemeindeordnung
GWG	Gemeindewahlgesetz
GWO	Gemeindewahlordnung
GVBl.	Gesetz- und Verordnungsblatt
Hdbch.	Handbuch
hess.	hessisch
i. d. F.	in der Fassung
i. V. m.	in Verbindung mit
JZ	Juristenzeitung
KommPolBl.	Kommunalpolitische Blätter
KWBG	Kommunalwahlbeamtengesetz
KWG	Kommunalwahlgesetz
KWO	Kommunalwahlordnung
LBG	Landesbeamtengesetz
Lehrb.	Lehrbuch
lit.	litera
LV	Landesverfassung
LVG	Landesverwaltungsgericht
m. E.	meines Erachtens
nds.	niedersächsisch
NJW	Neue Juristische Wochenschrift
n-w	nordrhein-westfälisch
OBG	Ordnungsbehördengesetz
OVG	Oberverwaltungsgericht
OVGE	Entscheidungen der Oberverwaltungsgerichte Münster und Lüneburg
rev. DGO	revidierte Deutsche Gemeindeordnung
RGBl.	Reichsgesetzblatt
rh-pf	von Rheinland-Pfalz
RiA	Recht im Amt
saarl.	saarländisch
schl-h	schleswig-holsteinisch
SKV	Staats- und Kommunalverwaltung
StGB	Strafgesetzbuch
StT	Der Städtetag
Verf.	Verfassung
VerfGH	Verfassungsgerichtshof
VerwPraxis	Die Verwaltungspraxis
VG	Verwaltungsgericht
VGG	Verwaltungsgerichtsgesetz
VGH	Verwaltungsgerichtshof
VGHE	Sammlung von Entscheidungen des Bayerischen Verwaltungsgerichtshofs mit Entscheidungen des Bayerischen Verfassungsgerichtshofs, des Bayerischen Dienststrafhofs und des Bayerischen Gerichts für Kompetenzkonflikte
vgl.	vergleiche
VO	Verordnung
VwGO	Verwaltungsgerichtsordnung
z. B.	zum Beispiel
ZBR	Zeitschrift für Beamtenrecht

FUNDSTELLENVERZEICHNIS DER ZITIERTEN LANDESRECHTLICHEN VORSCHRIFTEN[1]:

Baden-Württemberg:

Verfassung des Landes Baden-Württemberg v. 11. 11. 1953 (GVBl. S. 173)

Gemeindeordnung für Baden-Württemberg v. 25. 7. 1955 (GVBl. S. 129) mit Änderungen v. 25. 7. 1958 (GVBl. S. 17), v. 16. 6. 1958 (GVBl. S. 155) und vom 1. 8. 1962 (GVBl. S. 89)

Erster Runderlaß des Innenministers über die Ausführung der Gemeindeordnung für Baden-Württemberg v. 15. 11. 1955 (Gemeinsames Amtsblatt S. 465)

Landesbeamtengesetz für Baden-Württemberg v. 1. 8. 1962 (GVBl. S. 89)

Beamtengesetz für Württemberg-Baden v. 19. 11. 1946 (Regierungsblatt für Württemberg-Baden S. 249)

Beamtengesetz für Württemberg-Hohenzollern v. 8. 4. 1949 (Regierungsblatt für Württemberg — französische Zone — S. 169)

Kommunalwahlgesetz i. d. F. v. 27. 7. 1959

Kommunalwahlordnung i. d. F. v. 27. 7. 1959 (GVBl. S. 111)

Bayern:

Verfassung für den Freistaat Bayern v. 2. 12. 1946 (GVBl. S. 333)

Gemeindeordnung für den Freistaat Bayern v. 25. 1. 1952 (GVBl. S. 19) mit Änderungen v. 13. 12. 1957 (GVBl. S. 313), v. 11. 7. 1958 (GVBl. S. 147), v. 19. 12. 1958 (GVBl. S. 345), v. 13. 3. 1959 (GVBl. S. 113) und v. 18. 11. 1959 (GVBl. S. 257)

Bayerisches Beamtengesetz v. 28. 10. 1946 (GVBl. S. 349)

Bayerisches Beamtengesetz v. 18. 7. 1960 (GVBl. S. 161)

Gemeindewahlgesetz i. d. F. v. 11. 12. 1959 (GVBl. S. 267)

Gemeindewahlordnung i. d. F. v. 11. 12. 1959 (GVBl. S. 275)

Gesetz über kommunale Wahlbeamte v. 10. 7. 1952 (GVBl. S. 223) mit Änderungen v. 29. 10. 1956 (GVBl. S. 187) und v. 10. 2. 1958 (GVBl. S. 22)

Bremerhaven:

Verfassung für die Stadt Bremerhaven v. 4. 11. 1947 (GVBl. S. 291) i. d. F. der Ortsgesetze v. 19. 12. 1947 (GVBl. 1948 S. 1), v. 4. 7. 1951 (GVBl. S. 77), v. 20. 11. 1952 (GVBl. S. 134), v. 29. 6. 1955 (GVBl. S. 81), und v. 5. 7. 1955 (GVBl. S. 87)

Bremer Beamtengesetz i. d. F. v. 20. 12. 1960 (GVBl. S. 141)

Ortsgesetz Nr. 30 betreffend die Wahl zur Stadtverordnetenversammlung der Stadt Bremerhaven i. d. F. v. 3. 9. 1959 (GVBl. S. 141)

Hessen:

Hessische Gemeindeordnung v. 25. 2. 1952 (GVBl. S. 11) mit Änderungen v. 10. 7. 1953 (GVBl. S. 124), v. 6. 7. 1954 (GVBl. S. 117) und v. 3. 6. 1960 (GVBl. S. 47)

---

[1] Soweit die Fundstelle nicht bereits beim Zitat angegeben ist. Mit GVBl. wird das offizielle Verkündungsblatt des betreffenden Landes bezeichnet.

Erste Ausführungsanweisung zur hessischen Gemeindeordnung v. 19. 5. 1952 (Staatsanzeiger S. 413)
Landesbeamtengesetz für Hessen v. 10. 4. 1962 (GVBl. S. 173)
Beamtengesetz i. d. F. v. 11. 11. 1954 (GVBl. S. 239)
Gemeinde- und Kreiswahlgesetz i. d. F. v. 1. 7. 1960 (GVBl. S. 143)

Niedersachsen:
Niedersächsische Gemeindeordnung v. 4. 3. 1955 (GVBl. S. 55) mit Änderungen v. 16. 6. 1960 (GVBl. S. 93) und v. 8. 7. 1960 (GVBl. S. 214)
Ausführungsbestimmungen zur Niedersächsischen Gemeindeordnung v. 2. 8. 1955 (Ministerialblatt S. 646)
Gesetz v. 21. 12. 1948 (GVBl. S. 184) zur Änderung der Deutschen Gemeindeordnung in der Fassung der Militärregierungsverordnung Nr. 21 (rev. DGO in der für Niedersachsen geltenden Fassung)
Landesbeamtengesetz v. 14. 7. 1960 (GVBL. S. 145)
Gemeinde- und Kreiswahlgesetz i. d. F. v. 20. 1. 1961 (GVBl. S. 5)

Nordrhein-Westfalen:
Gemeindeordnung für Land Nordrhein-Westfalen v. 28. 10. 1952 (GVBl. S. 167)
1. Verwaltungsverordnung zur Gemeindeordnung v. 10. 11. 1952 (Sammlung des bereinigten Ministerialblattes für das Land Nordrhein-Westfalen Nr. 20 20)
Landesbeamtengesetz v. 10. 4. 1962 (GVBl. S. 271)
Kommunalwahlgesetz v. 24. 12. 1960 (GVBl. S. 449)

Rheinland-Pfalz:
Selbstverwaltungsgesetz für Rheinland-Pfalz (Teil A: Gemeindeordnung; Teil B: Amtsordnung; Teil C: Landkreisordnung; Teil D: Bezirksordnung) i. d. F. v. 5. 8. 1954 mit Änderung v. 10. 12. 1957 (GVBl. S. 210)
Landesverordnung zur Durchführung der Gemeindeordnung v. 31. 3. 1955 (GVBl. S. 31)
Landesbeamtengesetz v. 19. 6. 1962 (GVBl. S. 73)
Landesbeamtengesetz i. d. F. v. 28. 4. 1951 (GVBl. S. 114)
Kommunalwahlgesetz i. d. F. v. 18. 7. 1960 (GVBl. S. 181)

Saarland:
Gemeindeordnung für das Saarland v. 10. 7. 1951 (GVBl. S. 995) mit Änderungen v. 10. 7. 1953 (GVBl. S. 415), v. 26. 3. 1957 (GVBl. S. 295), v. 24. 7. 1956 (GVBl. S. 543) und v. 19. 6. 1959 (GVBl. S. 1065)
1. Durchführungsverordnung zur Gemeindeordnung v. 8. 12. 1954 (GVBl. S. 1451)
2. Durchführungsverordnung zur Gemeindeordnung v. 1. 6. 1956 (GVBl. S. 745)
Beamtengesetz v. 11. 7. 1962 (GVBl. S. 505)
Kommunalwahlgesetz v. 29. 9. 1960 (GVBl. S. 706)

Schleswig-Holstein:
Gemeindeordnung für das Land Schleswig-Holstein v. 24. 1. 1950 (GVBl. S. 25) mit Änderung v. 3. 2. 1951 (GVBl. S. 23), v. 28. 1. 1955 (GVBl. S. 5) und v. 26. 11. 1956 (GVBl. S. 175)
Durchführungsverordnung zur Gemeindeordnung v. 12. 9. 1959 (GVBl. S. 117)
Beamtengesetz i. d. F. v. 9. 7. 1962 (GVBl. S. 295)
Gemeinde- und Kreiswahlgesetz i. d. F. v. 25. 3. 1959 (GVBl. S. 13)

§ 1

Der Begriff der gemeindlichen Wahlbeamten

Diese Arbeit soll die Wahl und Ernennung der gemeindlichen Wahlbeamten behandeln. Es ist daher zuerst darzulegen, welcher Kreis von Personen unter den Begriff des gemeindlichen Wahlbeamten fällt.

Der Kreis der gemeindlichen Wahlbeamten in der Bundesrepublik umfaßt folgende Gruppen von Amtsträgern:

in Baden-Württemberg die Bürgermeister und Beigeordneten,

in Bayern die Bürgermeister und berufsmäßigen Gemeinderatsmitglieder,

in Bremerhaven den Oberbürgermeister und die Magistratsmitglieder,

in Hessen die Bürgermeister und Beigeordneten,

in Niedersachsen die Gemeindedirektoren und die sogenannten Wahlbeamten[1],

in Nordrhein-Westfalen die Gemeindedirektoren und Beigeordneten,

in Rheinland-Pfalz und dem Saarland die Bürgermeister und Beigeordneten

und in Schleswig-Holstein die Bürgermeister, in den Landgemeinden ihre Stellvertreter und in den Städten die Stadträte.

A. Beamte im staatsrechtlichen Sinne im Dienste einer Gemeinde

Diesem Kreis von Amtsträgern ist gemeinsam, daß sie Beamte im staatsrechtlichen Sinne sind und im Dienste einer Gemeinde stehen. Der Umstand, daß die genannten Amtsträger Beamte im staatsrechtlichen Sinne sind, ist für fast alle von ihnen unstreitig und wird nur für die Bürgermeister in Baden-Württemberg[2] und Bayern[3] bestritten. Die abweichende Ansicht wird nicht näher begründet. Eine Begründung könnte sich aber aus der Tatsache ergeben, daß die Bürgermeister in Baden-Württemberg und Bayern vom Volk gewählt werden und nach den noch[4] bestehenden landesrechtlichen Vorschriften[5] ihre Beamtenstellung allein durch die Annahme ihrer Wahl ohne Aushändigung einer Ernennungsurkunde erlangen sollen.

Der Begriff des Beamten im staatsrechtlichen Sinne wird üblicherweise folgendermaßen definiert: „Wer zum Staat oder einer anderen mit öffent-

---

[1] § 81 nds GO.

[2] Trudpert Müller B-W VerwBl. 1957, 68.

[3] Helmreich-Widtmann Anm. 7a zu Art. 34.

[4] Vgl. unten § 9 D.

[5] § 191 b-w LBG; Art. 30 Abs. 2, 31, 32 und 38 Abs. 4 bayer. GWG und Art. 94 Abs. 1 bayer. Verf.

licher Dienstherrnfähigkeit ausgestatteten juristischen Person des öffentlichen Rechts in einem öffentlich-rechtlichen Dienst- und Treueverhältnis steht, das auf die Verwaltung eines Amtes gerichtet ist, und bei der Begründung dieses Dienst- und Treueverhältnisses eine Urkunde ausgehändigt erhalten hat, in der die Worte „unter Berufung in das Beamtenverhältnis" enthalten sind"[6]. Diese Begriffsbestimmung stellt unter anderem darauf ab, ob dem Beamten eine Ernennungsurkunde ausgehändigt wurde. Demnach wären die Bürgermeister in Baden-Württemberg und Bayern, die keine Ernennungsurkunde erhalten sollen, keine Beamten im staatsrechtlichen Sinne.

Es fragt sich aber, ob die Begriffsbestimmung von Heylandt und Peters für die hier zu erörternde Frage maßgebend sein kann. Peters und Heylandt gehen bei ihrer Begriffsbestimmung von dem DBG von 1937[7] aus. Dieses Gesetz erfaßte damals alle deutschen Beamten im staatsrechtlichen Sinne und schrieb für sie vor[8], daß das Beamtenverhältnis nur durch Aushändigung einer Ernennungsurkunde begründet wurde, welche die Worte „unter Berufung in das Beamtenverhältnis" enthielt. Heylandt[9] betont nun ausdrücklich, daß die Urkunde auf Grund des DBG als formelle Voraussetzung zu den übrigen materiellen Voraussetzungen hinzugekommen sei, die bereits vorher von der Wissenschaft als begriffliche Merkmale des Beamten entwickelt worden seien. Peters[10] führt aus, daß eine Urkunde für die vor dem Inkrafttreten des Beamtenrechtsänderungsgesetzes von 1933 ernannten Beamten nicht notwendig sei, falls der Beamte nach den damals geltenden Vorschriften wirksam ernannt worden sei.

Aus diesen Zusätzen ergibt sich, daß die Aushändigung einer Ernennungsurkunde kein inneres Wesensmerkmal der Rechtsstellung des Beamten im staatsrechtlichen Sinne ist, sondern ein äußerliches Merkmal, das sich aus § 27 DBG ergab, und auf der positiven Geltung dieses Gesetzes beruhte. Das ergibt sich auch aus dem DBG selbst. Nach § 1 DBG stand der deutsche Beamte zum Reich in einem öffentlich-rechtlichen Dienst- und Treueverhältnis. Dieses Dienst- und Treueverhältnis (Beamtenverhältnis) konnte nach § 27 DBG nur durch die Aushändigung der Ernennungsurkunde begründet werden. Die Aushändigung der Ernennungsurkunde gehörte somit in die Begriffsbestimmung des Beamten im staatsrechtlichen Sinne, da ohne sie das wesentliche Merkmal, das öffentlich-rechtliche Dienst- und Treueverhältnis, nicht begründet werden konnte.

Die gegebene Begriffsbestimmung beruhte somit, was die Aushändigung der Ernennungsurkunde angeht, auf der Geltung des DBG von

[6] Heylandt S. 14 (DBG), ähnlich Peters Lehrb. S. 248; Bochalli Anm. 2 zu § 2 BBG.

[7] RGBl. I S. 39.

[8] § 27.

[9] BeamtenR S. 14.

[10] Lehrb. S. 248 Anm. 2.

1937. Dieses Gesetz ist aber inzwischen weitgehend aufgehoben und abgeändert worden, in Bayern und Baden-Württemberg unter anderem dadurch, daß die Bürgermeister, auf die das DBG anwendbar war[11], ihre persönliche Rechtsstellung als Amtsträger durch die Wahl und ihre Annahme ohne Aushändigung einer Ernennungsurkunde erlangten. Es ist natürlich möglich, daß gleichzeitig mit dieser Veränderung die Rechtsstellung der Bürgermeister in Baden-Württemberg und Bayern derart verändert wurde, daß auch die übrigen Merkmale eines Beamten im staatsrechtlichen Sinne nicht mehr zutrafen und daß die neuen Bürgermeister mit den alten nur noch den Namen gemeinsam haben wie z. B. weitgehend in Nordrhein-Westfalen und Niedersachsen. Stellt sich jedoch heraus, daß in Baden-Württemberg und Bayern die Bürgermeister heute noch die materiellen Voraussetzungen der Begriffsbestimmung des Beamten im staatsrechtlichen Sinne erfüllen, so kann es auf die Aushändigung einer Ernennungsurkunde nicht mehr ankommen[12]; denn das Merkmal, daß eine Ernennungsurkunde ausgehändigt werden mußte, beruhte allein darauf, daß nach dem DBG nur durch sie die materiellen Merkmale des Begriffs „Beamter im staatsrechtlichen Sinne" geschaffen werden konnten.

Es kommt mithin darauf an, ob die Bürgermeister in Baden-Württemberg und Bayern die materiellen Voraussetzungen eines Beamten im staatsrechtlichen Sinne erfüllen, ob sie also „zu einer mit öffentlicher Dienstherrnfähigkeit ausgestatteten Person des öffentlichen Rechts in einem öffentlich-rechtlichen Dienst- und Treueverhältnis stehen, das auf die Verwaltung eines Amtes gerichtet ist".

Diese Voraussetzungen sind zu bejahen. Daß die Gemeinden in Baden-Württemberg und Bayern, wie auch sonst die Gemeinden in der Bundesrepublik, mit öffentlicher Dienstherrnfähigkeit ausgestattete Personen des öffentlichen Rechts sind, ist selbstverständlich und bedarf keiner näheren Darlegung. Die Bürgermeister in den beiden süddeutschen Ländern stehen zu ihren Gemeinden auch in einem Dienst- und Treueverhältnis. Kennzeichnend für die öffentlich-rechtliche Natur des Dienstverhältnisses ist zunächst, daß es durch einen Hoheitsakt begründet wird[13]. Dieses Merkmal ist bei einer Begründung des Dienstverhältnisses durch Volkswahl, also durch einen plebiszitären Hoheitsakt[14], gegeben.

Auch in der inhaltlichen Ausgestaltung weist das Dienstverhältnis der Bürgermeister dieser Länder alle Merkmale eines öffentlich-rechtlichen Dienst- und Treueverhältnisses auf. Für die Bürgermeister in Baden-Württemberg erübrigt sich eine nähere Darlegung dieser Umstände, da sie nach §§ 42 Abs. 7, 142 Abs. 1 b—w GO grundsätzlich den für Landesbeamte geltenden Vorschriften unterstehen, ihr Dienst-

[11] Surên-Loschelder Anm. 4 zu § 32 DGO.

[12] Jedenfalls nicht bis zum Ablauf der Frist des § 1 BRRG am 1. 9. 1960, davon unten § 9 D.

[13] Heylandt BeamtenR S. 14.

[14] Kunze-Schmid Anm. III 1 zu § 42.

verhältnis also weitgehend ebenso ausgestaltet ist wie das der Landesbeamten. In Bayern sind zwar die Bürgermeister nicht dem Landesbeamtengesetz unterworfen[15]. Für sie hat vielmehr das bayer. KWBG eine Spezialregelung getroffen, die aber ebenfalls die Merkmale eines öffentlich-rechtlichen Dienst- und Treueverhältnisses ausfüllt. So haben die Bürgermeister in Bayern ihr Amt unparteiisch zu verwalten[16]. Sie dürfen Belohnungen und Geschenke in Bezug auf ihr Amt auch nach Beendigung der Amtszeit nur mit Genehmigung des Gemeinderats annehmen[17]. Sie sind auch nach Beendigung ihrer Amtszeit zur Verschwiegenheit verpflichtet[18]. Sie dürfen keine Amtshandlungen vornehmen, an denen sie selbst beteiligt sind[19]. Sie müssen innerhalb und außerhalb ihres Amtes für die demokratische Staatsordnung eintreten[20]. Sie unterstehen den für andere Beamte geltenden Dienststrafgesetzen[21] und erhalten, soweit sie hauptamtlich tätig sind, Besoldung[22] und Versorgung[23]. Sie sind weiter für eine bestimmte Zeit berufen und können während dieser Zeit nur in den gesetzlich dafür vorgesehenen Fällen entlassen werden.

Zweifeln könnte man bei den Bürgermeistern in Baden-Württemberg und Bayern allenfalls deshalb an der Eigenschaft als Beamte im staatsrechtlichen Sinne, weil bei ihnen die für das staatsrechtliche Beamtenverhältnis oft kennzeichnende Unterwerfung unter die Befehlsgewalt eines Vorgesetzten[24] fehlt, da die Bürgermeister in den beiden Ländern die Spitzenbeamten ihrer Gemeinden sind und keinen Vorgesetzten haben. Bei ihnen ist auch der Gemeinderat nicht Dienstvorgesetzter[25]. Die Unterordnung unter ein vorgesetztes Organ ist aber kein notwendiges Merkmal eines Beamten im staatsrechtlichen Sinne[26], so daß aus diesem Umstand keine Schlüsse gezogen werden können.

Das Dienstverhältnis der Bürgermeister in Baden-Württemberg und Bayern ist daher ein öffentlich-rechtliches Dienst- und Treueverhältnis.

Das letzte Merkmal des Beamten im staatsrechtlichen Sinne liegt endlich auch vor, daß nämlich das Dienst- und Treueverhältnis auf die Verwaltung eines Amtes gerichtet ist. Die Bürgermeister haben sogar

[15] § 214 LBG v. 1960.

[16] Art. 2 Abs. 1 bayer. KWBG.

[17] Art. 3 Abs. bayer. KWBG.

[18] Art. 5 Abs. bayer. KWBG.

[19] Art. 4 Abs. bayer. KWBG.

[20] Art. 2 Abs. 2 bayer. KWBG.

[21] Art. 7 bayer. KWBG i. V. m. der bayer. Verordnung über die Anwendung der Dienststrafordnung auf Landräte, ihre Stellvertreter und Bürgermeister v. 10. 12. 1955.

[22] Art. 8ff. bayer. KWBG.

[23] Art, 13ff. bayer. KWBG.

[24] Heylandt BeamtenR S. 14, Sudhoff-Groß S. 192.

[25] Anders etwa in Nordrhein-Westfalen beim Gemeindedirektor, § 53 Abs. 2 n-w GO.

[26] Heylandt BeamtenR S. 17; Peters Lehrb. S. 249.

ein Amt inne. Sie sind in beiden Ländern Vorsitzende des Gemeinderats, Leiter der Gemeindeverwaltung, Vertreter der Gemeinde nach außen und Dienstvorgesetzte der Gemeindebediensteten[27]. Die weiteren Bürgermeister in Bayern üben diese Befugnisse allerdings nur bei Verhinderung des ersten Bürgermeisters aus, falls ihnen nicht einzelne Befugnisse zur dauernden Erledigung überwiesen wurden[28]. Falls sie daher kein Amt innehaben[29], so ist ihr Dienst- und Treueverhältnis jedoch immer auf die Verwaltung eines Amtes bei Verhinderung des ersten Bürgermeisters gerichtet. Das genügt aber für den Begriff des Beamten im staatsrechtlichen Sinne[30].

Damit ist dargelegt, daß auch die Bürgermeister in Baden-Württemberg und Bayern Beamte im staatsrechtlichen Sinne sind; ebenso wie die übrigen oben[31] aufgezählten Beamten, bei denen diese Eigenschaft nicht bestritten wird[32].

Keine Beamten im staatsrechtlichen Sinne sind dagegen die Verwaltungsspitzen der beiden westdeutschen Stadtstaaten Hamburg und Bremen, an die man in diesem Zusammenhang denken kann. Der Bürgermeister in Hamburg und der Senatspräsident in Bremen sowie die Senatoren in beiden Städten stehen vielmehr in einem besonderen öffentlich-rechtlichen Dienstverhältnis, das dem der Minister im Bund und in den übrigen Ländern entspricht[33]. Dieser Kreis von Amtsträgern ist daher im Rahmen dieser Arbeit nicht zu berücksichtigen.

B. Beamte auf Zeit

Ein weiteres Merkmal der gemeindlichen Wahlbeamten ist, daß sie Beamte auf Zeit sind. Sie werden nicht wie die meisten übrigen Beamten auf Lebenszeit bestellt, sondern nur für eine gewisse Zeitspanne, die in der Regel zwischen 4 und 12 Jahren liegt. Diese Bestellung auf Zeit bedeutet einen Kompromiß zwischen dem Interesse der gemeindlichen Selbstverwaltung, möglichst dauernd durch die Neubesetzung der leitenden Stellen auf die Verwaltung der Gemeinde Einfluß nehmen zu können, und der im Interesse einer sachlichen und geordneten Verwaltung sowie einer Sicherung der persönlichen Stellung des Beamten wünschenswerten Bestellung auf Lebenszeit[34]. Der Kompromiß geht auf die Städteordnung des Freiherrn vom Stein zurück[35]. Dement-

[27] S. 42 Abs. 1, 44 b-w GO; Art. 36, 37, 38, bayer. GO.
[28] Art. 39 bayer. GO.
[29] Bei dauernder Übertragung von Befugnissen.
[30] Heylandt BeamtenR S. 17; Peters Lehrb. S. 249.
[31] oben § 1 vor A
[32] So auch Hefele-Schmidt Anm. 1 zu § 214.
[33] Vgl. Hamburger Senatsgesetz v. 29. 11. 1949 — GVBl. S. 241 — i. d. F. des Gesetzes v. 7. 4. 1953 — GVBl. S. 33 — und das Bremer Senatsgesetz v. 11. 1. 1951 — GVBl. S. 1; siehe auch Görg Hdbch. Bd. II S. 84.
[34] Vgl. unten § 2.
[35] Görg Hdb. Bd. II S. 85.

sprechend findet sich die Einrichtung der Beamten auf Zeit auch im wesentlichen im kommunalen Bereich.

Außer den gemeindlichen Wahlbeamten werden die leitenden Beamten der Samtgemeinden (die Amtsbürgermeister bzw. Amtsdirektoren und die Amtsbeigeordneten) und der Gemeindeverbände (die Landräte bzw. Oberkreisdirektoren, in Nordrhein-Westfalen auch der Direktor des Landschaftsverbandes und die Landesräte[36]) auf Zeit bestellt.

Auch über diese leitenden Beamten hinaus können in den Gemeinden weitere Beamte auf Zeit bestellt werden. In Übereinstimmung mit dem BRRG[37] schreiben die Landesbeamtengesetze durchweg vor, daß die Fälle der Ernennung von Beamten auf Zeit gesetzlich zu bestimmen sind[38]. Als derartige gesetzliche Bestimmung gilt z. B. in Schleswig-Holstein noch die Verordnung über die Fälle und Voraussetzungen der Ernennung von Kommunalbeamten auf Zeit vom 29. 12. 1937[39]. Nach § 3 dieser Verordnung kann z. B. für leitende Beamte auf dem Gebiet des Schul-, Bau- und Gesundheitswesens sowie der Versorgungs- und Verkehrsbetriebe, ferner für Leiter von Akademien und ähnlichen Anstalten und Lehrern an solchen Einrichtungen durch Satzung die Ernennung auf Zeit bestimmt werden. Nach § 143 Abs. 2 b—w GO a. F. konnten in Baden-Württemberg Gemeindebeamte ganz allgemein zu Beamten auf Zeit bestellt werden.

Im staatlichen Bereich sind die Zeitbeamten seltener. So werden z. B. nach § 4 Abs. 2 BVerfGG die Richter des Bundesverfassungsgerichtes auf acht Jahre bestellt. Die Mitglieder des Vorstandes der Deutschen Bundesbahn werden für fünf Jahre zu Beamten ernannt[40]. Weiter werden die Vorstandsmitglieder der Landesrentenbank auf zwölf Jahre zu Beamten bestellt[41].

C. Gewählte Beamte

Die gemeindlichen Wahlbeamten sind ferner gewählte Beamte. Sie werden ebenso wie die Spitzenbeamten der Samtgemeinden und Gemeindeverbände in einem besonders geregelten Wahlverfahren berufen. Die Wahl wird teils direkt von den Gemeindebürgern[42], teils vom Gemeinderat vorgenommen.

---

[36] § 20 Abs. 2 n-w Landschaftsverbandsordnung v. 12. 5. 1953 — GVBl. S. 271.

[37] § 95 Abs. 1.

[38] So z. B. § 5 Abs. 3 n-w LBG; § 6 Abs. 2 schl-h LBG.

[39] RGBl. I, S. 1424; § 249 Abs. 3 Ziffer 6 schl-h LBG.

[40] § 8 Abs. 3 Bundesbahngesetz.

[41] § 7 G. v. 7. 12. 1939 — RGBl. I S. 2405 i. d. F. des § 196 Bundesbeamtengesetz.

[42] So bei den ersten Bürgermeistern in Bayern und bei den Bürgermeistern in Baden-Württ.

Einige süddeutsche Autoren verstehen unter Wahlbeamten nur die durch Volkswahl berufenen Beamten[43]. Zum Teil [44] wird auch, gestützt auf Art. 14 Abs. 2 des Beamtengesetzes für das ehemalige Land Württemberg-Baden, die Ansicht vertreten, daß nur diejenigen Beamten, deren Beamtenverhältnis nach den landesgesetzlichen Vorschriften unmittelbar durch die Wahl ohne Aushändigung einer Ernennungsurkunde begründet wird, Wahlbeamte seien[45].

Dieser Sprachgebrauch entspricht jedoch nicht dem sonst in Westdeutschland üblichen. Die nds. GO bezeichnet z. B. in § 81 die vom Rat gewählten Beamten als Wahlbeamte. Das bayer. KWBG rechnet in der Überschrift vor Art. 13 die vom Gemeinderat gewählten berufsmäßigen Gemeinderatsmitglieder zu den kommunalen Wahlbeamten. Auch das hess. Gesetz über die Bezüge der Wahlbeamten der Gemeinden und Landeskreise vom 29. 10. 1953[46] rechnet die vom Gemeinderat gewählten Bürgermeister und Beigeordneten zu den Wahlbeamten[47].

Eine weitere Zweifelsfrage ist, ob zu den Wahlbeamten nur Beamte auf Zeit zu rechnen sind und ob nur Beamte der Gemeinden und Gemeindeverbände Wahlbeamte sein können. Die Definition des kommunalen Wahlbeamten von Görg[48] und die Definition des Wahlbeamten in § 1 des eben erwähnten hess. Gesetzes über die Bezüge der Wahlbeamten der Gemeinden und Landkreise[49] erwähnen ausdrücklich die Bestellung auf Zeit als Merkmal des Wahlbeamten. Auch Fischbach ist der Ansicht, der Begriff des Wahlbeamten decke sich regelmäßig mit dem des Beamten auf Zeit[50].

Dagegen spricht das Gesetz über die Rechtsstellung der in den ersten Deutschen Bundestag gewählten Angehörigen des öffentlichen Dienstes vom 11. 5. 1951[51] in § 6 von Wahlbeamten auf Zeit. Wenn man aus dieser Wortfassung einen Umkehrschluß ziehen darf[52], gibt es demnach auch Wahlbeamte, die nicht auf Zeit, sondern auf Widerruf oder auf Lebenszeit bestellt werden. Als Beispiel für Wahlbeamte auf Lebenszeit könnte man die nach den Richterwahlgesetzen des Bundes[53], des Landes Hessen[54], der Städte Hamburg[55] und Bremen[56] sowie nach dem Berliner

[43] Kunze-Schmid Anm. II zu § 42, Anm. I 1 zu § 50; Rooschütz VerwPraxis 1957 S. 34.

[44] W-B VGH in ESVGH Bd. 3 S. 82ff.

[45] Vgl. auch Art. 94 Abs. 1 bayer. Verf.

[46] GVBl. S. 172.

[47] Ebenso § 197 schl-h LBG.

[48] Hdb. Bd. 2 S. 83.

[49] vgl. oben Anm. 46 [50] Anm. 5 zu § 5 BBG [51] BGBl. S. 297.

[52] Vgl. Protokoll der Bundestagssitzung v. 11. 4. 1951, Stenogr. Berichte, 1. Wahlperiode Bd. 7 S. 5160.

[53] G. v. 25. 8. 1950 — BGBl. S. 368.

[54] G. i. d. F. v. 6. 3. 1954 — GVBl. S. 25.

[55] G. v. 8. 7. 1952 — GVBl. S. 137.

[56] G. v. 18. 12. 1953 — GVBl. S. 119 — geändert durch G. v. 3. 12. 1957 — GVBl. S. 157.

Landesrichtergesetz[57] auf Grund der Wahl durch den Richterwahlausschuß auf Lebenszeit ernannten Richter ansehen. Allerdings werden diese Richter nicht von den Vertretungskörperschaften dieser Länder gewählt, sondern von besonderen Richterwahlausschüssen, so daß man zweifeln kann, ob auch die auf diese Weise gewählten Beamten als Wahlbeamte zu bezeichnen sind. Fischbach[58] lehnt das z. B. für die Richter generell mit der Begründung ab, daß die Wahl durch den Richterwahlausschuß nichts mit einer Wahl durch eine Selbstverwaltungskörperschaft gemein habe. Dem läßt sich entgegen halten, daß es auch Richter gibt, die nicht durch einen Richterwahlausschuß, sondern direkt von der Vertretungskörperschaft ihres Dienstherrn gewählt werden. So werden in Berlin der Präsident des Kammergerichts und der Präsident des Oberverwaltungsgerichts vom Abgeordnetenhaus auf Zeit gewählt[59]. Auch die vom Bundesrat gewählten Richter des Bundesverfassungsgerichts[60] könnte man hierher rechnen.

Auch die Frage, wer Dienstherr von Wahlbeamten sein kann, wird unterschiedlich beantwortet. Die in § 197 Abs. 1 schl-h LBG enthaltene Definition der Wahlbeamten rechnet nur bestimmte Beamte der Gemeinden und der sonstigen Körperschaften, Anstalten und Stiftungen des öffentlichen Rechts zu den Wahlbeamten. Peters[61] spricht dagegen auch von Wahlbeamten in der Staatsverwaltung.

Zusammenfassend kann nur gesagt werden, daß der Begriff „Wahlbeamter" im gemeinde- und beamtenrechtlichen Sprachgebrauch keine einheitliche Bedeutung hat. Es erübrigt sich aber, für diese Arbeit den allgemeinen Begriff des Wahlbeamten herauszuarbeiten. Die gemeindlichen Wahlbeamten, auf die es hier allein ankommt, werden insgesamt auf Zeit von den Vertretungskörperschaften oder den Bürgern ihrer Gemeinden gewählt und stehen im Dienste ihrer Gemeinde. Die aufgeworfenen Zweifelsfragen sind daher für sie ohne Belang. Es muß nur hervorgehoben werden, daß entgegen dem in Süddeutschland anzutreffenden Sprachgebrauch hier nicht nur die direkt vom Volk gewählten Beamten, sondern auch die von einer Vertretungskörperschaft gewählten Beamten als Wahlbeamte bezeichnet werden.

Das Merkmal der Berufung durch Wahl, also durch das in allen Gemeindeordnungen besonders geregelte Verfahren[62], unterscheidet die Wahlbeamten von den übrigen Gemeindebeamten auf Zeit, die, soweit sie nicht der Hauptverwaltungsbeamte der Gemeinde von sich aus einstellt, nur auf Grund eines bloßen Beschlusses der Vertretungs-

[57] G. v. 19. 6. 1958 — GVBl. S. 551.

[58] Anm. II 5 zu § 6 BBG.

[59] Berliner Richterwahlgesetz v. 25. 8. 1950 — GVBl. S. 368.

[60] § 7 BVerfGG.

[61] Grenzen S. 19.

[62] Vgl. §§ 37 Abs. 7, 45 b-w GO; Art. 51 Abs. 3 bayer. GO und bayer. GWG; § 34 Verf. der Stadt Bremerhaven; § 55 hess. GO; § 56 nds. GO; § 35 Abs. 2 n-w GO; § 36 Abs. 2 rh-pf GO; § 37 saarl. GO; § 40 schl-h GO.

körperschaft berufen werden[63]. Eine allgemeine Ausnahme von dieser Regel gab es lediglich in Baden-Württemberg. Dort war über die Ernennung und Anstellung von Gemeindebediensteten, die generell als Beamte auf Zeit bestellt werden konnten[64], durch Wahl Beschluß zu fassen[65]. Diese Form der Zeitbeamten ist jedoch durch § 234 Abs. 5 b—w LBG abgeschafft worden. Eine besondere Ausnahme machen heute noch die Mitglieder der Beschlußausschüsse in Nordrhein-Westfalen, die gewählt und zu Ehrenbeamten ernannt werden[66].

D. Verfassungsmäßige Spitzenbeamte ihrer Gemeinden

Von diesen durch Wahl bestellten Gemeindebeamten auf Zeit in Baden-Württemberg und den Mitgliedern der Beschlußausschüsse in Nordrhein-Westfalen unterscheiden sich die gemeindlichen Wahlbeamten, wie sie hier verstanden werden sollen, dadurch, daß sie die nach dem Gemeindeverfassungsrecht notwendigen oder doch fakultativ vorgesehenen Spitzenbeamten ihrer Gemeinden sind. Sie sind unmittelbare Organe ihrer Gemeinde[67].

Alle Gemeindeordnungen sehen einen Hauptgemeindebeamten unter der Bezeichnung Bürgermeister[68] oder Gemeindedirektor[69] vor. In kreisangehörigen Städten heißt der Gemeindedirektor Stadtdirektor. In kreisfreien Städten heißen beide Beamte Oberbürgermeister oder Oberstadtdirektor[70]. Neben diesen Hauptgemeindebeamten sehen die Gemeindeordnungen teils zwingend[71], teils aber auch nur fakultativ[72] die Bestellung weiterer Spitzenbeamter vor, die als Beigeordnete[73], stellvertretende Bürgermeister[74], weitere Bürgermeister[75], Stadträte[76],

---

[63] Vgl. § 54 Abs. 1 und § 49 n-w GO.

[64] § 143 Abs. 2 b-w GO a. F.

[65] § 37 Abs. 7 S. 5 b-w GO.

[66] § 7 des 1. Vereinfachungsgesetzes v. 23. 7. 1957 — GVBl. NW S. 189.

[67] Vgl. Peters Grenzen S. 119; Kottenberg Anm. zu § 7; VerfGH NW v. 21. 8. 1954 — GVBl. NW 1954 S. 303; OVG Münster abgedr. bei Kottenberg-Steffens Entsch. Nr. 1 zu § 21 GO.

[68] So § 42 b-w GO; Art. 34 bayer. GO; § 45 Abs. 1 Verf. der Stadt Bremerhaven; § 39 Abs. 1 hess. GO; § 41 Abs. 1 rh-pf GO; § 47 Abs. 1 saarl. GO; §§ 49, 55, 62 schl-h GO.

[69] § 66 nds GO; § 47 n-w GO.

[70] § 66 nds GO; § 47 Abs. 4 n-w GO.

[71] Z. B. Art. 34 Abs. 5 bayer. GO; § 45 Verf. der Stadt Bremerhaven; § 39 Abs. 1 hess. GO; § 42 rh-pf GO; § 47 saarl. GO; §§ 52, 58, 62 Abs. 1 schl-h GO.

[72] Z. B. nach § 49 b-w GO in kreisangehörigen Städten über 10 000 Einwohnern; Art. 41 bayer. GO; § 81 nds GO.

[73] § 49 b-w GO; § 39 hess. GO; § 49 n-w GO; § 42 rh-pf GO; § 47 saarl. GO.

[74] §§ 52, 58 schl-h GO.

[75] Art. 34 Abs. 5 bayer. GO.

[76] § 45 Abs. 2 Verf. d. Stadt Bremerhaven, § 62 Abs. 1 schl-h GO.

berufsmäßige Gemeinderatsmitglieder[77] oder einfach als Wahlbeamte[78] bezeichnet werden. Den durch Wahl zu bestellenden Gemeindebeamten auf Zeit in Baden-Württemberg war dagegen in der b—w GO keine besondere Stellung an der Spitze der Gemeindeverwaltung zugewiesen, so daß sie nicht unter die gemeindlichen Wahlbeamten fallen. Das Gleiche gilt von den Mitgliedern der Beschlußausschüsse in Nordrhein-Westfalen.

Damit ist der Kreis der gemeindlichen Wahlbeamten endgültig umrissen. In Anlehnung an die Begriffsbestimmung von Görg[79] wird daher definiert:

Gemeindliche Wahlbeamte sind die in den Gemeindeverfassungsrechten der einzelnen Länder vorgesehenen oder zugelassenen, mit leitenden Funktionen beauftragten, hauptamtlichen oder ehrenamtlichen Gemeindebeamten im staatsrechtlichen Sinne, die vom Gemeinderat oder im Falle der unmittelbaren Wahl von den Gemeindebürgern für eine bestimmte Amtszeit gewählt werden.

§ 2

Die allgemeine Stellung der gemeindlichen Wahlbeamten

Die nachfolgend dargestellte Regelung der Wahl und Ernennung gemeindlicher Wahlbeamter ist nicht das Ergebnis gesetzgeberischer Willkür. In ihr haben sich vielmehr die Bestrebungen der Landesgesetzgeber niedergeschlagen, die vielfältigen Interessen und Prinzipien, in deren Schnittpunkt die Institution der gemeindlichen Wahlbeamten steht, auszugleichen und gegeneinander abzugrenzen. Zum besseren Verständnis des Folgenden ist es daher notwendig, die allgemeine Stellung der gemeindlichen Wahlbeamten wenigstens in den Grundzügen darzustellen.

Die gemeindlichen Wahlbeamten stehen einmal im Schnittpunkt der staatlichen Zentralverwaltung und der gemeindlichen Selbstverwaltung. Da die westdeutschen Länder regelmäßig keine eigenen Behörden auf der Ortsebene haben, haben sie die Erledigung der staatlichen Verwaltungsaufgaben in großem Umfange als Auftragsangelegenheiten den Gemeinden übertragen. Die Durchführung dieser staatlichen Aufgaben ist teils direkt den Wahlbeamten übertragen, die sie unabhängig vom Gemeinderat und in alleiniger Verantwortung gegenüber der staatlichen Aufsichtsbehörde durchführen[80], teils ist sie der Gemeinde als solcher übertragen[81], so daß der Gemeinderat die Mitverantwortung

[77] Art. 40 bayer. GO.

[78] § 81 nds GO.

[79] Hdb. Bd. II S. 83.

[80] Vgl. §§ 44 Abs. 4 b-w GO; § 66 Abs. 1 lit. a hess. GO; §§ 49 Abs. 4, 70 Abs. 3 schl-h GO.

[81] Vgl. § 72 nds GO; § 47 Abs. 1 n-w GO.

für ihre Erledigung trägt. In Nordrhein-Westfalen kann der Innenminister Aufgaben zur Sicherung der verfassungsmäßigen Ordnung auch unmittelbar dem Gemeindedirektor übertragen, der dann dienstordnungsrechtlich dem Innenminister untergeordnet ist[82]. Aber auch sonst wird in Niedersachsen und Nordrhein-Westfalen bei dem Umfang und der Schwierigkeit der allgemeinen staatlichen Auftragsangelegenheiten deren Erledigung praktisch bei den Wahlbeamten und dem ihnen untergeordneten Verwaltungsapparat liegen.

Der Staat hat daher, abgesehen von seinem allgemeinen Interesse an einer geordneten und leistungsfähigen Selbstverwaltung, ein besonderes Interesse daran, daß seine übertragenen Aufgaben sachgerecht erledigt werden. Diesem Interesse dienen die Vorschriften über die Befähigung der Wahlbeamten und über die Dauer der Amtszeit[83]. Je länger die Amtszeit währt, desto größer ist die Gewähr, daß die Stelle eines Wahlbeamten fähige Kräfte anzieht und daß diese Kräfte Gelegenheit haben, sich genügend einzuarbeiten. Je länger die Amtszeit währt, desto weniger Sorgen braucht sich der Wahlbeamte auch um seine Wiederwahl zu machen und umso unabhängiger steht er bei der Durchführung der Auftragsangelegenheiten der Gemeindevertretung gegenüber.

Trotzdem wird ein Wahlbeamter bei einem Konflikt zwischen Staat und Gemeindevertretung oft dazu neigen, sich auf die Seite der ihm näherstehenden Gemeindevertretung zu schlagen und seine Pflichten gegenüber dem Staat hintanzustellen. Die Länder haben sich auch aus diesem Grunde im Disziplinarrecht der Wahlbeamten weitgehende Befugnisse vorbehalten. Diese Fragen sollen jedoch im Rahmen dieser Arbeit nicht behandelt werden[84], ebensowenig wie besoldungsrechtliche Fragen. Im Besoldungsrecht haben nämlich die Länder insbesondere die Höchstgehälter der Wahlbeamten sehr eingehend geregelt, um zu verhindern, daß durch zu hohe Gehälter der Wahlbeamten ihre eigenen Beamten zu höheren Gehaltsforderungen oder zum Abwandern in den Kommunaldienst bewegt werden[85].

Noch stärker als der Gegensatz zwischen Staatsverwaltung und Selbstverwaltung hat der Gegensatz zwischen dem bürokratischen und dem politischen Prinzip in der Gemeindeverwaltung das Recht der Wahlbeamten beeinflußt. Die Aufgaben der Gemeinden sind zum größten Teil Verwaltungsaufgaben, die nach deutscher Verwaltungstradition in der Regel durch Berufsbeamte erfüllt werden. Der Berufsbeamte soll durch „sein Fachwissen, fachliche Leistung und loyale Pflichterfüllung eine stabile Verwaltung sichern und damit einen ausgleichenden Faktor gegenüber den das Staatsleben gestaltenden politischen Kräften dar-

[82] § 47 Abs. 3 n-w GO; § 9 Abs. 3 n-w OBG v. 16. 10. 1956 — GVBl. S. 155.

[83] Vgl. Werner DVBl. 52, 552.

[84] Vgl. dazu Görg Hdb. Bd. II S. 89 und StT 1953 S. 249ff.

[85] Vgl. n-w VO v. 5. 7. 1956 — GVBl. S. 316.

stellen“[86]. Diese Aufgabe können die Berufsbeamten nur erfüllen, wenn sie wirtschaftlich gesichert sind. Sie werden daher in der Regel auf Lebenszeit ernannt. Ihre Beamtenstellung kann ihnen nur unter den besonderen Voraussetzungen der Beamten- und Disziplinargesetze entzogen werden.

Diese beamtenrechtlichen Grundsätze geraten nun in den Gemeinden in Konflikt mit dem politischen Prinzip der demokratischen Selbstverwaltung in den Gemeinden. In der absolutistischen Epoche war die gemeindliche Selbstverwaltung in den deutschen Städten weitgehend erstarrt und entartet. Dies hatte dazu geführt, daß die Landesherren in immer stärkerem Umfang unmittelbar in die Verwaltung der Städte eingriffen und die freie Selbstverwaltung noch weiter beeinträchtigten[87]. Die staatlich-autoritäre Verwaltung, die auf Besonderheiten des einzelnen Gemeinwesens wenig Rücksicht nahm, brachte den Gemeinsinn der Bürger vollends zum Erliegen. Die Bürger betrachteten die Anliegen ihrer Gemeinden nur noch als Aufgaben der übergeordneten staatlichen Gewalt, an der sie keinen Anteil hatten. Das politische Leben in den Gemeinden verkümmerte völlig und damit auch die Kraft, die einst die tätige Mitarbeit der Bürger in die Gemeindeverwaltung gebracht und die die deutschen Städte im Mittelalter groß gemacht hatte[88].

Es ist das Verdienst des Freiherrn vom Stein, daß er durch die von ihm eingeleiteten Reformen, insbesondere die Städteordnung von 1808, den Gemeinsinn der Bürger neu erweckte, indem er ihnen durch die Einrichtung der Selbstverwaltung Gelegenheit gab, an den Aufgaben ihrer Gemeinde tätig mitzuwirken. Das Beispiel des Freiherrn vom Stein ist in Preußen und nach und nach überall in Deutschland befolgt worden, bis alle Gemeinden das Recht der Selbstverwaltung besaßen. Das Aufblühen der deutschen Gemeinden in den letzten 150 Jahren und das heutige Leben in ihnen ist ohne diese Entwicklung nicht denkbar[89].

Im republikanisch-demokratischen Staat hat die kommunale Selbstverwaltung noch eine besondere Bedeutung gewonnen. Das politische Leben auf Landes- und Bundesebene ist dem einzelnen Staatsbürger oft zu fern, unanschaulich und unpersönlich, um sich tätig an ihm zu beteiligen. Dagegen ist die Beteiligung am politischen Leben der Heimatgemeinde viel eher möglich. Der Bürger kann sich in seiner Gemeinde in der politischen Arbeit üben und von dort über seine Partei an der Landes und Bundespolitik mitwirken. Die gemeindliche Selbstverwaltung ist daher auch eine Schule und ein Sprungbrett zur tätigen Teilnahme des Staatsbürgers am politischen Leben der Nation[90]. Wie wichtig diese Schule ist, zeigt das Beispiel manches bedeutenden Politikers unserer Zeit.

[86] BVG. v. 10. 17. 1957 in NJW 1957 S. 1795.

[87] Becker Hdb. Bd. I S. 74—77.

[88] Vgl. Becker a. a. O. S. 78f.

[89] Vgl. Becker a. a. O. S. 81—83.

[90] Vgl. Peters Lehrb. S. 290f., Becker Hdb. Bd. I S. 156f.

Das Organ, durch das sich die Gemeindebürger in erster Linie selbst verwalten, ist die Gemeindevertretung, der Stadt- oder Gemeinderat. Da dieses Gremium die anfallende Arbeit nicht selbst erledigen kann, muß ihm ein Verwaltungsapparat zur Seite gestellt werden, der nach der deutschen Verwaltungstradition zumindest in der Spitze aus Beamten besteht. Das große Problem der Gemeindeverfassungen ist es nun, den rechten Ausgleich zwischen der politischen Vertretung und dem Verwaltungsapparat zu finden. Wird der politischen Vertretung ein zu großes Übergewicht gegeben, so besteht die Gefahr, daß sich neben ihr keine geordnete und stabile Verwaltung entwickeln kann. Stärkt man dagegen die Verwaltung zu sehr, so verliert die Gemeindevertretung zu sehr an Bedeutung, um noch den Bürgern einen Anreiz zu geben, sich in ihr zu betätigen. Um dieses Problem ist in den vergangenen Jahren bei der Schaffung der neuen Gemeindeordnungen viel gerungen worden. Es ist aber nicht Aufgabe dieser Arbeit, diesen Problemen nachzugehen. Hier interessieren nur einige Ergebnisse.

Kraft ihres fachlichen Wissens und ihrer Erfahrung hat die Gemeindeverwaltung immer einen großen Einfluß auf die Geschicke der Gemeinde[91]. Manche Gemeindeordnungen haben das anerkannt, indem sie die Verwaltungsspitze der Gemeinde — den Bürgermeister oder den Magistrat — als selbständiges Gemeindeorgan neben die Gemeindevertretung setzten. Andere — wie z. B. die Gemeindeordnung von Nordrhein-Westfalen — haben die Spitze der Gemeindeverwaltung als Ausführungsorgan des Rates eingestuft. Aber auch hier hat der Gemeindedirektor als Spitze der Verwaltung noch gewisse selbständige Rechte, wie z. B. das Beanstandungsrecht[92], die zeigen, daß er ein Verfassungsorgan der Gemeinde ist[93]. Ein Verfassungsorgan einer echten öffentlich-rechtlichen Körperschaft mit demokratischer Selbstverwaltung[94] muß aber seine Rechtsstellung von den Mitgliedern der Körperschaft ableiten. Die Wahlbeamten werden daher als Verfassungsorgane der Gemeinde von den Gemeindebürgern unmittelbar oder durch ihre Vertretung, den Gemeinderat, gewählt. Bei voller Durchführung des demokratischen Prinzips müßte ihre Stellung stets vom Vertrauen ihrer Wähler abhängen. Sie müßten jederzeit abberufbar sein. Das würde aber wiederum ihrer Aufgabe, eine stabile Verwaltung zur Erledigung der Gemeindeaufgaben zu bilden, widersprechen. Die Gemeindeordnungen haben dem Beispiel des Freiherrn vom Stein folgend diesen Widerspruch dadurch gelöst, daß die Wahlbeamten nur für eine gewisse Zeit, in der Regel zwischen sechs und zwölf Jahren, gewählt werden und sich danach zur Wiederwahl stellen müssen, wenn sie ihr Amt behalten wollen. Die bei Berufsbeamten notwendige

[91] Görg ZBR 1958 S. 65ff.

[92] § 39 Abs. 2 n-w GO.

[93] Vgl. VerfGH NW v. 21. 8. 1954 in DÖV 55 S. 248.

[94] Im Gegensatz zu einer Anstalt, die auch oft als Körperschaft bezeichnet wird.

Sicherung ihrer wirtschaftlichen Stellung wird dadurch erreicht, daß sie bei Nichtwiederwahl Versorgungsbezüge erhalten. Einige Gemeindeordnungen[95] hatten das demokratische Prinzip auf Kosten des beamtenrechtlichen noch stärker durchgeführt, indem eine Abberufung nur des Hauptgemeindebeamten oder auch aller Wahlbeamten in einem besonderen Verfahren zugelassen wurde. Das BVerfG[96] hat dazu ausgeführt, daß diese Regelung nur eine Fortentwicklung demokratisch-parlamentarischer Prinzipien sei, wie sie schon früher das Recht der leitenden Gemeindebeamten und besonders der politischen Beamten beeinflußt hatten. Die Regelung über die Abberufung verstoße daher nicht gegen die hergebrachten Grundsätze des Berufsbeamtentums. Der Bundesgesetzgeber hat im BRRG stärker die beamtenrechtliche Richtung vertreten, als er bei den Gründen, aus denen ein Beamter entlassen werden kann, die Abwahl nicht erwähnte[97]. Die Länder waren daher gemäß § 1 BRRG gehalten, die Vorschriften über die Abwahl bis zum 1. 9. 1960 zu beseitigen.

Es ergibt sich so eine eigenartige Sonderstellung der gemeindlichen Wahlbeamten. Sie sind zwar einerseits Beamte, ragen aber als Spitze ihrer bürokratischen Hierarchie in den Verfassungsraum ihres Gemeinwesens hinein[98]. Sie ähneln in gewisser Hinsicht den Ministern im Staat, obwohl diese heute nicht mehr Beamte sind. Elsner[99] bezeichnet sie daher als Kommunalpolitiker, die nur deshalb Beamte seien, damit sie auf Grund ihrer gesicherten Rechtsstellung in ihren Entscheidungen die notwendige Unabhängigkeit besäßen. M. E. wird damit aber die politische Seite der Stellung der Wahlbeamten überbetont. Die politischen Entscheidungen der Gemeinde fallen in erster Linie im Gemeinderat, während den Wahlbeamten mehr die tägliche Verwaltungsarbeit obliegt. Trotzdem haben die Wahlbeamten kraft ihrer Sachkenntnis und Erfahrung großen Einfluß auch auf die politischen Fragen ihrer Gemeinde[100]. Ihre Stellung bietet daher oft Entfaltungsmöglichkeiten, die einem in die staatliche Hierarchie eingeordneten Beamten fehlen.

Die Stellung der Wahlbeamten hat aber auch ihre Gefahren. Der Wahlbeamte wird von der politischen Gemeindevertretung berufen und muß stets mit ihr zusammenarbeiten. Er ist daher gezwungen, ein Vertrauensverhältnis zu der herrschenden Gruppe im Gemeinderat anzustreben. Er wird dadurch anfällig gegen politische Einflüsse, die unsachlich sein können. Ein zu enges Verhältnis zur herrschenden

---

[95] § 46 Abs. 3 Verf. d. Stadt Bremerhaven; § 76 hess. GO i. d. F. v. 25. 2. 1952 — GVBl. S. 11; § 74 nds GO i. d. F. v. 4. 3. 1953 — GVBl. S. 55; §§ 54, 72 schl-h GO i. d. F. v. 24. 1. 1950 — GVBl. S. 25.

[96] NJW 1957 S. 1795.

[97] §§ 21 ff. BRRG.

[98] Vgl. KöttgenHdb. Bd. I S. 207.

[99] Vgl. Hdb. Bd. I S. 311.

[100] Peters: Zwei Jahre GO, KommPolBl. 55 S. 101.

Gruppe kann ihn auch in Schwierigkeiten bringen, wenn die Mehrheit im Gemeinderat wechselt. Der Wahlbeamte ist stets in Gefahr, in dem Kampf zwischen Mehrheit und Minderheit in der Gemeindevertretung zerrieben zu werden[101].

Aus der Tatsache, daß die Wahlbeamten die Spitze der Gemeindeverwaltung bilden, ergibt sich eine weitere Besonderheit gegenüber den Staatsbeamten. Jede Gemeinde hat nur wenige Wahlbeamte, in kleinen Gemeinden oft nur den Bürgermeister oder den Gemeindedirektor. Die Wahlbeamten sind daher nicht wie die Beamten in der Staatsverwaltung beliebig durch andere Beamte ersetzbar. Das Ausscheiden eines Wahlbeamten reißt eine Lücke in die Gemeindeverwaltung. Aus diesem Grunde enthalten die Gemeindeordnungen oft Vorschriften, daß nach dem Ausscheiden eines Wahlbeamten binnen einer kurzen Frist ein Nachfolger zu wählen ist und daß der Ausscheidende sein Amt bis zum Amtsantritt des Nachfolgers weiterzuführen hat[102].

Zuletzt sei noch darauf hingewiesen, daß viele Wahlbeamte Ehrenbeamte sind. Die Einrichtung der Ehrenbeamten ermöglicht es den Bürgern, besonders tatkräftig an der Gestaltung des gemeindlichen Lebens mitzuwirken. Es wird dadurch eine enge Verbindung zwischen Verwaltung und Verwalteten gefördert, wie sie die „politische Selbstverwaltung“ von Gneists erstrebte[103]. Außerdem schont die Verwaltung durch Ehrenbeamte die Finanzkraft der Gemeinden.

Andererseits darf nicht verkannt werden, daß Ehrenbeamte nur schwer die vielfältigen und schwierigen Aufgaben bewältigen können, die heute in einer Gemeindeverwaltung anfallen. Eine Verwaltung nur durch Ehrenbeamte ist daher nur in sehr kleinen Gemeinden möglich. Dort wird dann auch oft ein Teil der der Gemeinde an sich zufallenden Aufgaben von den Ämtern übernommen. In großen Gemeinden können ehrenamtliche Wahlbeamte nur neben hauptamtlichen tätig werden[104].

§ 3

Die Vorbereitung der Wahl

A. Vorbereitende Satzungen und Beschlüsse über die Stellung der Wahlbeamten

Durch die Wahl wird der Wahlbeamte zum Organ seiner Gemeinde berufen. Wegen der Bedeutung der Wahl muß bereits vor ihr feststehen, für welche Zeit und in welche Stellung der Bewerber oder einer der Bewerber gewählt werden soll. Weiter muß vor der Wahl feststehen, wie viele Wahlbeamten die Gemeinde überhaupt berufen kann, damit nicht mehr bestellt werden, als unter Umständen zulässig ist.

---

[101] Werner DVBl. 1952 S. 552f.
[102] Vgl. z. B. § 47 Abs. 1 b-w GO; § 41 hess. GO.
[103] Becker Hdb. Bd. I S. 85.
[104] Schorn S. 129.

Die Bestimmungen über die Zahl der Wahlbeamten einer Gemeinde, über ihre ehren- oder hauptamtliche Stellung und über ihre Amtszeit sind in den Gemeindeordnungen teils zwingend festgesetzt, teils der Regelung der Gemeinde anheimgegeben. Sie sollen im folgenden dargestellt werden.

In Baden-Württemberg ist der Bürgermeister grundsätzlich besoldeter Wahlbeamter. Nur in Gemeinden unter 1000 Einwohnern kann durch die Hauptsatzung bestimmt werden, daß der Bürgermeister Ehrenbeamter ist[105]. Die Beigeordneten sind in Baden-Württemberg stets hauptamtlich tätig. Sie müssen in Stadtkreisen und können in den übrigen Gemeinden über 10 000 Einwohnern gewählt werden. Die Zahl der Beigeordneten wird durch die Hauptsatzung entsprechend den Erfordernissen der Gemeindeverwaltung bestimmt[106]. Hauptamtliche und ehrenamtliche Bürgermeister und die Beigeordneten werden auf acht Jahre und bei unmittelbarer Wiederwahl nach Ablauf der Amtszeit auf zwölf Jahre bestellt[107].

In Bayern ist der erste Bürgermeister in kreisfreien Gemeinden immer berufsmäßig tätig. In kreisangehörigen Gemeinden über 10 000 Einwohnern ist er auch berufsmäßig tätig, wenn nicht der Gemeinderat spätestens zwei Monate vor seiner Wahl durch Satzung bestimmt, daß er ehrenamtlich tätig sein soll. In den übrigen Gemeinden ist der erste Bürgermeister ehrenamtlich tätig, wenn nicht der Gemeinderat spätestens zwei Monate vor seiner Wahl durch Satzung bestimmt, daß er berufsmäßig tätig sein soll[108]. Die Vorschrift, daß die Satzung, in der die Abweichung von der gesetzlichen Regel über Haupt- oder Ehrenamtlichkeit des ersten Bürgermeisters festgesetzt wird, jeweils zwei Monate vor der Bürgermeisterwahl zu erlassen ist, ist deshalb notwendig, weil in Bayern der erste Bürgermeister vom Volk gewählt wird. Eine Volkswahl erfordert umfangreiche Vorbereitungen, so daß geraume Zeit vor der Wahl feststehen muß, was für ein erster Bürgermeister zu wählen ist. Bisher bestimmte die bayer. GO, daß die Satzung über die haupt- oder ehrenamtliche Stellung des ersten Bürgermeisters schon ein Jahr vor der Wahl und zwar für jede Wahl neu zu erlassen war[109]. Heute gilt diese Satzung nach Art. 34 Abs. 3 bayer. GO auch für künftige Amtszeiten, wenn sie nicht rechtzeitig geändert wird.

In Bayern sind ein oder zwei weitere Bürgermeister zu bestellen, die ehrenamtlich tätig sind, wenn nicht der Gemeinderat durch Satzung beschließt, daß sie hauptamtlich tätig sein sollen. Eine Frist für den Beschluß über diese Satzung fehlt, da die weiteren Bürgermeister vom Gemeinderat gewählt werden. Im Gegensatz hierzu muß gemäß Art. 35 Abs. 2 bayer. GO die Höhe des Grundgehaltes und der Aufwands-

[105] § 42 Abs. 2 b-w GO.
[106] § 49 Abs. 1 b-w GO.
[107] §§ 42 Abs. 3, 50 Abs. 1 b-w GO.
[108] Art. 34 Abs. 1 und 2 bayer. GO.
[109] Art. 34 Abs. 1 bayer. GO i. d. F. v. 25. 2. 1952 — GVBl. S. 19.

entschädigung aller berufsmäßigen Bürgermeister — des ersten und etwaiger weiterer — zwei Monate vor einer Bürgermeisterwahl durch Satzung festgesetzt werden.

Die berufsmäßigen Gemeinderatsmitglieder der bayer. GO sind, wie schon ihr Name sagt, immer hauptamtlich tätig. Ihre Bestellung ist nur in Gemeinden über 10000 Einwohner zulässig. Bei ihnen stellt die GO noch ausdrücklich fest, daß mit dem Beschluß, daß ein oder mehrere berufsmäßige Gemeinderatsmitglieder gewählt werden sollen, die Beschlußfassung über den Inhalt des mit ihnen abzuschließenden Dienstvertrages verbunden werden muß[110].

Die Amtszeit des ersten Bürgermeisters in Bayern beträgt sechs Jahre. Beginnt die Amtszeit eines ehrenamtlichen ersten Bürgermeisters jedoch später als die Wahlzeit des Gemeinderats[111], so endet sie mit dem Ablauf der ordentlichen Amtszeit des Gemeinderats[112]. Die weiteren Bürgermeister — ehrenamtliche und hauptamtliche — werden stets für die Dauer der Wahlzeit des Gemeinderats gewählt[113]. In dem Beschluß, daß ein berufsmäßiges Gemeinderatsmitglied gewählt werden soll, muß der Gemeinderat auch festsetzen, für welche Zeit dieser Wahlbeamte gewählt werden soll. Das ergibt sich aus Art. 41 Abs. 1 bayer. GO, da die Dauer der Amtszeit eine wesentliche Bestimmung des Dienstvertrages ist. Die Amtszeit des berufsmäßigen Gemeinderatsmitgliedes kann auf höchstens sechs Jahre festgesetzt werden[114].

In Bremerhaven wird der Oberbürgermeister hauptamtlich tätig. Das steht zwar nicht ausdrücklich im Gesetz, ergibt sich aber aus § 46 Abs. 3 S. 4 der Verfassung der Stadt Bremerhaven. Danach wurde[115] der Oberbürgermeister in den Ruhestand versetzt, wenn ihm die Stadtverordnetenversammlung das Vertrauen entzog. Da nur ein hauptamtlicher Beamter in den Ruhestand treten kann, muß der Oberbürgermeister zu dieser Gruppe gehören.

Die Magistratsmitglieder sind teils hauptamtlich, teils ehrenamtlich tätig. Dabei soll die Zahl der ehrenamtlichen Magistratsmitglieder die Zahl der hauptamtlichen jeweils übersteigen. Die Zahl der Magistratsmitglieder und die Verteilung der Stellen auf haupt- und ehrenamtlich Tätige wird durch Ortsgesetz geregelt[116]. Der Oberbürgermeister und die hauptamtlichen Magistratsmitglieder werden auf zwölf Jahre, die ehrenamtlichen Magistratsmitglieder für die Dauer der Wahlzeit der Stadtverordnetenversammlung gewählt.

In Hessen sind der Bürgermeister und die Beigeordneten in Gemeinden unter 1500 Einwohnern ehrenamtlich tätig. Die Hauptsatzung kann

---

[110] Art. 40, 41 bayer. GO.
[111] 6 Jahre, Art. 31 Abs. 2 bayer. GO.
[112] Art. 34 Abs. 4 bayer. GO.
[113] Art. 34 Abs. 5 bayer. GO.
[114] Art. 40 Abs. 2 bayer. GO.
[115] Vgl. oben Anm. 97
[116] §§ 45, 46 Abs. 1 Verf. d. Stadt Bremerhaven.

allerdings bestimmen, daß die Stelle des Bürgermeisters oder die eines Beigeordneten hauptamtlich zu verwalten ist. In Gemeinden mit über 1500 Einwohnern muß die Stelle des Bürgermeisters hauptamtlich verwaltet werden. Im übrigen bestimmt die Hauptsatzung, welche weiteren Stellen hauptamtlich zu besetzen sind; die Zahl der hauptamtlichen Beigeordneten darf die Zahl der ehrenamtlichen nicht übersteigen[117].

Die Amtszeit der hauptamtlichen Bürgermeister und Beigeordneten beträgt sechs Jahre. Im Falle der Wiederwahl nach Ende der alten Amtszeit durch Zeitablauf[118] können sie für eine längere Amtszeit, höchstens aber für zwölf Jahre gewählt werden. Hier ist es besonders wichtig, daß der Gemeinderat bei dem Beschluß über die Durchführung einer Wiederwahl gleichzeitig mitbeschließt, für wie lange die Wiederwahl gelten soll, wenn sie zustandekommt[119]. Die ehrenamtlichen Bürgermeister und Beigeordneten werden für die Wahlzeit der Gemeindevertretung[120] gewählt[121].

In Niedersachsen ist der Gemeindedirektor in Gemeinden bis zu 3000 Einwohnern ehrenamtlich tätig, wenn nicht die Hauptsatzung ein anderes bestimmt. In Gemeinden über 3000 Einwohnern muß ein hauptamtlicher Gemeindedirektor bestellt werden[122].

Nicht ganz klar ist nach der nds GO, ob die übrigen leitenden Gemeindebeamten, die sogenannten Wahlbeamten, nur hauptamtlich oder auch ehrenamtlich bestellt werden können. Die Gemeindeordnung spricht im § 81 in den Absätzen 1 und 3 von Wahlbeamten schlechthin, in den Absätzen 2 und 4 von hauptamtlichen Wahlbeamten. Daraus könnte man schließen, daß es neben den hauptamtlichen auch ehrenamtliche Wahlbeamte gibt. Gegen diese Ansicht spricht aber entscheidend, daß die Gemeindeordnung in § 81 nur die Amtszeit hauptamtlicher Wahlbeamter regelt, während die Amtszeit etwaiger ehrenamtlicher nicht erwähnt wird. Beim Gemeindedirektor ist dagegen in § 66 die Amtszeit bei ehrenamtlicher und bei hauptamtlicher Stellung verschieden geregelt worden. Daraus muß geschlossen werden, daß diese weiteren leitenden Gemeindebeamten ebenso wie in Baden-Württemberg nur hauptamtlich bestellt werden können[123]. Für diese Lösung spricht auch die Tatsache, daß in Niedersachsen die Verwaltung der Gemeinde weitgehend dem Verwaltungsausschuß übertragen ist, dem der Bürgermeister und die sogenannten Beigeordneten angehören. Die Mitglieder des Verwaltungsausschusses sind keine Beamten, auch keine Ehrenbeamten, sondern ehrenamtlich tätige Bürger. Die Einrichtung des Verwaltungsausschusses gibt den Bürgern genügend Gelegenheit zu leitender ehren-

[117] § 44 hess. GO.
[118] § 40 Abs. 3 hess. GO.
[119] Vgl. Muntzke-Schlempp S. 551.
[120] 4 Jahre.
[121] § 39 hess. GO.
[122] § 66 Abs. 2 und 3 nds GO.
[123] A. A. ohne Begründung Lindemann, Anm. zu § 81 nds GO.

amtlicher Tätigkeit in der Gemeinde, so daß die Bestellung von ehrenamtlichen „Wahlbeamten“ im Sinne des § 81 nds GO überflüssig erscheint[124]. Die weiteren leitenden Gemeindebeamten nach § 81 nds GO können somit nur zu hauptamtlicher Tätigkeit bestellt werden.

Der hauptamtliche Gemeindedirektor und die Wahlbeamten werden vom Rat auf sechs oder auf zwölf Jahre gewählt. Von dieser Bestimmung kann die Aufsichtsbehörde Ausnahmen zulassen[125], aber keine längere Amtszeit als zwölf Jahre gestatten. Der ehrenamtliche Gemeindedirektor wird für die Dauer der Wahlperiode des Rates gewählt[126].

Im Gegensatz zu den Gemeindeordnungen der übrigen Länder schreibt die n—w GO nirgends die Wahl hauptamtlicher gemeindlicher Wahlbeamter vor. Selbst in den Großstädten könnte theoretisch der Oberstadtdirektor ehrenamtlich tätig sein. Auch die Beigeordneten, deren Zahl in der Hauptsatzung festgelegt wird[127], können überall ehrenamtlich tätig sein. In amtsfreien Gemeinden unter 3000 Einwohner kann die Hauptsatzung nur bei besonders schwierigen Verwaltungsverhältnissen die Einrichtung der Stelle eines hauptamtlichen Gemeindedirektors vorsehen[128]. Wird in diesen Gemeinden die Stelle eines hauptamtlichen Gemeindedirektors nicht eingerichtet, so nimmt der Bürgermeister die Aufgaben des Gemeindedirektors wahr[129]. Das heißt, daß in amtsfreien Gemeinden unter 3000 Einwohner die Stelle des Gemeindedirektors regelmäßig wegfällt.

Noch nicht völlig geklärt ist die Lage in den amtsangehörigen Gemeinden Nordrhein-Westfalens[130]. Dort sollten nach § 60 Abs. 1 n—w GO die Aufgaben des Gemeindedirektors vom Amtsdirektor wahrgenommen werden. Die Einrichtung hauptamtlicher Stellen ist in der allgemeinen Verwaltung dieser amtsangehörigen Gemeinden nur mit Genehmigung der Aufsichtsbehörde zulässig[131]. § 60 Abs. 1 n—w GO[132] ist durch die Entscheidung des Verfassungsgerichtshofes für das Land Nordrhein-Westfalen vom 21. 8. 1954[133] für nichtig erklärt worden, weil er gegen das in Art. 78 der Landesverfassung garantierte Recht der Gemeinden auf Selbstverwaltung durch ihre gewählten Organe verstieß. Der n-w Innenminister hat in seinem Erlaß vom 28. 8. 1954[134] vorgeschlagen, nunmehr in den amtsangehörigen Gemeinden den Amtsdirektor oder den Bürgermeister zum Gemeindedirektor zu

[124] Vgl. Türke AöR Bd. 82 S. 301, der die Einrichtung der Wahlbeamten überhaupt für überflüssig hält.

[125] §§ 66 Abs. 4, 81 Abs. 2 nds GO.

[126] § 66 Abs. 2 nds GO.

[127] § 49 Abs. 1 n-w GO

[128] § 57 Abs. 1 S. 2 n-w GO.

[129] § 57 Abs. 2 n-w GO.

[130] Vgl. Kottenberg zu § 60 GO.

[131] § 60 Abs. 2 n-w GO.

[132] Nicht aber Abs. 2.

[133] DÖV 1955 S. 248.

[134] AZ III A 2920-54, abgedr. b. Kottenberg-Steffens: Erlasse S. 14.

wählen. Dabei taucht die Frage auf, ob der Gemeindebürgermeister überhaupt zum Gemeindedirektor gewählt werden kann. Diese Frage soll aber erst unten[135] erörtert werden. Es genügt hier festzustellen, daß jetzt auch in amtsangehörigen Gemeinden ein Gemeindedirektor zu wählen ist. Da die Einrichtung hauptamtlicher Stellen in amtsangehörigen Gemeinden nur mit Genehmigung der Aufsichtsbehörde zulässig ist und der n-w Innenminister in dem oben erwähnten Erlaß die Aufsichtsbehörden angewiesen hat, diese Genehmigung nur in Ausnahmefällen und mit seiner vorherigen Zustimmung zu erteilen, werden die Gemeindedirektoren und Beigeordneten der amtsangehörigen Gemeinden in Nordrhein-Westfalen in aller Regel ehrenamtlich tätig sein.

Die hauptamtlichen Wahlbeamten werden in Nordrhein-Westfalen auf zwölf Jahre und die ehrenamtlichen auf die Dauer der Amtszeit des Rates gewählt[136].

In Rheinland-Pfalz sind der Bürgermeister und die Beigeordneten in Gemeinden unter 10 000 Einwohner grundsätzlich ehrenamtlich tätig. In Gemeinden über 2000 Einwohner kann aber durch Gemeindesatzung bestimmt werden, daß der Bürgermeister hauptamtlich bestellt wird. Die Aufsichtsbehörde kann weitere Ausnahmen zulassen[137]. In Gemeinden über 10 000 Einwohner muß die Stelle des Bürgermeisters hauptamtlich verwaltet werden. Hier kann die Gemeindesatzung auch vorsehen, daß Beigeordnete hauptamtlich angestellt werden[138]. Die ehrenamtlichen Wahlbeamten werden in Rheinland-Pfalz für die Dauer der Wahlzeit des Gemeinderates gewählt. Die hauptamtlichen Wahlbeamten können für eine Zeit von acht bis zwölf Jahren bestellt werden[139]. Es muß also vor der Wahl generell durch Satzung oder für den Einzelfall durch Beschluß festgestellt werden, für welche Zeit die Wahl eines hauptamtlichen Bürgermeisters oder Beigeordneten gelten soll.

Im Saarland müssen die Städte und die sonstigen amtsfreien Gemeinden über 10 000 Einwohner hauptamtliche Bürgermeister bestellen. Sie sind berechtigt, auch hauptamtliche Beigeordnete zu wählen. Die übrigen amtsfreien Gemeinden können nur einen hauptamtlichen Bürgermeister bestellen, brauchen es aber nicht. Amtsfreie Gemeinden unter 5000 Einwohner bedürfen hierzu auch noch der vorherigen Genehmigung der Oberen Aufsichtsbehörde. Im übrigen dürfen die Gemeinden nur ehrenamtliche Wahlbeamte bestellen[140].

Die ehrenamtlichen Wahlbeamten werden auch im Saarland für die Dauer der Wahlzeit des Gemeinderates[141] gewählt[142], die hauptamtlichen Wahlbeamten dagegen für zehn Jahre[143].

---

135 § 5 D III.
136 § 49 Abs. 2 n-w GO.
137 § 43 Abs. 1 rh-pf GO.
138 § 43 Abs. 2 rh-pf GO.
139 § 44 Abs. 2 und 3 rh-pf GO.
140 §§ 47 Abs. 1, 48a Abs. 1 saarl. GO.
141 4 Jahre. 142 § 53 Abs. 1 saarl. GO. 143 § 48a Abs. 1 S. 3 saarl. GO.

Die Gemeindeordnung von Schleswig-Holstein sieht die Bürgermeisterverfassung für ihre Landgemeinden und die unechte Magistratsverfassung für ihre Städte vor. Sie regelt auch die Stellung der Wahlbeamten für jede der beiden Gemeindeverfassungen besonders.

In den Landgemeinden, die keinem Amt angehören oder denen die die Verwaltungsgeschäfte des Amtes übertragen worden sind, wird ein hauptamtlicher Bürgermeister gewählt, wenn die Gemeinde mehr als 3000 Einwohner hat. Hat die Gemeinde zwischen 2000 und 3000 Einwohner, so kann die Hauptsatzung mit besonderer Genehmigung des Landesministers des Innern einen hauptamtlichen Bürgermeister vorsehen. Im übrigen haben die Landgemeinden ehrenamtliche Bürgermeister. Auch in Gemeinden zwischen 3000 und 5000 Einwohner, die nach dem oben Ausgeführten einen hauptamtlichen Bürgermeister haben müßten, kann die Hauptsatzung festlegen, daß nur ein ehrenamtlicher Bürgermeister zu bestellen ist[144]. Als weitere Wahlbeamte werden in den Landgemeinden zwei ehrenamtliche Stellvertreter des Bürgermeisters bestellt[145].

In den Städten ist der Bürgermeister immer hauptamtlich tätig[146]. In Städten bis zu 30 000 Einwohnern werden dazu vier, in Städten von 30 000 bis 100 000 Einwohnern sechs und in Städten über 100 000 Einwohner acht ehrenamtliche Stadträte als Magistratsmitglieder gewählt. Die Hauptsatzung kann die Zahl der ehrenamtlichen Stadträte abweichend regeln[147]. Daneben kann eine in der Hauptsatzung festzusetzende Zahl von hauptamtlichen Stadträten gewählt werden, die aber die Zahl der ehrenamtlichen Stadträte nicht erreichen darf. In Städten unter 15 000 Einwohnern bedarf die Bestellung hauptamtlicher Stadträte der Genehmigung des Landesministers des Innern[148].

Die hauptamtlichen Wahlbeamten werden in Schleswig-Holstein auf mindestens sechs und höchstens zwölf Jahre gewählt[148]. Innerhalb dieses Rahmens ist die Dauer der Amtszeit in der Hauptsatzung zu bestimmen[149]. Die ehrenamtlichen Wahlbeamten werden für die Dauer der Wahlzeit der Gemeindevertretung gewählt[150].

Der Gemeinderat muß die nach dieser Übersicht gegebenen Wahlmöglichkeiten hinsichtlich der Dauer der Amtszeit und hinsichtlich der ehrenamtlichen oder hauptamtlichen Stellung bereits vor der Wahl ausgenutzt und sich durch Satzung oder, soweit das zulässig ist, durch Beschluß auf eine Möglichkeit festgelegt haben. Fehlte eine derartige Feststellung, so wäre es unter Umständen nach der Wahl offen, ob der gewählte Bewerber zum hauptamtlichen oder ehrenamtlichen Beamten

144 § 48 schl-h GO.
145 §§ 52, 58 schl-h GO.
146 § 62 Abs. 1 schl-h GO.
147 § 63 Abs. 1 schl-h GO.
148 §§ 51 Abs. 1, 64 Abs. 1 schl-h GO.
149 § 29 DVO zur schl-h GO.
150 §§ 52 Abs. 1, 65 Abs. 1 schl-h GO.

zu ernennen ist und als hauptamtlicher Wahlbeamter für welche Zeit. Der Inhalt der Wahl wäre mithin weitgehend unbestimmt. Die Bestimmung kann auch nicht nachgeholt werden, denn es ist notwendig, daß sich die Gemeinderatsmitglieder oder die Gemeindebürger bereits bei der sich nach besonderen Regeln abspielenden Wahl über den Inhalt ihrer Entscheidung klar sind. Es wäre sonst möglich, den förmlichen Akt der Wahl dadurch zu entwerten, daß er seinen wesentlichen Inhalt durch einen nachfolgenden, in einem einfacheren Verfahren gefaßten Beschluß erhält. Eine Wahl ist daher rechtswidrig, wenn vor der Wahl die Rechtsstellung, in die der Bewerber gewählt werden soll, noch nicht festliegt[151].

B. Ausschreibung

Nach allen Gemeindeordnungen außer denen von Bayern, Bremerhaven und Schleswig-Holstein ist eine Ausschreibung der Stellen hauptamtlicher Wahlbeamter vorgeschrieben[152]. Die Vorschriften sind mit Ausnahme des § 42 Abs. 2 hess. GO als Muß-Vorschriften gefaßt. Nach § 42 Abs. 2 hess. GO „sollen" die Stellen hauptamtlicher Bürgermeister und hauptamtlicher Beigeordneter öffentlich ausgeschrieben werden.

In Baden-Württemberg brauchen die Stellen hauptamtlicher Bürgermeister nur in Gemeinden über 1000 Einwohner ausgeschrieben werden[153]. In Niedersachsen und Rheinland-Pfalz kann die Aufsichtsbehörde von dieser Regel Ausnahmen zulassen; sie soll es in Rheinland-Pfalz dann tun, wenn sich die Mehrheit der Stadtvertreter auf eine Wiederwahl geeinigt hat[154]. In Nordrhein-Westfalen kann bei einer Wiederwahl von der Ausschreibung abgesehen werden[155]. In Hessen ist die Vorschrift über die Ausschreibung hauptsächlich deshalb als Soll-Vorschrift gefaßt, damit der Gemeinderat bei einer Wiederwahl, wo eine Ausschreibung doch keinen Sinn hat, von ihr absehen kann[156]. Die Neufassung der hess. GO vom 3. 9. 1960 hat diese Auffassung ausdrücklich bestätigt.

Die Durchführung der Ausschreibung ist nur in einigen Ländern geordnet.

Fraglich ist einmal, wie lange vor der Wahl die Stelle auszuschreiben ist. Die Frage ist wichtig, da mögliche Bewerber keine Gelegenheit haben, sich über die Stelle zu erkundigen und sich als Kandidaten zu melden, wenn die Ausschreibung zu kurz vor der Wahl stattfindet.

---

[151] Bayer. VGH in Bayer. Bgm. 1958 S. 141 f.

[152] §§ 47 Abs. 2, 50 Abs. 3 b-w GO; § 42 Abs. 2 hess. GO; § 66 Abs. 4, 81 Abs. 2 nds GO; § 49 Abs. 1 n-w GO; § 25 DVO z. rh-pf GO; § 48a saarl. GO.

[153] § 47 Abs. 2 b-w GO.

[154] §§ 66 Abs. 4, 81 Abs. 2 nds GO; § 25 Abs. 1 DVO z. rh-pf GO.

[155] § 49 Abs. 1 n-w GO.

[156] Vgl. Muntzke-Schlempp S. 565.

Wird dagegen die Stelle zu lange Zeit vor der Wahl ausgeschrieben, so wird die Anzeige deshalb zur Zeit der Ausschreibung nicht beachtet und später vergessen werden[157]. Unter diesen Umständen erfüllt die Ausschreibung ihren Zweck nicht, eine möglichst große Zahl von Bewerbern anzulocken, unter denen der Gemeinderat wählen kann[158].

Die Gemeindeordnung von Baden-Württemberg[159] schreibt daher vor, daß die Stelle mindestens zwei Monate vor der Wahl ausgeschrieben werden muß. Bei der Ausschreibung der Stellen hauptamtlicher Bürgermeister darf das Ende der Frist für die Einreichung von Bewerbungen frühestens auf den 15. Tag vor dem Wahltag festgesetzt werden. In Rheinland-Pfalz enthält § 24 DVO zur GO nur den Hinweis, daß die Stelle „angemessene Zeit" vor der Wahl auszuschreiben ist. In der Ausführungsbestimmung zu § 66 Abs. 4 nds GO wird daraufhingeweisen, daß in der Ausschreibung eine Frist von mindestens einem Monat vom Tage der Veröffentlichung an gewährt werden muß, in der Bewerbungen eingereicht werden können. Die 2. DVO zur saarl. GO sieht in § 3 eine entsprechende Frist von 14 Tagen vor. Sonst enthalten die Gemeindeordnungen und die dazu ergangenen Durchführungsverordnungen keine Angaben über den Zeitpunkt der Ausschreibung.

Früher regelte die Ausführungsanweisung zu § 41 DGO diese Frage. Danach mußte die Ausschreibung der Stelle im Falle des regelmäßigen Ablaufs der Amtszeit sechs Monate vor dem Ablauf und in außerordentlichen Erledigungsfällen unverzüglich erfolgen. Zwischen dem Tag der Veröffentlichung der Ausschreibung und dem Tag, bis zu dem Bewerbungen bei der Gemeinde eingegangen sein mußten, war eine Frist von einem Monat zu wahren.

Diese Ausführungsanweisung ist zwar mit der DGO außer Kraft getreten. Es erscheint aber angebracht, die Ausschreibung dort, wo sie inzwischen nicht besonders geregelt wurde, in Anlehnung an die Ausführungsanweisung durchzuführen[160].

Eine eingehende Regelung über den Inhalt der Ausschreibung bringt heute nur die Ausführungsbestimmung zu § 66 Abs. 4 nds. GO. Danach hat die Ausschreibung zu enthalten:

„a) die genaue Bezeichnung der freiwerdenden oder freien Stelle,

b) die Bezeichnung der an den Bewerber zu stellenden sachlichen Anforderungen nach Maßgabe der gesetzlichen Vorschriften, der Anforderungen dieser Ausführungsbestimmungen und der besonderen Bedürfnisse der Gemeinde,

---

[157] Surên-Loschelder Anm. 4 zu § 41 DGO.

[158] Lindemann Anm. 4 zu § 66 nds. GO; Surên-Loschelder wie Anm. 2.

[159] §§ 47 Abs. 2, 50 Abs. 3.

[160] So Hess. VGH v. 12. 11. 1954 in ESVGH Bd. 4 S. 48ff.; Kottenberg Erl. II zu § 49; Eildienst des Landkreistages NW 1955 Nr. 205; Klaus Müller S. 47; dabei ist selbstverständlich das nationalsozialistische Gedankengut der Ausführungsanweisung außer acht zu lassen.

c) die Besoldung der Stelle nach der gemeindlichen Besoldungsordnung und die Höhe der Aufwandsentschädigung,

d) die Mitteilung, welche Bewerbungsunterlagen einzureichen sind (mindestens ausführlicher Lebenslauf, Nachweise über die bisherige Tätigkeit unter Beifügung beglaubigter Zeugnisabschriften und eines Lichtbildes),

e) die Bezeichnung der Stelle in der Gemeinde, an die Bewerbungen binnen einer zu bestimmenden (mindestens ein Monat) Frist vom Tage der Veröffentlichung ab zu richten sind; dabei empfiehlt sich, darauf hinzuweisen, daß von Vorstellungen bei den für die Berufung zuständigen Stellen ohne besondere Aufforderung abzusehen ist. Außerdem soll die Ausschreibung Angaben darüber enthalten, inwieweit Nebenämter oder Nebenbeschäftigungen übernommen werden müssen oder übernommen werden dürfen und inwieweit hierfür eine Entschädigung belassen wird."

Weiter kann nach der nds Ausführungsbestimmung die Ausschreibung Hinweise auf den besonderen Charakter der Stadt (z. B. Kurort) enthalten und dementsprechende Anforderungen an die Person des Bewerbers stellen.

Die nds Ausführungsbestimmung ist offensichtlich der Ausführungsanweisung Altreich zu § 41 DGO nachgebildet und bietet ein gutes Beispiel für eine Ausschreibung[161]. Es empfiehlt sich m. E., ihm zu folgen.

Erwähnt sei noch, daß nach einem Erlaß des n-w Innenministers vom 18. 12. 1953[162] in der Ausschreibung nicht eine bestimmte Konfession des Bewerbers gefordert werden soll, da ein derartiger Hinweis gegen Art. 3 Abs. 3 GG verstoße.

Die Ausführungsvorschriften in Baden-Württemberg und Niedersachsen schlagen den Gemeinden die Veröffentlichung der Ausschreibung in den amtlichen Verkündungsblättern[163] vor. Die Veröffentlichung in Tageszeitungen oder durch andere Medien wird den Gemeinden anheimgestellt. Nach § 3 der 2. DVO zur saarl. GO soll die Ausschreibung in zwei saarländischen Tageszeitungen, im Mitteilungsblatt des saarländischen Städte- und Gemeindetages und nach Möglichkeit in einer weiteren Fachzeitschrift der Bundesrepublik erfolgen.

Die Ausführungsanweisung Altreich zu § 41 DGO sah die Veröffentlichung in dem Amtsblatt der obersten Landesbehörde vor.

Da die heute auf diesem Gebiet geltenden Vorschriften nirgendwo zwingend sind, ist die Art der Veröffentlichung dem Ermessen der Gemeinde überlassen. Empfehlenswert ist wohl die Veröffentlichung in einem Amtsblatt[164] und in einer Tages- oder Fachzeitschrift. Als

[161] Ähnlich das Beispiel bei Muntzke-Schlempp S. 565.

[162] Ministerialblatt NW 1954 S. 4.

[163] Ausführungsbestimmung zu § 66 Abs. 4 nds GO: Nds. Ministerialblatt; 1. Ausf.Erl. zu § 47 b-w GO: Staatsanzeiger für B-W.

[164] Goebel, Anm. 3 zu § 47.

Fachzeitschrift auf diesem Gebiet ist besonders die Schwartz'sche Vakanzenzeitung, Göttingen, bekannt.

Die Durchführung der Ausschreibung obliegt der Gemeindeverwaltung. Nur nach der hess. GO[166] ist hierfür ein besonderer Ausschuß des Gemeinderates vorgesehen, der außerdem die gesamte Wahl vorzubereiten hat. Dieser Ausschuß hat im Rahmen der Gesetze, der Hauptsatzung und sonstiger Richtlinien der Gemeindevertretung die Ausschreibungsbedingungen festzulegen. Er begutachtet auch die eingegangenen Bewerbungen und berichtet dem Gemeinderat darüber[165].

Die b-w GO[167] regelt zusammen mit der Ausschreibung der Stellen hauptamtlicher Bürgermeister noch einen weiteren Punkt. Da in Baden-Württemberg die Bürgermeister vom Volk gewählt werden, soll die Gemeinde den Bewerbern, deren Bewerbung rechtzeitig eingegangen ist, Gelegenheit geben, sich nach der öffentlichen Bekanntmachung der Bewerbungen den Bürgern in öffentlicher Versammlung vorzustellen. In Bayern, wo die ersten Bürgermeister ebenfalls vom Volk gewählt werden, fehlt eine entsprechende Vorschrift.

Die Vorschriften, daß die freien hauptamtlichen Wahlbeamtenstellen ausgeschrieben werden müssen, sind zwingende Verfahrensvorschriften, deren Verletzung die Wahl rechtswidrig macht[168]. Anders ist die Rechtslage in Hessen, weil dort die betreffenden Stellen nur ausgeschrieben werden sollen[169].

C. Vorbereitung einer Wiederwahl

Die Wiederwahl muß nach einigen Gemeindeordnungen besonders vorbereitet werden. Das ergibt sich zwar nicht ausdrücklich aus den gesetzlichen Vorschriften, ist aber aus ihrem Zusammenhang zu entnehmen.

Gemäß § 49 Abs. 1 n-w GO kann bei einer Wiederwahl von der Ausschreibung hauptamtlicher Stellen abgesehen werden, die sonst zwingend vorgeschrieben ist. Gemäß § 25 DVO zur rh-pf GO sind insbesondere dann Ausnahmen von der Verpflichtung zur Ausschreibung einer hauptamtlichen Stelle zuzulassen, „wenn die Mehrheit der Gemeindevertretung sich auf die Wiederwahl des seitherigen Stelleninhabers geeinigt hat; die Ausnahmegenehmigung muß vor der Wahl eingeholt sein". Die hess. GO regelt in § 40 den Zeitpunkt der Wiederwahl besonders. Auch gilt die Sollvorschrift über die Ausschreibung bei einer Wiederwahl nicht[170].

---

[165] Muntzke-Schlempp S. 563.

[166] § 42 Abs. 1.

[167] § 47 Abs. 2.

[168] Hess. VGH in ESVGH Bd. 4 S. 48ff. Kunze-Schmid, Anm. II 2 a. E. zu § 47.

[169] Muntzke-Schlempp Anm. III zu § 42 hess. GO.

[170] § 42 Abs. 2 hess. GO.

Es ergibt sich mithin, daß die Wiederwahl des alten Stelleninhabers nach anderen Regeln durchgeführt werden kann als eine gewöhnliche Wahl. Daraus folgt, daß sich der Gemeinderat bereits vor der Wahl entscheiden muß, ob eine Wiederwahl durchgeführt werden soll; denn nur dann kann er nach diesen abweichenden Regeln verfahren.

Der Gemeinderat entscheidet über die Frage, ob eine Wiederwahl durchgeführt werden soll, durch Beschluß, also in offener Abstimmung, soweit nicht in Niedersachsen[171], Nordrhein-Westfalen[172] und Rheinland-Pfalz[173] die Geschäftsordnung etwas anderes vorschreibt. Im Gegensatz zur Wahl selbst bedarf dieser Beschluß in Hessen nicht der Vorbereitung durch den Wahlausschuß[174]. Der Gemeinderat muß sich bei dem Beschluß darüber klar sein, daß es sich noch nicht um die Wiederwahl selbst handelt, sondern nur um die Vorbereitung dieser Wahl.

Wird die Durchführung einer Wiederwahl beschlossen, so muß in Niedersachsen und Rheinland-Pfalz die Ausnahmegenehmigung der Aufsichtsbehörde eingeholt werden, damit keine Ausschreibung der hauptamtlichen Stelle durchgeführt zu werden braucht. Denn die geschilderten verfahrensmäßigen Besonderheiten sind ja nur zulässig, wenn tatsächlich eine Wiederwahl zustande kommt, also der bisherige Stelleninhaber für eine neue Amtszeit gewählt wird. Ein anderer Kandidat darf in diesem Verfahren nicht gewählt werden. Eine Ausschreibung, die ja bezweckt, dem Gemeinderat die Auswahl unter vielen Kandidaten zu geben, wäre bei dieser Sachlage widersinnig.

Der Gemeinderat stimmt dann nach den Vorschriften über die Durchführung von Wahlen darüber ab, ob der alte Stelleninhaber für eine neue Amtszeit bestellt wird oder nicht. Eine Zweifelsfrage betreffend die Ermittlung des Ergebnisses dieser Abstimmung soll unten[175] erörtert werden.

Eine Wiederwahl kann, wie oben[176] gesagt wurde, nach manchen Gemeindeordnungen für eine längere Amtszeit erfolgen als die erste Wahl. Weiter ist nach allen Gemeindeordnungen der alte Stelleninhaber regelmäßig zur Annahme der Wiederwahl verpflichtet, wenn er nicht seine Versorgungsbezüge verlieren will[177].

Es taucht in diesem Zusammenhang die Frage auf, ob diese Folgen der Wiederwahl nur dann eintreten, wenn der alte Stelleninhaber in dem geschilderten besonderen Verfahren gewählt wird, oder auch dann, wenn er nach Ausschreibung und offener Wahl unter mehreren Kandidaten ausgewählt wird.

---

[171] § 55 Abs. 1 nds GO.
[172] § 35 Abs. 1 n-w GO.
[173] § 36 Abs. 1 rh-pf GO.
[174] Vgl. § 42 Abs. 1 hess. GO und Sorge, Wiederwahl S. 151.
[175] § 6 A II.
[176] S. 25, 26, 29.
[177] Vgl. unten § 7 B.

Sorge[178] meint dazu, daß der alte Stelleninhaber in Hessen die Wiederwahl nur dann annehmen müsse, wenn er in dem besonderen Verfahren gewählt werde. Diese Ansicht ist m. E. abzulehnen. Die Gemeindeordnungen sprechen nirgends aus, daß sie unter einer Wiederwahl nur die in dem besonderen Verfahren erfolgte Wiederwahl verstehen. Die n-w GO sagt im Gegenteil[179], daß bei einer Wiederwahl von der Ausschreibung abgesehen werden „kann". Daraus folgt, daß der Gesetzgeber in Nordrhein-Westfalen auch eine Wiederwahl nach Ausschreibung der Stelle und unter Auswahl aus mehreren Kandidaten kennt. Ähnlich ist es in Niedersachsen und Rheinland-Pfalz, wo die Ausschreibung nur mit Genehmigung der Aufsichtsbehörde unterbleiben darf.

Man muß m. E. zwischen einer Wiederwahl im materiellen Sinne und einer Wiederwahl im verfahrensmäßigen Sinne unterscheiden. Eine Wiederwahl im materiellen Sinne liegt vor, wenn der alte Stelleninhaber zum Ablauf der Amtszeit für die unmittelbar folgende Amtszeit neugewählt wird. Diese Wiederwahl im materiellen Sinne meinen die Gemeindeordnungen, wenn sie aussprechen, daß der alte Stelleninhaber bei Vorliegen einiger anderer Voraussetzungen die Wiederwahl annehmen müsse. Eine Wiederwahl im verfahrensmäßigen Sinne ist dann gegeben, wenn der alte Stelleninhaber ohne vorherige Ausschreibung der Stelle in einer Abstimmung, bei der er der einzige Kandidat ist, für die unmittelbar folgende Amtszeit neugewählt wird. Jede Wiederwahl im verfahrensmäßigen Sinne ist daher eine Wiederwahl im materiellen Sinne; der materielle Begriff ist aber weiter.

Zweifelhaft ist weiter, ob diejenigen Gemeindeordnungen, die vorschreiben, daß eine Wiederwahl für eine längere Amtszeit erfolgen kann[180], die Wiederwahl im materiellen oder im verfahrensmäßigen Sinne meinen. M. E. meint die b-w GO nur die Wiederwahl im materiellen Sinne. Denn die Wahl des Bürgermeisters ist dort eine Volkswahl, bei der sich jedermann als Kandidat anmelden kann. Eine Wiederwahl im verfahrensmäßigen Sinne ist hier gar nicht durchführbar, da die Zahl der Kandidaten nicht beschränkt werden kann. Die Vorschrift über die längere Amtszeit der Beigeordneten bei Wiederwahl[181] stimmt wörtlich mit der entsprechenden Vorschrift für den Bürgermeister[182] überein. Es ist daher anzunehmen, daß auch bei der Wiederwahl der Beigeordneten nur die Wiederwahl im materiellen Sinne gemeint ist.

Komplizierter ist die Frage in Hessen. Hier gilt die Wiederwahl nicht zwangsläufig für eine längere Amtszeit wie in Baden-Württemberg[183], sondern der Gemeinderat kann wählen, ob die Wiederwahl nur für

[178] Wiederwahl S. 152.
[179] § 49 Abs. 1.
[180] § 39 Abs. 2 hess. GO; §§ 42 Abs. 4, 50 Abs. 1 b-w GO.
[181] § 50 Abs. 1 b-w GO.
[182] § 42 Abs. 4 b-w GO.
[183] Vgl. die in Anm. 181, 182 zitierten §§.

sechs Jahre oder aber für länger bis zu höchstens zwölf Jahren gelten soll. Konkurriert hier der alte Stelleninhaber mit neuen Bewerbern so können die neuen Bewerber nur für sechs Jahre gewählt werden. Fraglich ist, ob der Gemeinderat hier vor der Wahl durch Beschluß festsetzen kann, daß die etwaige Wiederwahl des alten Stelleninhabers für eine längere Zeit, etwa für zehn Jahre, gelten soll. Die Wahl würde dann für eine verschieden lange Zeit gelten, je nachdem der alte Stelleninhaber oder ein neuer Bewerber gewählt wird. M. E. bestehen gegen dieses Verfahren keine durchgreifenden Bedenken. Die Ungleichheit der Kandidaten, die darin liegt, daß die Wahl des alten Stelleninhabers für eine längere Zeit gilt als die eines neuen Bewerbers, besteht in Baden-Württemberg kraft Gesetzes. Es ist m. E. kein Grund ersichtlich, weshalb sie in Hessen nicht durch Beschluß des Rates geschaffen werden kann. Demnach meint auch § 39 Abs. 2 hess. GO die Wiederwahl im materiellen und nicht im besonderen verfahrensrechtlichen Sinne. Zu beachten ist allerdings, daß auch die Wiederwahl in offener Wahl in Hessen spätestens drei Monate vor Ablauf der alten Amtszeit erfolgen muß, wenn sie für eine längere Amtszeit gelten soll. Das ergibt sich aus der Verweisung auf § 40 hess. GO in § 39 Abs. 2 hess. GO.

Die Wiederwahl im verfahrensrechtlichen Sinne hat danach nur die Bedeutung, daß bei ihr in Nordrhein-Westfalen und Hessen ohne weiteres, in Niedersachsen und Rheinland-Pfalz mit Genehmigung der Aufsichtsbehörde von einer Ausschreibung abgesehen werden kann.

D. Vorbereitung einer Volkswahl

Die Wahl der ersten Bürgermeister in Bayern und der Bürgermeister in Baden-Württemberg, die vom Volk unmittelbar gewählt werden, ist schwieriger durchzuführen als eine Wahl im Gemeinderat und bedarf entsprechender Vorbereitung.

Diese Vorbereitungen ergeben sich aber eingehend aus den Gemeindewahlgesetzen und Gemeindewahlordnungen der beiden Länder[181]. Danach ist die Wahl des Bürgermeisters in Baden-Württemberg spätestens drei Wochen und in Bayern 48 Tage vor der Wahl öffentlich bekanntzumachen. In der Bekanntmachung sind der Tag der Wahl und in Baden-Württemberg der Tag einer etwa erforderlichen Neuwahl anzugeben. In Bayern muß weiter mit der Bekanntmachung die Aufforderung verbunden werden, Wahlvorschläge einzureichen. Weiter ist dort darauf hinzuweisen, wo die Wahlvorschläge einzureichen sind und daß die Wahl ohne Bindung an einen bestimmten Bewerber durchgeführt wird, wenn nur ein oder überhaupt kein gültiger Wahlvorschlag eingereicht wird[185]. In Baden-Württemberg sind die Wähler ohnehin nicht an die auf dem Stimmzettel aufgeführten Bewerber gebunden[186].

[184] Vgl. bayer. GWG und GWO; b-w KWG u. KWO.

[185] § 3 b-w KWG, § 2 Abs. 4 b-w KWO; § 28 bayer. GWO.

[186] § 20 a Abs. 4 Ziff. 3 b-w KWG, § 17 Abs. 2 Ziff. 2 b-w KWO; vgl. Kunze-Schmid Anm. I 2 zu § 46.

Gleichzeitig sind die Wahlorgane zu bilden. Dies sind der Wahlausschuß und der Wahlleiter. Wahlleiter ist der Bürgermeister, soweit er nicht selbst als Bewerber für die Bürgermeisterwahl auftritt[187]. Weiter müssen in größeren Gemeinden die Stimmbezirke gebildet und für jeden Stimmbezirk Wahlvorsteher oder Stimmbezirksausschüsse gebildet werden[188]. Die Wählerlisten müssen angelegt und anschließend ausgelegt werden[189]. Auch sind an bestimmte Personen auf Antrag Wahlscheine auszugeben und Vorkehrungen für die Abgabe der Wahlscheine zu treffen[190].

In Baden-Württemberg sind keine besonderen Wahlvorschläge für die Bürgermeisterwahl vorgesehen. Vielmehr kann sich jedermann um das Amt bewerben. Soweit die Bewerbung innerhalb der Bewerbungsfrist eingeht, die frühestens am 15. Tage vor der Wahl abläuft[191], prüft der Gemeindewahlausschuß, ob der Bewerber wählbar ist. Falls diese Frage bejaht wird, werden die Bewerbungen eine Woche vor der Wahl öffentlich bekanntgemacht und bei der Herstellung der Stimmzettel in der Reihenfolge berücksichtigt, in der sie eingegangen sind[192]. In der Bekanntmachung ist weiter darauf hinzuweisen, daß der Wahlberechtigte nicht an die vorgeschlagenen Bewerber gebunden ist.

Das bayer. Recht kennt dagegen eine komplizierte Regelung der Wahlvorschläge[193]. Danach steht das Recht, Wahlvorschläge einzureichen, den Parteien und Wählergruppen zu. Die Parteien und Wählergruppen müssen zu diesem Zweck erst Mitglieder- oder auch Delegiertenversammlungen abhalten, auf denen die aufzustellenden Bewerber in geheimer und schriftlicher Abstimmung gewählt werden. Über diese Versammlungen sind Niederschriften anzufertigen, die bei Parteien und Wählergruppen, an denen Parteien erkennbar beteiligt sind, von zehn Wahlberechtigten und bei sonstigen Wählergruppen von zweimal soviel Wahlberechtigten, wie in der Gemeinde Ratsmitglieder zu wählen sind, unterschrieben werden müssen. Jeder Bewerber darf nur in einem Wahlvorschlag aufgestellt werden. Mehrere Parteien und Wählergruppen können aber zusammen einen Wahlvorschlag einreichen. Der Bewerber muß seiner Aufstellung in einem Wahlvorschlag zustimmen. Die Zustimmung kann er nur bis zum 29. Tage vor der Wahl wieder zurücknehmen.

Die Wahlvorschläge sind bis zum 34. Tage vor der Wahl einzureichen. Sie können aber noch bis zum 27. Tage vor der Wahl abgeändert werden. Auch Ergänzungen sind bis dahin noch möglich. Die Wahlvorschläge müssen zehn Unterschriften tragen. Soweit die Wahlvor-

---

187 § 10 b-w KWG; Art. 7 bayer. GWG.
188 §§ 4, 13 b-w KWG; Art. 8 bayer. GWG.
189 § 6 b-w KWG; Art. 9, 10 bayer. GWG.
190 § 7 b-w KWG; Art. 11 bayer. GWG.
191 § 47 Abs. 2 b-w GO.
192 § 9 b-w KWG, § 17 Abs. 2 b-w KWO.
193 Art. 28 bayer. GWG.

schläge von Wählergruppen eingereicht werden, müssen sie außerdem von viermal soviel Wahlberechtigten unterstützt werden, wie Gemeinderatsmitglieder zu wählen sind. Die Wahlberechtigten müssen ihre Unterstützung dadurch ausdrücken, daß sie sich in einer Liste eintragen, die im Büro des Gemeindewahlleiters ausliegt. Der Wahlvorschlag einer Wählergruppe bedarf dieser Unterstützung nicht, wenn an der Wählergruppe eine Partei beteiligt ist und diese Beteiligung aus einem dem Wahlvorschlag beigefügten Kennwort hervorgeht.

Der Wahlausschuß muß die Wahlvorschläge prüfen. Die als gültig anerkannten Vorschläge werden am 20. Tag vor der Wahl öffentlich bekanntgemacht. Die Vorschläge der Parteien und Wählergruppen werden dabei in der Reihenfolge der Stimmenanteile aufgeführt, die sie bei der letzten Landtagswahl in ganz Bayern erhalten haben. Die übrigen Wählergruppen werden anschließend in der Reihenfolge aufgeführt, in der ihre Wahlvorschläge eingegangen sind.

Diese Regelung der Wahlvorschläge benachteiligt die Wählergruppen gegenüber den politischen Parteien insofern ganz erheblich, als die Parteien von einem Unterschriftenquorum befreit sind und die Wählergruppen es auch dann erbringen müssen, wenn sie bereits bei Wahlen in der Gemeinde erfolgreich waren. Die Regelung dürfte daher nach den vom BVerfG[194] aufgestellten Grundsätzen gegen Art. 3 Abs. 1, 28 Abs. 2 GG verstoßen und nichtig sein.

Die Gemeindewahlgesetze und die Gemeindewahlordnungen von Baden-Württemberg und Bayern enthalten noch Vorschriften über die weitere technische Vorbereitung der Wahl (Wahllokale, Wahlurnen usw.), auf die hier aber nicht eingegangen werden soll.

§ 4

Der Zeitpunkt der Wahl

A. Bei Wahl durch den Gemeinderat

Der Zeitpunkt der Wahl ist unproblematisch, soweit es sich um diejenigen ehrenamtlichen Wahlbeamten handelt, die für die Dauer der Wahlzeit des Gemeinderats gewählt werden. Das sind alle ehrenamtlichen Wahlbeamten außer den ehrenamtlichen Bürgermeistern in Baden-Württemberg, die aber vom Volk gewählt werden und deren Wahltermin unten zu erörtern ist[195]. Den ehrenamtlichen Wahlbeamten stehen in dieser Hinsicht die berufsmäßigen weiteren Bürgermeister in Bayern gleich, da sie auch nur auf die Dauer der Wahlzeit der Gemeindevertretung gewählt werden[196].

Alle diese Wahlbeamten wählt der Gemeinderat in einer der ersten Sitzungen nach seiner eigenen Wahl. Zu beachten ist nur, daß die

[194] Urteil vom 15. 11. 1960 DÖV 1961, 141.

[195] Siehe unten zu B.

[196] § 34 Abs. 5 bayer. GO.

Besetzung der durch Gesetz oder Satzung vorgesehenen Stellen eine Pflichtaufgabe der Gemeinde ist, deren Erfüllung der Gemeinderat nicht ungebührlich hinauszögern darf. Scheidet einer der ehrenamtlichen Wahlbeamten vorzeitig aus seinem Amt aus, so führt der Gemeinderat in einer der nächsten Sitzungen eine Neuwahl durch, soweit nicht eine Neubesetzung der Stelle entbehrlich erscheint, da die Wahlzeit des Gemeinderats, für deren Dauer der ehrenamtliche Wahlbeamte ohnehin nur gewählt werden kann, zu Ende geht. Für die weiteren Bürgermeister in Bayern ist insoweit ausdrücklich vorgeschrieben, daß der Gemeinderat bei vorzeitiger Erledigung der Stelle binnen zwei Monaten den Nachfolger zu wählen hat[197].

Schwieriger ist die Frage nach dem Wahltermin der hauptamtlichen Wahlbeamten zu beantworten, die vom Gemeinderat gewählt werden. Hier liegen verschiedene Interessen im Streit[198].

Die Gemeinde hat einmal ein Interesse daran, daß ihre Wahlbeamtenstellen besetzt sind. Da die Gemeinden in der Regel nur wenige Wahlbeamte haben und diese die Spitze ihrer Verwaltung darstellen, besteht die Gefahr, daß die Verwaltung bei einer Vakanz einer Wahlbeamtenstelle ganz oder teilweise lahmgelegt wird. Hinzu kommt das Interesse der zu wählenden Bewerber, insbesondere etwa des alten Stelleninhabers, möglichst frühzeitig zu erfahren, ob sie die Stelle, um die sie sich beworben haben oder die sie bereits innehaben, für die neue Amtszeit bekommen werden. Erfolgt die Wahl schon lange vor Beginn der Amtszeit, so sind die gewählten Bewerber gesichert und brauchen sich nicht um eine andere Stelle für diese Zeit zu bemühen. Die durchgefallenen Bewerber wissen, daß sie auf diese Stelle nicht mehr hoffen können und sich um eine andere Stelle bemühen müssen. Es liegt mithin im Interesse einer geordneten und kontinuierlichen Gemeindeverwaltung und im Interesse der Bewerber, daß möglichst früh gewählt wird.

Gegen diese Lösung spricht das demokratische Prinzip der Gemeindeverfassungen. Dieses Prinzip verbietet es, daß die Wahlbeamten als Verfassungsorgane der Gemeinde auf Lebenszeit gewählt werden und fordert vielmehr, daß sie sich in bestimmten Zeitabständen zur Wiederwahl stellen. Die Gemeindeordnungen sehen daher vor, daß die hauptamtlichen Wahlbeamten in Abständen von sechs bis zwölf Jahren neugewählt werden. Die Gemeindebürger sollen selbst oder durch ihre Vertretung Gelegenheit haben, in diesen Abständen die verfassungsmäßigen Organe ihrer Gemeindeverwaltung neu zu bestellen. Die Neuwahl ermöglicht es den Gemeindebürgern oder ihrer Vertretung, Personen zu bestellen, deren politische Einstellung ihnen genehm ist und von deren Fähigkeiten sie zu diesem Zeitpunkt überzeugt sind. Wenn es aus den oben[199] dargelegten Gründen auch nicht möglich ist, daß

---

[197] Art. 32 S. 2 i. V. m. Art. 31 S. 1 bayer. GWG.

[198] Vgl. hierzu auch H. Becker S. 77f.

[199] oben § 2

der Gemeinderat sich jederzeit Wahlbeamte nach seinem Geschmack auswählt, so soll er doch wenigstens in den gesetzlich vorgeschriebenen Abständen dazu Gelegenheit haben. Diese Regelung würde verfälscht, wenn die Gemeindevertretungen ihre Wahlbeamten zu früh wählten, etwa mehrere Jahre vor Beginn der Amtszeit des neugewählten Bewerbers. Denn in diesem Fall müßte sich die Gemeinde von einem Wahlbeamten verwalten lassen, der den Anschauungen der Mehrheit der Gemeindevertretung vor vielleicht 15 Jahren entspricht, und nicht von einem Beamten, der vor spätestens zwölf Jahren der damals in der Gemeindevertretung herrschenden Gruppe geeignet erschien. Die vom Gesetzgeber wenigstens im Prinzip angestrebte Gleichschaltung von Gemeinderat und Wahlbeamten wird durch eine zu frühe Wahl gefährdet.

Dieser Interessengegensatz in der Frage des Wahltermins wird noch dadurch verschärft, daß Parteien oder Gruppen, welche die Mehrheit im Gemeinderat haben, manchmal noch kurz vor Ablauf der Wahlzeit des Gemeinderats Wahlbeamten ihrer Richtung für künftige Amtszeiten wählen, um zu vermeiden, daß der neue Gemeinderat, in dem vielleicht eine andere Mehrheit herrscht, ihnen weniger genehme Kandidaten wählt. Oft spricht auch noch das Bestreben mit, Politikern aus den eigenen Reihen durch die Wahl zu Wahlbeamten eine gesicherte wirtschaftliche Stellung zu verschaffen.

Die aus diesen Gründen wichtige Frage des Wahltermins ist nur in den Gesetzen einiger Länder geordnet.

In Baden-Württemberg müssen die hauptamtlichen Beigeordneten frühestens drei und spätestens einen Monat vor Ablauf der Amtszeit, in anderen Fällen spätestens drei Monate nach Freiwerden der Stelle gewählt werden[200].

In Hessen darf der alte Stelleninhaber frühestens sechs Monate vor Ablauf der Amtszeit wiedergewählt werden. Die Wiederwahl muß spätestens drei Monate vor Ablauf der Amtszeit vorgenommen werden[201]. Zweifelhaft ist die Lage bei der Wahl eines neuen Bewerbers. § 42 Abs. 2 S. 1 hess. GO sagt dazu: „Die Wahl der hauptamtlichen Beigeordneten soll rechtzeitig vor Ablauf der Amtszeit stattfinden; § 40 Abs. 1 gilt entsprechend". Man kann die Stelle so auslegen, daß die Wahl entsprechend § 40 Abs. 1 hess. GO frühestens sechs und spätestens drei Monate vor Ablauf der Amtszeit stattfinden muß und daß innerhalb dieses Zeitraums der Wahltermin so zu wählen ist, daß die Wahl nach den gegebenen Umständen noch rechtzeitig ist. Die Stelle kann aber auch so verstanden werden, daß sich die „entsprechende" Anwendung des § 40 Abs. 1 darauf bezieht, daß die Wahl rechtzeitig stattfinden „soll". Demnach wäre die zeitliche Begrenzung des § 40 Abs. 1 bei gewöhnlichen Wahlen nur eine Soll-Vorschrift.

M. E. ist eine dritte Auslegung zutreffend. Danach gilt die Vorschrift des § 40 Abs. 1 hess. GO auch für Wahlen, die keine Wiederwahlen

[200] § 50 Abs. 3 i. V. m. § 47 Abs. 1 b-w GO.

[201] § 40 Abs. 1 hess. GO.

sind. Der 2. Halbsatz des § 40 Abs. 1[202] wird aber durch § 42 Abs. 2 S. 1, 1. Halbsatz[203] eingeschränkt. Die Wahl darf daher frühestens sechs Monate und soll rechtzeitig vor Ablauf der Amtszeit stattfinden. Der § 42 Abs. 2 S. 1 ist zu lesen, als wenn es hieße: „Die Wahl des usw. soll rechtzeitig vor Ablauf der Amtszeit stattfinden; im übrigen gilt § 40 Abs. 1 entsprechend". Für diese Auslegung spricht entscheidend die Entstehungsgeschichte der Vorschriften. In Hessen hatten sich Wahlbeamte längere Zeit vor Ablauf der Amtszeit gewissermaßen auf Vorrat wiederwählen lassen[204]. Die Landesregierung hielt dieses Verfahren für unzulässig. Auf ihren Antrag faßte daher der Landtag den § 40 hess GO neu und fügte den 2. Halbsatz in § 42 Abs. 2 S. 1 ein[205]. Die Novelle zielte daher in erster Linie darauf ab, zu frühe Wahlen zu verhindern. Die Vorschrift, daß die Wiederwahl drei Monate vor Ablauf der alten Amtszeit erfolgen muß, dient nur der Sicherung des alten Stelleninhabers. Bei der Wahl eines neuen Bewerbers genügt es dagegen, die Wahl auch später vorzunehmen, so lange sie „rechtzeitig" erfolgt und eine Vakanz vermieden wird. Die Wahl eines neuen Bewerbers darf daher höchstens sechs Monate vor Ablauf der alten Amtszeit stattfinden und soll innerhalb dieser Zeitspanne rechtzeitig erfolgen.

Die nds GO sieht vor, daß der Gemeindedirektor und die anderen Wahlbeamten höchstens ein Jahr vor Ablauf der alten Amtszeit gewählt werden dürfen[206].

In Schleswig-Holstein darf die Wahl oder Wiederwahl eines hauptamtlichen Wahlbeamten frühestens sechs Monate vor Ablauf der alten Amtszeit stattfinden[207].

In Nordrhein-Westfalen ist die gleiche Regelung nunmehr durch § 5 Abs. 3 n-w LBG eingeführt worden.

Die übrigen Gemeindeordnungen schweigen zu dieser Frage.

Im Schrifttum vertritt der n-w Landkreistag[208] die Ansicht, daß eine Wahl lange Zeit vor Ablauf der alten Wahlperiode dem Wesen des Gemeindeverfassungsrechts widerspricht. Im übrigen sei eine Wahl immer dann rechtswidrig, wenn das Ende der alten Amtszeit in die Wahlperiode eines inzwischen neugewählten Gemeinderats fällt und daher der neue Gemeinderat die Wahl hätte durchführen können.

Lindemann[211] meint, daß eine Wahl früher als ein Jahr vor Ende der alten Amtszeit unzulässig sei. Das preußische OVG[209] hat einmal

---

[202] „Sie muß spätestens drei Monate vor Ablauf der Amtszeit vorgenommen werden".

[203] Die Wahl des usw. soll rechtzeitig vor Ablauf der Amtszeit stattfinden.

[204] Vgl. Landesbericht Hessen in DÖV 1953, 761.

[205] G. zur Änderung der hess. GO v. 10. 7. 1953 GVBl. S. 124.

[206] §§ 66 Abs. 4, 81 Abs. 2 nds GO.

[207] § 29 Abs. 2 S. 2 DVO zur schl-h GO.

[208] Eildienst 1955 Nr. 83.

[209] AS Bd. 86 S. 115.

[211] Anm. zu § 81 Abs. 4 alter Fassung.

entschieden, daß eine Wahl zweieinhalb Jahre vor Ablauf der Amtszeit rechtswidrig sei[210].

Man muß m. E. der Ansicht von Lindemann folgen. Hier wie bei anderen Problemen der gemeindlichen Wahlbeamten muß man versuchen, die beamtenrechtliche und die politische Seite ihrer Stellung gegeneinander abzugrenzen. Wie oben dargelegt wurde, muß im Interesse der Wahlbeamten und im Interesse einer geordneten Verwaltung die Neuwahl eine gewisse Zeit vor Ablauf der alten Amtszeit stattfinden; andererseits darf die Neuwahl auch nicht zu früh erfolgen, da sonst Sinn und Zweck der demokratischen Wahl der Wahlbeamten verfälscht wird. Es kann deshalb kein Zweifel bestehen, daß Neuwahlen, die fünf oder sechs Jahre vor Ablauf der alten Amtszeit vorgenommen wurden, rechtswidrig sind. Die Frage ist nur, wo mangels einer gesetzlichen Regelung die Grenze zwischen noch rechtmäßigen und schon rechtswidrigen Wahlen zu ziehen ist. Die gesetzlichen Regelungen dieser Frage sehen mit Ausnahme von §§ 66 Abs. 4, 81 Abs. 2 nds GO durchweg eine Grenze von sechs Monaten vor Ablauf der alten Amtszeit vor. Mir scheint daher, daß das doppelte dieser Frist, also ein Jahr vor Ablauf der Amtszeit, die Grenze darstellt, bei der auch bei Fehlen einer gesetzlichen Vorschrift die Wahl rechtswidrig wird. Dieser Ansicht war auch der hess. Gesetzgeber, als er in Art. II des Gesetzes zur Änderung der hess. GO[212] die Wiederwahl hauptamtlicher Wahlbeamter, die früher als ein Jahr vor Ablauf der Amtszeit duchgeführt worden war, für nichtig erklärte. Der hess. Gesetzgeber nahm dabei eine authentische Auslegung der hess. GO vor[213]. Der Entscheidung des hess. StGH vom 19. 2. 1954[214], die den Art. II für verfassungswidrig erklärte, weil er rückwirkend wohlerworbene Rechte beseitigte, kann m. E. nicht gefolgt werden. Das Gericht führt aus, die zu früh gewählten Kandidaten hätten gutgläubig und nach der alten Fassung der hess. GO auch formell rechtmäßig durch die Wahl die Anwartschaft auf das Wahlamt erlangt. Sie hätten nicht damit rechnen brauchen, daß ihnen diese Stellung durch ein rückwirkendes Gesetz genommen werde. Der Art. II sei daher unzulässig. Anders wäre es nur, wenn die Wahlbeamten ihre vorzeitige Wiederwahl betrieben hätten, um die Gefahr zu vermeiden, nach einer Neuwahl des Gemeinderats in dem neuen Gremium keine Mehrheit mehr zu finden. Dann wäre die Wahl allerdings mißbräuchlich. Diesen Tatbestand konnte das Gericht aber nicht feststellen. Die Entscheidung beruht m. E. auf einem Fehler. Das Gericht begnügt sich mit der Feststellung, daß die hess. GO in der damaligen Fassung keine ausdrückliche Vorschrift enthielt, wonach eine zu frühe Wahl unzulässig sei. Es folgert daraus, daß auch eine Wahl früher als ein Jahr vor Ablauf der alten Amtszeit rechtmäßig sei,

[210] Vgl. auch Berkenhoff S. 105.

[212] Vgl. oben Anm. 205.

[213] Landesbericht Hessen in DÖV 1953, 761.

[214] DÖV 1954, 312.

und übersieht dabei, daß durch eine zu frühe Wahl aus den geschilderten Gründen der Sinn und Zweck der periodischen Neuwahl verfälscht wird. Die zu frühen Wahlen waren aus diesem Grunde auch ohne ausdrückliche Vorschrift rechtswidrig. Dabei kam es m. E. nicht auf den im folgenden zu erörternden Punkt an, ob die Wahlbeamten durch die verfrühte Wiederwahl der Gefahr entgehen wollten, nach einer Neuwahl des Gemeinderates keine Mehrheit mehr zu finden.

Diese Ansicht wird auch vom n-w Landkreistag[215] und in den Ausführungsbestimmungen zur nds GO[216] vertreten, daß nämlich eine Wahl dann rechtswidrig sei, wenn der alte Gemeinderat sie noch vornimmt, obwohl der Beginn der Amtszeit erst in die Wahlperiode eines neuen Gemeinderates fällt. Für diese Ansicht spricht, daß bei einer Wahl durch den neugewählten Gemeinderat die vom Gesetzgeber im Prinzip erstrebte politische Gleichschaltung der Wahlbeamten besonders gut erreicht wird. Der neue Gemeinderat, der in seiner Zusammensetzung der jüngsten politischen Einstellung der Bevölkerung entspricht, wählt den neuen Wahlbeamten nach seinem Ermessen.

Gegen diese Ansicht sprechen verschiedene Erwägungen. Es erscheint einmal zulässig, die bestehenden gesetzlichen Regelungen dieser Frage auch dort heranzuziehen, wo eine gesetzliche Regelung fehlt. Das Gemeinderecht der westdeutschen Länder ist zwar heute zersplittert.

Die einzelnen Gemeindeordnungen sind aber nicht völlig isoliert entstanden. Sie bauen alle mehr oder weniger auf der DGO von 1935 auf. Die Beratungen und Erwägungen bei der Neuschaffung des Gemeinderechts nach 1945 in einem Lande sind auch in den anderen Ländern beachtet worden. Es steht daher m. E. nichts entgegen, allgemeine Gedanken, die den Gesetzgeber in einem Land zu einer bestimmten Regelung bewegten, bei der Lösung derselben Frage in einem anderen Land heranzuziehen.

Auf unsere Frage angewandt, ergibt dies, daß der Gesetzgeber in Hessen, Nordrhein-Westfalen, Schleswig-Holstein und Baden-Württemberg nur darauf abstellt, daß frühestens ein halbes Jahr vor Ablauf der Amtszeit gewählt wird. In Niedersachsen ist die Wahl sogar schon ein Jahr vor Ablauf der Amtszeit zulässig. Die Frage, ob innerhalb dieser Zeit ein neuer Gemeinderat gewählt wird, ist unberücksichtigt geblieben, woraus sich schließen läßt, daß es dem Gesetzgeber darauf nicht angekommen ist.

Weiter spricht gegen die Ansicht des hess. StGH und des n-w Landkreistages, daß es viele Fragen gibt, deren Entscheidung über die Wahlperiode des jeweiligen Gemeinderates hinaus wirken und die ein scheidender Gemeinderat seinem Nachfolger überlassen könnte. Nach der Ansicht des n-w Landkreistages müßte er derartige Entscheidungen dann seinem Nachfolger überlassen. Dadurch würde der alte Gemeinde-

[215] Vgl. Anm. 208.
[216] Alter Fassung.

rat gegen Ende seiner Amtszeit in zunehmendem Maße in seiner Entscheidungsfreiheit eingeschränkt. Man könnte geradezu von einer schwindenden demokratischen Legititmation des alten Gemeinderates sprechen. Davon kann aber keine Rede sein. Der Gemeinderat wird für eine bestimmte Zeit gewählt und ist vom ersten bis zum letzten Tage seiner Amtszeit befugt, jede anstehende Frage zu entscheiden.

Weiter ist zu beachten, daß die Wahlzeit einiger Wahlbeamter zwölf Jahre beträgt. Jeder dieser Wahlbeamten wird daher während der Wahlzeit von drei oder vier Gemeindevertretungen amtieren. Drei Gemeindevertretungen werden sich mit dem Wahlbeamten abfinden müssen, den einer ihrer Vorgängerinnen gewählt hat. Unter diesem Gesichtspunkt verliert die Frage, ob der Wahlbeamte noch vom alten oder schon vom neuen Gemeinderat gewählt wird, erheblich an Bedeutung[217].

Unzutreffend ist m. E. auch die Ansicht des hess. StGH, die Wahl sei mißbräuchlich erfolgt, wenn sich die Wahlbeamten durch das Betreiben der vorzeitigen Wiederwahl dagegen hätten sichern wollen, daß eine neue Gemeindevertretung sie nicht mehr wählte. Hierbei ist einmal unklar, wer mißbräuchlich gehandelt hat — der Wahlbeamte oder der Gemeinderat. Da der Gemeinderat den Wahltermin festsetzt, könnte nur er mißbräuchlich gehandelt haben. Bis zur Annahme der Wahl ist der Wahlbeamte — von der Bewerbung einmal abgesehen — rechtlich nur Objekt der Entscheidung des Gemeinderats. Die Motive des Gemeinderats bei der Festsetzung des Wahltermins sind aber rechtlich kaum faßbar, da der Gemeinderat ein vielköpfiges politisches Gremium ist. Es ist praktisch nicht nachzuprüfen, aus welchen Motiven die einzelnen Gemeindevertreter ihre Stimme abgegeben haben. Außerdem dient die Festsetzung des Wahltermins der Vorbereitung der Wahl, also eines Aktes der politischen Selbstgestaltung der Gemeinde. Die Festsetzung des Wahltermins ist daher ebensowenig wie die Wahl[218] ein Verwaltungsakt, der auf etwaige Ermessensfehler überprüfbar wäre. Auf etwaige fehlerhafte Erwägungen des Gemeinderates bei der Festsetzung des Wahltermins kann es daher nicht ankommen.

Zuletzt spricht noch gegen die oben geschilderte Ansicht das Interesse der Wahlbeamten an einer rechtzeitigen Wiederwahl[219]. Es wäre insbesondere für den alten Stelleninhaber eine Härte, wenn wegen einer Neuwahl des Gemeinderates unter Umständen erst ganz kurz vor Ablauf seiner Amtszeit über eine Wiederwahl entschieden werden könnte.

Aus diesen Gründen kommt es m. E. nicht darauf an, ob der alte oder der neue Gemeinderat gewählt hat, wenn die Amtszeit des neugewählten Wahlbeamten erst während der Wahlperiode des neuen Rates beginnt. Wichtig ist allein, daß die Wahl in Baden-Württemberg,

[217] Vgl. LVG Gelsenkirchen bei Kottenberg-Steffens Entsch. Nr. 3 zu § 49 GO, S. 19.

[218] Vgl. unten § 8 A II.

[219] Odenbreit W. 323f.

Hessen, Nordrhein-Westfalen und Schleswig-Holstein frühestens sechs Monate und in den übrigen Ländern frühestens ein Jahr vor Ablauf der alten Amtszeit vorgenommen wird.

Weniger wichtig ist die Frage, wann die Wahl spätestens stattzufinden hat. Hier ist lediglich in der b-w GO bestimmt, daß die Wahl der hauptamtlichen Beigeordneten spätestens drei Monate vor Ablauf der Amtszeit und bei vorzeitiger Erledigung der Stelle spätestens zwei Monate danach stattzufinden hat[220].

In Hessen muß die Wiederwahl drei Monate vor Ablauf der Amtszeit vorgenommen werden[221], andere Wahlen sollen rechtzeitig stattfinden.

Wird eine Wahl danach aber zu spät vorgenommen, so hat das keinen Einfluß auf die Wirksamkeit der Wahl, da der Fehler nicht mehr zu beheben ist[222].

B. Bei Volkswahl

Da eine Volkswahl immer eingehender Vorbereitung bedarf, ist der Wahltermin für die vom Volk gewählten Wahlbeamten — die Bürgermeister in Baden-Württemberg und die ersten Bürgermeister in Bayern — in den Gemeindeordnungen und Gemeindewahlgesetzen der beiden süddeutschen Länder genauer bestimmt.

Da die ehrenamtlichen ersten Bürgermeister in Bayern für die Dauer der Amtszeit des Gemeinderats gewählt werden, fällt ihre Wahl regelmäßig mit der Wahl des Gemeinderats zusammen. Sie werden zusammen mit diesem gewählt und zwar an einem von der Staatsregierung festzusetzenden Samstag des Monat März des betreffenden Wahljahres[223]. Anders ist die Lage, wenn ein ehrenamtlicher Bürgermeister vorzeitig ausscheidet oder wenn der Gemeinderat beschließt, nach Ablauf der Amtszeit eines hauptamtlichen Bürgermeisters die Stelle ehrenamtlich verwalten zu lassen. Nach vorzeitigem Ausscheiden eines ehrenamtlichen Bürgermeisters bestimmt die Aufsichtsbehörde den Wahltermin, der innerhalb einer Frist von drei Monaten nach Erledigung des Amtes liegen muß[224]. Bei der Wahl eines ehrenamtlichen Bürgermeisters nach einem hauptamtlichen setzt ebenfalls die Aufsichtsbehörde den Wahltermin fest, ohne jedoch an eine bestimmte Frist gebunden zu sein[225]. In beiden Fällen bleibt aber die Stelle bis zur nächsten Gemeinderatswahl vakant, wenn die Tätigkeit des ehren- oder hauptamtlichen Vorgängers erst sechs Monate oder später vor Ablauf der Wahlzeit des Gemeinderats endet[226]. Diese Regelung ist vernünftig, weil sich die

[220] § 50 Abs. 3 i. V. m. § 47 Abs. 1 b-w GO.
[221] § 40 Abs. 1 hess. GO.
[222] Kunze-Schmid, Anm. 3 zu § 47 b-w GO.
[223] Art. 30 Abs. 1 i. V. m. Art. 18 Abs. 1 bayer. GWG.
[224] Art. 32 bayer. GWG.
[225] Art. 30 Abs. 2 bayer. GWG.
[226] Art. 30 Abs. 2, 32 i. V. m. Art. 18 Abs. 2 S. 2 bayer. GWG.

kostspielige Volkswahl nur für eine Amtszeit von weniger als sechs Monaten nicht lohnen würde.

Den Termin für die Wahl des hauptamtlichen Bürgermeisters setzt die Aufsichtsbehörde fest. Bei vorzeitiger Erledigung der Stelle muß der Termin innerhalb einer Frist von drei Monaten liegen. Fällt der Beginn der neuen Amtszeit des hauptamtlichen Bürgermeisters zufällig mit dem Beginn der Wahlzeit des Gemeinderats zusammen, so wird er mit dem Gemeinderat zusammen gewählt[227].

In Baden-Württemberg wird der Bürgermeister frühestens drei und spätestens einen Monat vor Ablauf der alten Amtszeit gewählt. Endet die alte Amtsperiode vorzeitig, so findet die Wahl spätestens drei Monate später statt[229]. Innerhalb dieser Fristen setzt der Gemeinderat den Wahltermin fest. Der Wahltag muß ein Sonntag sein, darf aber nicht auf den Ostersonntag, Pfingstsonntag, Totengedenktag oder auf einen gesetzlichen Feiertag fallen[230]. Das gilt auch für die Neuwahl, die in Baden-Württemberg binnen dreier Wochen nach der ersten Wahl durchgeführt werden muß, wenn die erste Wahl zu keinem Ergebnis führt[228]. Der Gemeindewahlleiter muß daher darauf achten, daß auch der Tag der etwa notwendig werdenden Neuwahl, der zusammen mit dem Tag der ersten Wahl drei Wochen vor dieser bekannt zu machen ist[231], nicht auf einen der genannten Feiertage fällt.

§ 5

Die Wählbarkeit der Bewerber

A. Allgemeine Voraussetzungen

Die Frage, wer zum gemeindlichen Wahlbeamten gewählt werden kann, ist in den Landesgesetzen umständlich und oft unklar geregelt. Am klarsten ist die Regelung noch in Bayern für alle gemeindlichen Wahlbeamten und in Baden-Württemberg für den Bürgermeister. Dort ist im bayer. GWG und in der b-w GO abschließend gesagt, wer wählbar ist. Anders ist es hinsichtlich der Beigeordneten in Baden-Württemberg und der Wahlbeamten in den übrigen Ländern. Hier finden sich Vorschriften über die Wählbarkeit in den Gemeindeordnungen, den Gemeindewahlgesetzen und in den Landesbeamtengesetzen verstreut. Die Beamtengesetze regeln zwar durchweg nicht die Wählbarkeit, sondern nur die Frage, wer zum Beamten ernannt werden darf bzw. wann eine Ernennung nichtig ist. Da aber außer den Bürgermeistern in Baden-Württemberg und Bayern alle Wahlbeamten ernannt werden müssen[232], sind alle diejenigen Personen nicht wählbar, die nicht er-

[227] Art. 31 bayer. GWG.
[228] § 45 Abs. 2 b-w GO, vgl. unten § 6 B.
[229] § 47 Abs. 1 b-w GO.
[230] § 2 Abs. 2 und 3 b-w KWG.
[231] § 3 Abs. 2 b-w KWG.
[232] Vgl. aber unten § 9 D.

nannt werden dürfen oder deren Ernennung ipso iure nichtig wäre[233]. Die Beamtengesetze wollen aber in erster Linie die Stellung der hauptamtlichen Beamten auf Lebenszeit regeln. Sie enthalten zwar auch Vorschriften über Beamte auf Zeit und Ehrenbeamte, regeln aber die Verhältnisse dieser Beamten oft nur lückenhaft. Weiter stammen die einschlägigen Vorschriften der verschiedenen Gesetze oft aus verschiedenen Zeiten und sind häufig nicht aufeinander abgestimmt. Es entstehen daher manche Zweifelsfragen, die im folgenden berührt werden sollen. In allen Ländern können nur Deutsche zu Wahlbeamten — wie überhaupt zu Beamten — bestellt werden[234]. Es handelt sich dabei durchweg um zwingende Vorschriften, von denen allerdings oft entsprechend dem Beispiel in § 26 Abs. 2 DBG die oberste Landesbehörde Ausnahmen zulassen kann. Es ist m. E. aber kaum denkbar, daß die Ausnahmegenehmigung zur Bestellung eines Ausländers zum Wahlbeamten einer deutschen Gemeinde erteilt wird. Lediglich im ehemaligen Land Württemberg-Baden war bis zum Inkrafttreten des b-w LBG die Vorschrift, daß nur Deutsche zu Wahlbeamten bestellt werden dürfen, eine Sollvorschrift[235]. Theoretisch hätte dort ein Ausländer zum Beigeordneten bestellt werden können.

Die neueren Gesetze[236] sagen, daß es sich um einen Deutschen im Sinne des Art. 116 GG handeln muß. Die älteren Gesetze[237] sprachen dagegen noch von Staats- oder Reichsbürgern. Gemäß Art. 33 Abs. 2 GG hat aber jeder Deutsche Zugang zu jedem öffentlichen Amt. Eine entgegenstehende Regelung wäre grundgesetzwidrig und nichtig. Nach Art. 116 GG ist Deutscher im Sinne des GG und damit auch des Art. 33 Abs. 2 GG der gesamte in Art. 116 Abs. 1 GG erfaßte Personenkreis. Die Klausel „vorbehaltlich anderweitiger gesetzlicher Regelung“ in Art. 116 Abs. 1 GG bedeutet nicht, daß in einzelnen Fällen Flüchtlinge oder Vertriebene deutscher Herkunft und deren Ehegatten, die nicht deutsche Staatsangehörige sind, anders behandelt werden dürfen als deutsche Staatsangehörige. Die Klausel bedeutet nur, daß der Gesetzgeber durch einfaches Gesetz den in Art. 116 Abs. 1 bezeichneten Per-

[233] Vgl. H. Becker S. 50.

[234] So für Bayern § 5 Abs. 1 GWG; für Baden-Württemberg § 46 Abs. 1 GO für den Bürgermeister, für die Beigeordneten §§ 6 Abs. 1, 186, 192 b-w LBG; für Bremerhaven §§ 47 Abs. 1, 11, 9 Verf. d. Stadt Bremerhaven und § 8 brem. BG; in Hessen § 7 Abs. 1 Ziffer 1 hess. LBG; in Niedersachsen §§ 9, 12 nds LBG; in Nordrhein-Westfalen § 6 Abs. 1 Ziffer 1 n-w LBG; in Rheinland-Pfalz § 9 Abs. 1 Ziffer 1 rh-pf LBG; im Saarland § 7 Ziffer 1 saarl. LBG; in Schleswig-Holstein § 9 Abs. 1 Ziffer 1 schl-h LBG und §§ 51 Abs. 1, 64 Abs. 2, 19 Abs. 2 GO i. V. m. §§ 9 Ziffer 1, 5 Ziffer 2 Gemeinde- und Kreiswahlgesetz.

[235] Art. 1 Abs. 4 BG für Württemberg-Baden.

[236] Vgl. § 5 Abs. 1 bayer. GWG; § 8 brem. BG; § 6 Abs. 1 Ziffer 1 n-w LBG.

[237] § 26 Abs. 1 Ziffer 1 DBG im ehemaligen Land Baden; Art. 3 Ziffer 1 BG für Württemberg-Hohenzollern.

sonenkreis näher bestimmen kann[238]. Wären daher die älteren Gesetze, die nun durch das b-w LBG ersetzt worden sind, dahin ausgelegt worden, daß sie nur deutsche Staatsangehörige umfassen, so wären sie nach Art. 33 Abs. 2, 116 GG verfassungswidrig gewesen. Es bestanden m. E. aber keine Bedenken, diese Vorschriften verfassungskonform dahin auszulegen, daß in allen Fällen heute die Deutschen i. S. des Art. 116 GG gemeint waren. Die unterschiedliche Formulierung hatte daher keine praktischen Auswirkungen.

Weiter müssen alle Bewerber, die zu Wahlbeamten gewählt werden sollen, die Gewähr dafür bieten, daß sie jederzeit für die freiheitliche demokratische Grundordnung im Sinne des Grundgesetzes eintreten[239].

Uneinheitlich geregelt ist die Frage, von welchem Alter ab jemand zum Wahlbeamten gewählt werden kann. Für die hauptamtlichen Wahlbeamten gelten in den meisten Ländern Vorschriften, die entsprechend den §§ 29 Abs. 1, 28 Abs. 2 Ziffer 1 DBG vorschreiben, daß sie ein Mindestalter von 27 Jahren haben müssen. Das gilt für die hauptamtlichen Wahlbeamten in Niedersachsen, Nordrhein-Westfalen, Rheinland-Pfalz, im Saarland und in Schleswig-Holstein[240] schlechthin, jedoch in Baden-Württemberg nur für die — stets hauptamtlichen[241] Beigeordneten[242]. Dagegen ist für die Bürgermeister in Baden-Württemberg[243] und alle hauptamtlichen Wahlbeamten in Bayern, Bremerhaven und Hessen[244] nach den landesgesetzlichen Vorschriften nur ein Mindestalter von 25 Jahren vorgeschrieben. Die letztere Regelung steht im Widerspruch zu den §§ 6 Abs. 1, 95 Abs. 2 BRRG, wonach die hauptamtlichen Beamten auf Zeit ein Mindestalter von 27 Jahren haben müssen. Für die Zeitbeamten ist in § 95 Abs. 2 BRRG nur eine Ausnahme hinsichtlich der Laufbahnvorschriften und des Erfordernisses einer Probezeit gemacht worden, nicht aber hinsichtlich des Mindestalters.

Für die ehrenamtlichen Wahlbeamten ist in Baden-Württemberg, Bayern, Bremerhaven und Hessen ein Mindestalter von 25 Jahren vorgeschrieben[245]. In Rheinland-Pfalz ist ausdrücklich bestimmt[246], daß die Mindestaltersgrenze nicht für Ehrenbeamte gilt. Hier ist demnach

---

238 Vgl. von Mangoldt, Anm. 3 a. E. zu Art. 116 GG.

239 § 4 Abs. 1 Ziffer 2 BRRG und die S. 63 Anm. 1 zitierten Vorschriften.

240 § 12 nds LBG; § 9 Abs. 1 Ziffer 2 u. Abs. 2 n-w LBG; §§ 11 Abs. 1 Ziffer 2, 185 rh-pf LBG; §§ 12 Ziffer 2, 195 saarl. LBG; §§ 11 Abs. 1 Ziffer 2 u. Abs. 2, 196 schl-h LBG.

241 Vgl. oben § 3A

242 §§ 8 Abs. 1 Ziffer 2, 186, 192 b-w LBG.

243 § 46 Abs. 1 b-w GO; vgl. § 186 b-w LBG.

244 Art. 5 Abs. 1 bayer. GWG; § 47 Abs. 1, 11 Verf. d. Stadt Bremerhaven; § 10 Abs. 2 hess. LBG.

245 § 46 Abs. 1 b-w GO — nur der Bürgermeister kann als Ehrenbeamter bestellt werden; Art. 5 Abs. 1 bayer. GWG; §§ 47 Abs. 1, 11 Verf. d. Stadt Bremerhaven; §§ 32 Abs. 1 hess. GO, 10 Abs. 2 hess. LBG.

246 § 188 Abs. 2 rh-pf LBG.

die Vorschrift der Gemeindeordnung[247/248] anzuwenden, daß Bürger, d.h. Einwohner vom 21. Lebensjahre ab, zu Ehrenämtern der Gemeinde bestellt werden können.

Zweifelhaft ist die Lage bei den ehrenamtlichen Wahlbeamten in Niedersachsen, in Nordrhein-Westfalen, im Saarland und in Schleswig-Holstein. Hier sehen einerseits die Landesbeamtengesetze vor, daß für Ehrenbeamte die allgemeinen beamtenrechtlichen Vorschriften entsprechend gelten[249]. Danach wäre ein Mindestalter von 27 Jahren vorgeschrieben. Die Landesbeamtengesetze bestimmen aber andererseits, daß sich im übrigen die Rechtsverhältnisse der Ehrenbeamten nach den besonderen für die einzelnen Gruppen von Ehrenbeamten geltenden Vorschriften regeln[250]. Sie verweisen damit m. E. auf die Vorschriften der Gemeindeordnungen, in denen bestimmt ist, wer zu einem gemeindlichen Ehrenamt bestellt werden kann. Danach müssen die Bewerber in Niedersachsen und Nordrhein-Westfalen Bürger, d. h. 21 Jahre alt sein und im Saarland und in Schleswig-Holstein 25 Jahre[251].

Eine weitere Voraussetzung für die Wählbarkeit ist der Besitz der bürgerlichen Ehrenrechte und der negative Umstand, daß der Bewerber nicht die Fähigkeit zur Bekleidung öffentlicher Ämter durch Richterspruch verloren hat. Das ergibt sich schon aus den bundesrechtlichen Bestimmungen der §§ 31 Abs. 1, 34 Ziffer 2, 35 StGB[252]. Die zahlreichen Vorschriften der Landesbeamtengesetze, Gemeindeordnungen und Gemeindewahlgesetze, die sich mit dieser Frage befassen, haben daher nur deklaratorischen Charakter, soweit sie nicht die Nichtigkeit oder Vernichtbarkeit des Beamtenverhältnisses eines trotz dieses Mangels Ernannten betreffen. Nicht wählbar sind Personen, die die bürgerlichen Ehrenrechte oder die Fähigkeit zur Bekleidung öffentlicher Ämter verloren haben, schon kraft der oben genannten Bestimmungen des StGB, so daß sich die Aufzählung der landesrechtlichen Vorschriften zu diesem Punkt erübrigt. Daß die Stellen der haupt- und ehrenamtlichen Wahlbeamten öffentliche Ämter im Sinne des StGB sind, ist selbstverständlich und braucht nicht näher begründet zu werden.

B. *Vorbildung*

Der Gegensatz zwischen der politischen und der beamtenrechtlichen Seite des Wahlbeamtenverhältnisses beeinflußt auch entscheidend die Frage, welche fachliche Vorbildung von einem Bewerber für die Stellung eines gemeindlichen Wahlbeamten zu verlangen ist.

---

[248] § 17 rh-pf GO.

[249] § 195 nds LBG; § 183 n-w LBG; §§ 195, 196 saarl. LBG; § 188 schl-h LBG.

[250] § 195 Abs. 4 nds LBG; § 183 Abs. 3 n-w LBG; § 196 Abs. 3 saarl. LBG; § 188 schl-h LBG.

[251] § 23 nds GO; § 20 Abs. 2 n-w GO; §§ 47 saarl. GO, 12 saarl. GWG; §§ 19 Abs. 2 S. 1 schl-h GO, 9 schl-h GKWG.

[252] Schorn S. 151.

Die schwierigen und verwickelten Aufgaben, welche der moderne Staat mit sich bringt, können nur von einer Verwaltung bewältigt werden, die mit fähigen und für ihre Aufgaben besonders geschulten Beamten besetzt ist. Die Anwärter für Beamtenstellen müssen daher eine ihrer beabsichtigten Laufbahn entsprechende Ausbildung durchmachen und ihre Befähigung in Prüfungen nachweisen. Es gibt zwar Vorschriften, wonach Außenseiter ohne die übliche Vorbildung zu Beamten berufen werden können[253]. Diese Außenseiter müssen aber ihre Befähigung und Erfahrung für den öffentlichen Dienst auf irgendeine andere Weise erworben haben. Es ist auch nicht zu verkennen, daß die Vorschriften über Außenseiter eine Durchbrechung des herkömmlichen Beamtenbildes darstellen und weitgehend dem Zweck dienen, Persönlichkeiten aus dem politischen Leben den Eintritt in den öffentlichen Dienst zu ermöglichen. Hier beeinflußt das politische Prinzip sogar das allgemeine Beamtenrecht. Die Außenseiter bilden aber neben den Laufbahnbeamten in der Staats- und Kommunalverwaltung wenigstens zahlenmäßig noch die Ausnahme, so daß man grundsätzlich von der Regel ausgehen kann, daß der Beamte einer bestimmten Ausbildung bedarf.

Auch die von Wahlbeamten zu erfüllenden Aufgaben sind so schwierig und verwickelt, daß im Interesse einer geordneten Verwaltung von ihnen eine besondere Vorbildung zu fordern wäre. Sie leiten die Kommunalverwaltungen, die in großem Umfang staatliche Verwaltungsaufgaben als Auftragsangelegenheiten oder Pflichtaufgaben nach Weisung erfüllen. Insoweit sind sie funktionell der Staatsverwaltung eingegliedert. Man könnte daher daran denken, von ihnen die gleiche Vorbildung wie von den Staatsbeamten zu fordern.

Die Erfüllung dieser Forderung würde aber die politische Seite des Wahlbeamtenverhältnisses schwer beeinträchtigen, indem der Kreis der für Wahlbeamtenstellen wählbaren Persönlichkeiten zu sehr eingeschränkt würde. Das Prinzip der demokratischen Selbstverwaltung erfordert, daß die Gemeindebürger direkt oder durch ihre Vertreter eine Person ihres Vertrauens zum Organ der Gemeinde berufen können. In vielen Gemeinden wird man den alteingesessenen Bürgern besonderes Vertrauen entgegenbringen. In kleineren Gemeinden wird man unter ihnen oft niemand mit Verwaltungsausbildung finden, der bereit ist, eine Wahlbeamtenstelle zu übernehmen. Man wird auch geneigt sein, jemand zu wählen, der in der Gemeinde an führender Stelle politisch tätig ist, dem aber wahrscheinlich eine besondere Ausbildung für den öffentlichen Dienst fehlt. Würde man daher für Wahlbeamte allgemein eine besondere Vorbildung fordern, so würde man den Gemeinden bei der Auswahl ihrer Organe oft jede wirkliche Wahl- und Gestaltungsmöglichkeit nehmen und sie damit in ihrem Recht auf Selbstverwaltung schwer beeinträchtigen.

---

[253] Vgl. z. B. § 7 Abs. 1 Ziffer 3a BBG und § 4 Abs. 3 BRRG.

Über dieser Erwägung darf aber andererseits auch die erste Überlegung nicht vergessen werden, daß die geordnete Verwaltung der Gemeinden ohne fachlich befähigte Beamte nicht gesichert ist. Die Möglichkeit, den Wahlbeamten fachlich gebildete subalterne Beamten zu unterstellen, bildet auch keine wirkliche Lösung des Problems. Einmal sind oft die Wahlbeamten die einzigen Beamten ihrer Gemeinde. Andererseits kann in den größeren Gemeinden, wo Unterbeamte vorhanden sind, der Wahlbeamte seine Aufgabe, die Gemeindeverwaltung zu leiten und die unteren Beamten zu überwachen, nur erfüllen, wenn er ein gewisses Maß an Ausbildung und Befähigung in sein Amt mitbringt.

Die Landesgesetzgeber stehen daher vor der Frage, die beiden sich widersprechenden Interessen der Selbstverwaltung und einer geordneten Gemeindeverwaltung miteinander in Einklang zu bringen oder wenigstens einen gangbaren Mittelweg zu finden.

Die Landesgesetzgeber haben durchweg darauf verzichtet, für die ehrenamtlichen Wahlbeamten irgendwelche Voraussetzungen hinsichtlich Vorbildung und Befähigung aufzustellen. Das entspricht aber nur dem Wesen der ehrenamtlichen Verwaltung als einer Verwaltung durch Laien.

Unterschiedlich ist die Regelung für die hauptamtlichen Wahlbeamten. Die Gemeindeordnungen fordern zum Teil in allgemeinen Wendungen, daß alle hauptamtlichen Wahlbeamten für ihr Amt geeignet sein müssen. So verlangt die hess. GO[254], daß sie „das Vertrauen der Bevölkerung genießen und die für ihr Amt erforderliche Eignung besitzen" sollen; die nds. GO[255], daß sie „die für ihre Ämter erforderliche Eignung, Befähigung und Sachkunde besitzen"; die n-w GO[256], daß sie „die für ihr Amt erforderlichen fachlichen Voraussetzungen erfüllen und eine ausreichende Erfahrung für dies Amt nachweisen" und die schl-h GO[257], daß sie „über die notwendigen Erfahrungen auf dem Gebiet der gemeindlichen Selbstverwaltung" verfügen. Die saarl. GO verlangt dagegen ausdrücklich[258]: „Der hauptamtliche Bürgermeister und die hauptamtlichen Beigeordneten müssen für ihr Amt geeignet sein. Sie müssen mindestens die Voraussetzungen für den gehobenen Verwaltungsdienst erfüllen oder über entsprechende Erfahrungen verfügen, die sie durch verantwortliche Tätigkeit in Verwaltung oder Wirtschaft erworben haben". Weiter verlangt die saarl. GO, daß in Gemeinden über 20 000 Einwohner der Bürgermeister die Befähigung zum höheren Verwaltungsdienst oder zum Richteramt besitzt oder aber ein akademisches Abschlußexamen in den Wirtschafts- und Sozialwissenschaften mit mindestens fünfjähriger Verwaltungserfahrung aufweist[258].

[254] § 42 Abs. 3.
[255] § 81 Abs. 3.
[256] § 49 Abs. 1.
[257] §§ 51 Abs. 2, 64 Abs. 2.
[258] § 48a Abs. 3 saarl. GO.

In Bayern müssen die berufsmäßigen Gemeinderatsmitglieder entweder die für ihr Aufgabengebiet vorgeschriebene höhere Staatsprüfung mit Erfolg abgelegt oder ihre Eignung durch eine mehrjährige Tätigkeit in einer Gemeinde, in einem Gemeindeverband oder in dem vorgesehenen Aufgabengebiet nachgewiesen haben[259].

Diese Vorschriften verlangen eine bestimmte Befähigung oder Erfahrung von allen hauptamtlichen Wahlbeamten des betreffenden Landes oder doch einer Gruppe von ihnen (Bürgermeister in Städten über 20 000 Einwohner, berufsmäßige Gemeinderatsmitglieder). Vorschriften dieser Art fehlen in Bayern für die ersten und die weiteren Bürgermeister und allgemein in Baden-Württemberg, Bremerhaven und Rheinland-Pfalz.

Im Gegensatz zu diesen Vorschriften stehen Bestimmungen, die sicherstellen sollen, daß in größeren Gemeinden wenigstens ein Wahlbeamter eine bestimmte Ausbildung hat. So muß in Baden-Württemberg ein Beigeordneter die Befähigung zum höheren oder gehobenen Verwaltungsdienst oder zum Richteramt, in Stadtkreisen zum höheren Verwaltungsdienst oder zum Richteramt haben, soweit nicht der Bürgermeister oder ein sonstiger Bediensteter der Gemeinde diese Voraussetzung erfüllt[260]. In Bremerhaven muß ein hauptamtliches Magistratsmitglied die Befähigung zum Richteramt oder zum höheren Verwaltungsdienst besitzen[261]. Das Gleiche gilt in den kreisfreien Städten Nordrhein-Westfalens von dem hauptamtlichen Gemeindedirektor oder einem hauptamtlichen Beigeordneten[262]. In Niedersachsen muß in den kreisfreien Städten und in Rheinland-Pfalz in den Gemeinden über 20 000 Einwohner ein Wahlbeamter oder ein anderer leitender Beamter die Befähigung zum Richteramt oder zum höheren Verwaltungsdienst besitzen[263]. Die saarl. GO verlangt in § 48a Abs. 3, daß in Städten über 30 000 Einwohner neben dem Bürgermeister noch ein Beigeordneter die Voraussetzungen mitbringt, die oben für den Bürgermeister in Gemeinden über 20 000 Einwohner dargestellt wurden.

Diese Bestimmungen verlangen also nur, daß ein Wahlbeamter in der Gemeinde die erwähnte Befähigung nachweist. In Baden-Württemberg, Niedersachsen und Rheinland-Pfalz sind diese Bestimmungen aber als Vorbildungserfordernis wenigstens für einen Wahlbeamten deshalb praktisch wertlos, weil es genügt, daß ein anderer Gemeindebeamter die geforderte Befähigung besitzt. In größeren Städten wird sich fast immer ein Beamter finden, der diese Voraussetzung erfüllt[264].

Die Anwendung der Vorschriften, die von den Wahlbeamten eine bestimmte Vorbildung oder Erfahrung verlangen, ist verhältnismäßig

---

259 Art. 40 Abs. 2 bayer. GO.
260 § 49 Abs. 2 b-w GO.
261 Art. 43 Abs. 2 Verf. d. Stadt Bremerhaven.
262 § 49 Abs. 1 n-w GO.
263 § 81 Abs. 3 nds GO; § 45 rh-pf GO.
264 Vgl. Kunze-Schmid Anm. II zu § 49.

einfach, soweit wie in Bayern für die berufsmäßigen Gemeinderatsmitglieder und im Saarland für die Bürgermeister der größeren Städte die Ablegung bestimmter Prüfungen gefordert wird. Auch die in Baden-Württemberg, Niedersachsen, Nordrhein-Westfalen und Rheinland-Pfalz sowie in Bremerhaven unter Umständen für einen Wahlbeamten erforderliche Befähigung zum Richteramt oder zum höheren Verwaltungsdienst kann an Hand von Urkunden rasch nachgeprüft werden.

Zweifelhaft und schwierig ist dagegen die Bedeutung und Anwendung der § 42 Abs. 3 hess. GO, § 81 Abs. 3 nds. GO, § 49 Abs. 1 n-w GO, §§ 51 Abs. 3, 64 Abs. 2 schl-h GO, in denen mit allgemeinen Ausdrücken eine gewisse Befähigung und Erfahrung der Bewerber für ihr Amt gefordert wird.

Fraglich ist einmal, ob diese Vorschriften die von den Wahlbeamten zu fordernde Befähigung und Erfahrung abschließend regeln oder ob zu ihrer Ergänzung und Auslegung noch die Vorschriften der Landesbeamtengesetze über Bewerber ohne eine vorgeschriebene Ausbildung anzuwenden sind[265]. Insofern käme noch in Betracht, diese Vorschriften der Landesbeamtengesetze auch in den Ländern anzuwenden, in denen die Gemeindeordnungen keine besonderen Vorschriften über die Befähigung aller gemeindlichen Wahlbeamten enthalten[266].

Die Frage, ob die Vorschriften der Landesbeamtengesetze betreffend die Vorbildung von Bewerbern für Laufbahnen, für die keine besondere Vorbildung vorgeschrieben ist, auf die Wahlbeamten anzuwenden sind, läßt sich für einige Länder schon nach dem Wortlaut der Beamtengesetze verneinen. Das bayerische Beamtengesetz von 1946 findet nur auf Beamte Anwendung, die eine Ernennungsurkunde erhalten[267]. Da die Bürgermeister in Bayern nach den bestehenden Landesgesetzen[268] keine Ernennungsurkunde erhalten, sind die Vorschriften des bayer. LBG von 1946 auf Bürgermeister nicht anwendbar. Für die berufsmäßigen Gemeinderatsmitglieder enthält Art. 40 Abs. 2 bayer. GO eine erschöpfende Regelung. In Nordrhein-Westfalen gelten die Vorschriften über die Befähigung der Beamten auf Lebenszeit nicht für die Zeitbeamten, da in § 9 Abs. 2 n-w LBG nicht auf Abs. 1 Ziffer 3 verwiesen wird. Der Hinweis bei Odenbreit[271] auf § 8 n-w LBG a. F. ist daher verfehlt. Er beruht auf einer unkritischen Übernahme der Entscheidung des OVG Münster vom 27. 1. 1954[269], die aber auf der revidierten DGO und dem DBG von 1937 beruhte[270]. In Schleswig-Holstein

[265] Vgl. z. B. § 9 n-w LBG, § 26 DBG.

[266] So in Bayern für die Bürgermeister, allgemein in Baden-Württemberg, Rheinland-Pfalz und Bremerhaven.

[267] Art. 1 i. V. m. Art. 214 bayer. LBG v. 1960.

[268] Vgl. unten § 9 D.

[269] DVBl. 1954 S. 542.

[270] So jetzt richtig Kottenberg, Anm. B 1 zu § 49 gegen die Vorauflage.

werden gemäß § 10 Abs. 4 LBG die gesetzlichen Vorschriften über die Eignung der Wahlbeamten durch das LandesbeamtenG nicht berührt. § 7 hess. LBG, der die Vorbildung und Befähigung der Beamten regelt, gilt gemäß § 8 Abs. 3 hess. LBG ausdrücklich nicht für Wahlbeamte. In Niedersachsen bleiben gemäß § 12 LBG die Vorschriften, die für einzelne Zeitbeamte eine bestimmte Eignung, Vorbildung oder Ausbildung verlangen, durch das LBG unberührt.

Die Rechtslage in Rheinland-Pfalz ist genau umgekehrt. Dort konnten bisher auf Grund des Schweigens der Gemeindeordnung nach der Fassung der §§ 26, 29 rh-pf LBG a. F. und eines möglichen Arguments e contrario zu § 8 rh-pf Amtsordnung[272] dieselben Zweifel auftreten, wie sie nachstehend für Baden-Württemberg und Bremerhaven zu erörtern sind. Die Neufassung des rh-pf LBG stellt jedoch in § 185 Abs. 1 klar, daß für Zeitbeamte nur die für Lebenszeitbeamte geltenden Vorschriften über Laufbahnen und Prüfungen[273], nicht aber die allgemeinen Befähigungsvorschriften[274] ausgeschlossen sind. Nach diesen Vorschriften müssen demnach die hauptamtlichen Wahlbeamten in Rheinland-Pfalz die übliche Vorbildung besitzen.

Zweifelhaft bleibt demnach die Anwendbarkeit der beamtenrechtlichen Befähigungsvorschriften nur noch für Baden-Württemberg und Bremerhaven.

Die Bürgermeister werden in Baden-Württemberg durch Volkswahl berufen und erlangen ihre Beamtenstellung durch die Annahme der rechtsgültigen Wahl[275]. Die Frage, wer wählbar ist, wird in § 46 b-w GO geregelt. Dort werden keine Voraussetzungen hinsichtlich der Befähigung aufgestellt. Eine Vorbildung oder Erfahrung für ihr Amt kann daher von den Bürgermeistern in Baden-Württemberg ebenso wie in Bayern nicht gefordert werden[276]. Einen gewissen Ausgleich für die Gefahren, welche eine derartige Regelung für eine geordnete Verwaltung birgt, bietet § 69 b-w GO. Danach sollen Gemeinden über 2000 Einwohner einen Beamten mit der Befähigung zum gehobenen oder höheren Verwaltungs-, Justiz- oder Finanzdienst anstellen. Besitzt daher der Bürgermeister diese Befähigung nicht, so wird die Gemeinde einen Beamten mit dieser Befähigung anstellen müssen.

Sehr zweifelhaft ist dagegen, ob der Ansicht von Kunze-Schmid[277] zu folgen ist, daß auch die Beigeordneten in Baden-Württemberg keine fachlichen Qualifikationen nachzuweisen brauchen — abgesehen von dem einen Beigeordneten, der die in § 49 Abs. 2 b-w GO vorgesehene Befähigung besitzen muß, wenn kein anderer Beamter der Gemeinde

[271] S. 323.

[272] I. d. F. v. 10. 12. 1957 — GVBl. S. 210.

[273] §§ 18—31 rh-pf LBG.

[274] §§ 9, 11 rh-pf LBG.

[275] § 191 Abs. 1 b-w LBG, früher § 41 Abs. 2 b-w GO.

[276] So auch Kunze-Schmid Anm. II 2 zu § 40.

[277] Anm. II zu § 49.

sie besitzt. Die Frage war bisher verwickelt, weil Baden-Württemberg kein einheitliches Beamtenrecht besaß. Im Landesteil Südbaden war durch § 29 DBG und im Landesteil Württemberg-Hohenzollern durch Art. 3 BG von 1949 bestimmt, daß die Voraussetzungen der Ernennung von Beamten auf Zeit bzw. von Beamten der Körperschaften des öffentlichen Rechts sich nach den hierfür geltenden besonderen Vorschriften richtete. Es fragte sich, ob das Schweigen der b-w GO über die Befähigung der Beigeordneten eine negative gesetzliche Regelung in besonderen Vorschriften darstellte. Im Landesteil Württemberg-Baden[278] sollte eine besondere Beamtenstelle das Auswahlverfahren für Beamte regeln und den Selbstverwaltungskörperschaften Bewerber vorschlagen. Nunmehr bestimmen die §§ 186, 192 b-w LBG für ganz Baden-Württemberg, daß für Beigeordnete die Vorschriften für die Beamten auf Lebenszeit entsprechend gelten, soweit nicht gesetzlich ein anderes bestimmt ist. Es fragt sich auch hier, ob entsprechend der Regelung beim Bürgermeister das Schweigen der b-w GO, die in § 49 Abs. 2 nur für einen der Beigeordneten eine bestimmte Befähigung fordert, als Befreiung der übrigen Beigeordneten von jeglicher Befähigungsvorschrift anzusehen ist.

Die Rechtslage in Bremerhaven ähnelt insoweit der in Baden-Württemberg. Für Bremerhaven bestimmt § 8 brem. BG, daß mangels besonderer Vorschriften über die Vorbildung in das Beamtenverhältnis nur berufen werden kann, wer die übliche Vorbildung besitzt oder die erforderliche Befähigung durch Lebens- oder Berufserfahrung innerhalb oder außerhalb des öffentlichen Dienstes erworben hat. Gemäß § 6 Abs. 2 brem. BG werden die Voraussetzungen der Ernennung von Beamten auf Zeit durch das Gesetz bestimmt. Die Berufung des Oberbürgermeisters und der hauptamtlichen Magistratsmitglieder regelt die Verfassung der Stadt Bremerhaven, die über die Befähigung dieser Personen schweigt, wenn man davon absieht, daß eine von ihnen die Befähigung zum höheren Verwaltungsdienst oder zum Richteramt besitzen muß.

In diesen Fällen ist es zweifelhaft, ob auf die Wahlbeamten die beamtenrechtlichen Vorschriften, die die übliche Vorbildung oder eine besondere Eignung erfordern, anzuwenden sind oder ob das Schweigen der Gemeindeordnungen über die Befähigung der Wahlbeamten die Anwendung der beamtenrechtlichen Vorschriften ausschließt.

Die DGO von 1935 forderte für den Bürgermeister und die Beigeordneten ebenfalls keine Vorbildung. Lediglich in Stadtkreisen mußte der Bürgermeister oder der erste Beigeordnete die Befähigung zum Richteramt oder zum höheren Verwaltungsdienst besitzen[279]. Bereits die Ausführungsbestimmung zu § 40 DGO wies aber darauf hin, daß der Bewerber nach den allgemeinen Vorschriften fähig sein mußte, in

---

[278] Art. 12 BG v. 1946.

[279] § 40 DGO.

ein derartiges Amt berufen zu werden. Die Ausführungsbestimmung verwies dabei auf das Reichsgesetz vom 30. 6. 1933[280], das später durch das DBG ersetzt wurde. Nach der DGO von 1935 mußte demnach ein Bewerber um eine Bürgermeister- oder Beigeordnetenstelle die allgemeinen beamtenrechtlichen Voraussetzungen für eine Berufung erfüllen, insbesondere die des § 26 DBG.

Möglicherweise hat sich aber trotz des im wesentlichen mit § 26 DBG gleichlautenden Textes der heute geltenden Beamtengesetze die Rechtslage seither geändert. Unter der Geltung der DGO von 1935 war die demokratische Selbstverwaltung der Gemeinden ausgeschaltet. Der Gesichtspunkt, daß durch Befähigungserfordernisse für Wahlbeamte der Kreis der möglichen Bewerber zu sehr eingeschränkt und damit eine freie demokratische Auswahl zu sehr erschwert würde, schied damals aus. Inzwischen ist die demokratische Selbstverwaltung wiederhergestellt worden. Die Landesgesetzgeber haben sich bemüht, den Gemeindebürgern möglichst weitgehende Entfaltungsmöglichkeiten bei der Verwaltung ihrer Gemeinde zu gewähren. In diesem Bestreben ist auch die Stellung der Wahlbeamten weitgehend politisiert worden[281]. Die beamtenrechtliche Seite des Wahlbeamtenverhältnisses ist dabei oft zugunsten der politischen Seite in den Hintergrund gedrängt worden. Der Gedanke liegt daher nahe, daß die Landesgesetzgeber in Baden-Württemberg und Bremen in die Gemeindeverfassungsgesetze keine allgemeinen Vorschriften über die Befähigung der Wahlbeamten aufnahmen, um ihren Bürgern eine Auswahl aus einem möglichst großen Kreis von Bewerbern zu ermöglichen, und daß sie dies als eine endgültige Regelung ansahen, über die nicht auf die Vorschriften der Beamtengesetze zurückgegriffen werden kann.

Gegen diese Auffassung bestehen aber schwerwiegende Bedenken. Bei der großen Bedeutung der kommunalen Verwaltung wäre es nur schwer tragbar, wenn in ihre leitenden Stellen Personen ohne jede Fähigkeiten für ihr Amt berufen werden könnten. Die meisten Gemeindegesetze fordern auch ausdrücklich eine irgendwie geartete Befähigung für die Wahlbeamten. Solange daher die Gemeindeverfassungsgesetze von Baden-Württemberg und Bremen nicht ausdrücklich sagen, daß sie auf eine besondere Befähigung für ihre Wahlbeamten verzichten, muß angenommen werden, daß sie dem gesetzestechnischen Beispiel der DGO folgen, die ebenfalls über die allgemeine Befähigung der Bürgermeister und Beigeordneten schwieg, aber damit auf die allgemeinen beamtenrechtlichen Befähigungsvorschriften verwies[285].

Als Ergebnis ist festzuhalten, daß nur in Bayern für die berufsmäßigen Gemeinderatsmitglieder[284] und im Saarland für die Bürgermeister in

[280] RGBl. I S. 433.

[281] Vgl. BVerfG NJW 1957 S. 1795.

[282 283] So OVG Münster DVBl. 1954 S. 542ff., 544 für die rev. DGO und OVG Koblenz v. 18. 7. 1957 AS Bd. 6 S. 172ff., 178, a. A. H. Becker S. 56.

[284] Art. 40 bayer. GO.

Städten mit über 20 000 Einwohnern[285] der Nachweis der Befähigung durch Ablegen bestimmter Prüfungen gefordert wird. In allen übrigen Ländern wird für die hauptamtlichen gemeindlichen Wahlbeamten nur allgemein eine gewisse Befähigung und Erfahrung für ihr Amt gefordert. Das ergibt sich in Hessen[286], Niedersachsen[287], Nordrhein-Westfalen[288], im Saarland[289] und in Schleswig-Holstein[290] aus der Gemeindeordnung. In Baden-Württemberg[291], in Bremerhaven[292] und Rheinland-Pfalz[293] ergibt es sich mangels besonderer Vorschriften in der Gemeindeordnung aus den Landesbeamtengesetzen. Lediglich von den Bürgermeistern in Bayern und Baden-Württemberg wird gesetzlich keine Befähigung oder Erfahrung verlangt.

Darüber hinaus sehen die Gemeindeordnungen von Baden-Württemberg[294], Bremerhaven[295], Niedersachsen[296], Nordrhein-Westfalen[297], Rheinland-Pfalz[298] und im Saarland[299] vor, daß in größeren Gemeinden wenigstens ein Wahlbeamter eine bestimmte Befähigung nachweist. Davon kann in Baden-Württemberg, Niedersachsen und Rheinland-Pfalz abgesehen werden, wenn ein anderer Beamter der Gemeinde die vorgesehene Befähigung besitzt.

Die Frage, ob ein Wahlbeamter die danach etwa erforderliche Befähigung besitzt, ist schwierig zu beurteilen, wenn das Gesetz nur mit allgemeinen Ausdrücken eine gewisse Befähigung und Erfahrung fordert. Es handelt sich bei diesen allgemeinen Ausdrücken um unbestimmte Rechtsbegriffe[300]. Es ist nicht dem Ermessen des Gemeinderates überlassen, das Vorhandensein oder Fehlen der erforderlichen Befähigung bei einem Kandidaten anzunehmen oder nicht. Vielmehr sind die unbestimmten Begriffe mit Rücksicht auf den einzelnen Fall auszulegen und danach zu entscheiden, ob ein Bewerber die für das begehrte Amt erforderliche Befähigung besitzt. Es ist nur eine richtige Antwort möglich[301]. Nach der neueren Lehre und Rechtsprechung soll allerdings dem Begriff der Eignung wie auch anderen unbestimmten

[285] § 48a Abs. 3 saarl. GO.
[286] § 42 Abs. 3 hess. GO.
[287] § 81 Abs. 3 nds GO.
[288] § 49 n-w GO.
[289] § 48a Abs. 3 saarl. GO.
[290] § 51 Abs. 3, 64 Abs. 2 schl-h GO.
[291] §§ 192, 186, 6 Abs. 1 Ziffer 3 b-w LBG.
[292] § 8 brem. LBG.
[293] §§ 9, 11 rh-pf LBG.
[294] § 49 Abs. 2 b-w GO.
[295] § 45 Abs. 2 Verf. d. Stadt Bremerhaven.
[296] § 81 Abs. 3 nds GO.
[297] § 49 Abs. 1 n-w GO.
[298] § 45 rh-pf GO.
[299] § 48a Abs. 3 saarl. GO.
[300] OVG Münster DVBl. 54 S. 542ff., OVG Koblenz AS Bd. 6 S. 172ff.
[301] Peters Lehrb. S. 11.

Rechtsbegriffen ein Beurteilungsspielraum innewohnen, innerhalb dessen die gemeindliche Entscheidung der Nachprüfung durch die Verwaltungsgerichte entzogen ist[302]. Dieser Beurteilungsspielraum ist aber gering. Es würde zu weit führen, hier Maßstäbe für die Auslegung der verschiedenen Befähigungsvorschriften aufzustellen. Allgemein kann nur gesagt werden, daß es auf die Größe der Gemeinde, ihre Verwaltungsverhältnisse und auf den konkreten Aufgabenbereich des angestrebten Amtes ankommen wird. Anschauliche Beispiele für eine derartige Auslegung der unbestimmten Ausdrücke über die Befähigung bieten die angeführten Entscheidungen der OVG Münster, Koblenz und Lüneburg[303].

Da der Gesetzgeber mit den allgemeinen Befähigungsvorschriften nur gewisse Mindestvoraussetzungen schaffen wollte, steht es den Gemeinden frei, durch Satzung höhere Anforderungen an die Bewerber um Wahlbeamtenposten aufzustellen. Eine Ausnahme gilt für die Wahl der Bürgermeister in Baden-Württemberg und Bayern, da hier die Regelung der Gesetzgeber, daß keine besondere Befähigung zu verlangen sei, als abschließende Regelung anzusehen ist. Es wäre unzulässig, die durch Landesgesetz statuierte Freiheit der Gemeindebürger bei der Wahl der Bürgermeister durch örtliche Satzung einzuschränken[304].

Die Wahl eines Bewerbers, der die erforderliche Befähigung nicht besitzt, ist rechtswidrig. Eine Ausnahme gilt in Hessen, da dort die entsprechende Bestimmung[305] nur eine Sollvorschrift ist[306].

Fraglich ist noch, wie die Bestimmungen, daß ein Wahlbeamter der Gemeinde eine bestimmte Befähigung besitzen muß, rechtlich durchzusetzen sind. Das Problem ist m. E. so zu lösen, daß die Gemeindevertretung alle in der Hauptsatzung vorgesehenen Wahlbeamtenstellen frei besetzen kann bis auf die letzte. Besitzt dann noch kein Stelleninhaber oder kein gewählter Kandidat die erforderliche Qualifikation, so muß der für die letzte Stelle gewählte Bewerber sie besitzen. Andernfalls ist seine Wahl rechtswidrig. Unter Umständen kann es auch auf eine frühere Wahl ankommen, wenn nämlich die zuletzt zu besetzende Stelle eine Spezialausbildung erfordert[307].

Strittig ist schließlich diese Frage insbesondere dann, wenn es genügt, daß ein anderer Beamter der Gemeinde die Qualifikation besitzt, falls kein Wahlbeamter sie hat. Hier meinen Salzmann-Schunck[308], daß die

---

[302] OVG Lüneburg OVGE Bd. 13 S. 453; Ehmke S. 23ff.; Bachof JZ 1955 S. 97.

[303] Anm. 300 u. 302 und 6, vgl. Kottenberg Anm. B I zu § 49; Berkenhoff S. 104.

[304] Vgl. Kunze-Schmid Anm. II 2 zu § 42.

[305] § 42 Abs. 3 hess. GO.

[306] Muntzke-Schlempp Anm. IV 2 zu § 42 hess. GO, S. 566.

[307] Z. B. Beigeordnete für das Bauwesen.

[308] Anm. zu § 45.

Wahl des letzten Kandidaten ohne die erforderliche Qualifikation rechtswidrig ist, falls nicht ein hauptamtlicher Beamter der Gemeinde die erforderliche Befähigung schon besitzt. Dagegen ist das OVG Koblenz[309] der Ansicht, in diesem Falle könne die Gemeinde alle Wahlbeamtenstellen mit Bewerbern ohne die erforderliche Qualifikation besetzen und müsse dann lediglich einen anderen Beamten bestellen, der entsprechend befähigt ist. Man muß m. E. der Ansicht von Salzmann-Schunck folgen. Die Gemeinde ist gehalten, ihre Verpflichtung zur Bestellung entsprechend qualifizierter Beamter im Rahmen der Gesetze, also auch der Stellensatzung, zu erfüllen. Sie kann m. E. nicht auf die Möglichkeit verwiesen werden, durch Schaffung neuer Stellen ihrer Pflicht zur Bestellung besonders qualifizierter Beamter nachzukommen, nachdem sie sich die Erfüllung dieser Pflicht erst durch die Besetzung aller bestehenden Stellen mit unqualifizierten Beamten unmöglich gemacht hatte.

C. Sonstige persönliche Voraussetzungen

Die Gemeindeordnungen, Gemeindewahlgesetze und Landesbeamtengesetze enthalten weiter eine große Anzahl von Voraussetzungen, die die Bewerber für Wahlbeamtenstellen erfüllen müssen. Diese Vorschriften betreffen teils direkt die Wählbarkeit, teils die Ernennbarkeit zum Beamten. Da aber die Wahl notwendig auf die Ernennung des Gewählten zum Beamten hinzielt, wird die Wählbarkeit zum Wahlbeamten auch durch diese Vorschriften beeinflußt.

Es würde hier zu weit führen, alle diese Vorschriften für alle neun Gemeindeordnungen und Beamtengesetze auszuführen. Es erscheint auch nicht notwendig, da sich vielfach aus ihnen doch nur Selbstverständliches ergibt, z. B. daß Personen, die wegen Geisteskrankheit oder Geistesschwäche entmündigt sind oder in einer Heil- und Pflegeanstalt untergebracht worden sind, nicht zu Wahlbeamten gewählt werden dürfen. Es soll daher nur ein das Wesentliche darlegender Überblick gegeben werden.

Hinsichtlich der charakterlichen Eignung schreiben die Beamtengesetze in der Regel im Anschluß an § 32 DBG vor, daß die Ernennung eines Beamten zurückzunehmen ist, wenn sich herausstellt, daß der Beamte wegen eines Verbrechens oder eines Vergehens, das ihn der Berufung in das Beamtenverhältnis unwürdig erscheinen läßt, rechtskräftig verurteilt wurde[310]. Personen, auf die diese Vorschriften zutreffen, dürfen nicht gewählt werden.

Für die Bürgermeister in Baden-Württemberg und Bayern, auf die die Beamtengesetze insoweit nicht anwendbar sind, gelten für diese Fragen besondere Vorschriften. In Baden-Württemberg darf zum Bürgermeister nicht gewählt werden, wer als Gemeinderat, Gemeindever-

[309] AS Bd. 6 S. 172ff., 176.

[310] Vgl. z. B. § 12 Abs. 1 Ziffer 2 n-w LBG.

ordneter oder Mitglied des Kreistages oder als Beamter innerhalb der letzten fünf Jahre durch rechtskräftiges Urteil im förmlichen Disziplinverfahren aus dem Dienst entfernt wurde. Weiter darf nicht gewählt werden, wer von einem deutschen Gericht wegen vorsätzlich begangener Tat zu Gefängnis von mindestens sechs Monaten rechtskräftig verurteilt ist, wenn die Strafe noch nicht verbüßt ist oder noch nicht drei Jahre seit der Rechtskraft des Urteils vergangen sind[311].

In Bayern darf nicht zum Bürgermeister gewählt werden, wer von einem Dienststrafgericht rechtskräftig aus dem Dienst entfernt wurde und wer in einem sonstigen behördlichen, ehrengerichtlichen oder berufsgerichtlichen Verfahren von der Ausübung eines Berufes ausgeschlossen wurde, dessen Voraussetzungen rechtlich geregelt sind[312]. Weiter darf dort nicht gewählt werden, wer von einem deutschen Gericht zu Zuchthaus oder wegen vorsätzlicher Tat zu Gefängnis von einem Jahr oder länger rechtskräftig verurteilt wurde, es sei denn, daß die Strafe getilgt ist[313].

In den meisten Ländern müssen die ehrenamtlichen Wahlbeamten Bürger der Gemeinde sein, in der sie gewählt werden[314]. Eine Ausnahme bilden nur Baden-Württemberg und Nordrhein-Westfalen. In Baden-Württemberg können auch Ortsfremde zum ehrenamtlichen Bürgermeister gewählt werden[315]. Die n-w GO regelt in § 20 nur, wer ein Ehrenamt übernehmen muß, nicht aber, wem ein solches Amt übertragen werden kann. Daraus ist zu schließen, daß auch Nichtbürger ehrenamtliche Wahlbeamte einer Gemeinde werden können.

Im Gegensatz zu den übrigen hauptamtlichen Wahlbeamten können in Bayern zu berufsmäßigen weiteren Bürgermeistern nur Bürger der Gemeinde gewählt werden[316].

In einigen Ländern können auch nur Mitglieder des Gemeinderats zu ehrenamtlichen Wahlbeamten gewählt werden. Das gilt in Schleswig-Holstein[317] und im Saarland[318] für alle ehrenamtlichen Wahlbeamten. In Bayern gilt es nur für die weiteren Bürgermeister[319].

In Nordrhein-Westfalen und Bremerhaven besteht noch eine weitere Einschränkung der Wählbarkeit zum ehrenamtlichen Wahlbeamten. In manchen Gemeinden besteht die Neigung, einen bewährten hauptamtlichen Wahlbeamten auch nach der Erreichung der Altersgrenze im

---

311 §§ 46, 28 Abs. 2 b-w GO.

312 Art. 29 Abs. 2 bayer. GWG.

313 Art. 5 Abs. 4 bayer. GWG.

314 Vgl. Art. 5 Abs. 1 bayer. GWG; §§ 47 Abs. 1, 11, 9 Abs. 1 Verf. d. Stadt Bremerhaven; § 32 hess. GO; § 23 Abs. 2 nds GO; § 17 rh-pf GO; § 16 saarl. GO; § 19 schl-h GO.

315 Kunze-Schmid, Anm. I 1 zu § 46.

316 Art. 33 Abs. 1, 5, 1 Abs. 1 Ziffer 2 bayer. GWG.

317 §§ 52, 55, 58, 65 schl-h GO.

318 §§ 47, 48 Abs. 2 saarl. GO.

319 Art. 34 Abs. 5 bayer. GO: „aus seiner Mitte“.

Amt zu behalten, indem man ihn zum ehrenamtlichen Wahlbeamten für sein Arbeitsgebiet wählt und ihm die Differenz zwischen seinem bisherigen Gehalt und dem Ruhegehalt als Aufwandsentschädigung zahlt. Dieser Weg mag für eine Gemeinde gewisse Vorteile bieten, er hat aber auch entscheidende Nachteile. Einmal ist es unzuträglich, daß die Art der Verwaltung fortwährend nach derartigen personellen Gegebenheiten verändert wird. Dann ist nicht sicher, ob und gegebenenfalls wie lange ein Beamter, der die Altersgrenze überschritten hat, noch ein Amt ausfüllen kann, für das an sich hauptamtliche Verwaltung vorgesehen ist. Schließlich besteht die Gefahr, daß die Spitze der Gemeindeverwaltung überaltert. Die Landesbeamtengesetze von Bremen[320] und Nordrhein-Westfalen[321] [322] sehen daher vor, daß ein hauptamtlicher Beamter nicht nach Erreichung der Altersgrenze zur Weiterführung seiner bisherigen Amtsaufgaben in ein Ehrenbeamtenverhältnis berufen werden kann.

Fraglich ist, ob die Ansicht von Salzmann-Schunck[323] zutrifft, daß eine derartige Berufung zum Ehrenbeamten auch ohne eine entsprechende Vorschrift eine Rechtsverletzung ist, welche die Aufsichtsbehörde berechtigt, einzuschreiten. M. E. ist das abzulehnen. Eine derartige Berufung zum Ehrenbeamten mag unzweckmäßig sein, sie ist aber dort, wo eine entgegenstehende Vorschrift fehlt, keine Rechtsverletzung. Unter Umständen hat aber die Rechtsaufsichtsbehörde aus einem anderen Grunde eine Eingriffsmöglichkeit. In Schleswig-Holstein z. B. bedarf der Übergang von der haupt- zur ehrenamtlichen Verwaltung einer Stelle einer Änderung der Hauptsatzung. Diese kann die Aufsichtsbehörde nach ihrem Ermessen genehmigen oder nicht[324].

D. *Ausschließungsgründe*

Die Gemeindeordnungen sehen weiter vor, daß die Wahlbeamten nicht bestimmte andere Ämter oder Positionen innehaben und nicht in bestimmten verwandtschaftlichen Beziehungen zu anderen Amtsinhabern stehen dürfen. Diese Vorschriften dienen dem Zweck, den Wahlbeamten dauernde Interessenkonflikte zu ersparen, welche die Sauberkeit ihrer Amtsführung gefährden können[325]. Von den bisher behandelten Voraussetzungen der Wählbarkeit unterscheiden sich die Ausschließungsgründe durch den Umstand, daß sie regelmäßig behebbar sind. Der Bewerber um die Wahlbeamtenstellung kann den Posten, der den Interessenkonflikt begründet, aufgeben oder der verwandte Stelleninhaber kann aus seinem Amt ausscheiden. Die Gemeindeordnungen wollen daher die Wahl eines Bewerbers, bei dem ein Aus-

[320] § 166.
[321] § 183 Abs. 2 n-w LBG.
[322] Früher auch § 70 Abs. 2 rh-pf LBG a. F.
[323] Anm. 4 zu § 43 rh-pf GO.
[324] Vgl. § 4 Abs. 1 schl-h GO; Lauritzen Anm. 4 zu § 4 schl-h GO.
[325] Hofmeister S. 119.

schließungsgrund vorliegt, nicht schlechthin verhindern. Sie wollen nur verhindern, daß er sein neues Amt ausübt, solange der Interessenkonflikt besteht. Ein Bewerber, bei dem ein Ausschließungsgrund vorliegt, kann gewählt werden; er darf aber nicht ernannt werden und sein Amt ausüben[326]. Da aber nur die Wahl eines Bewerbers, der auch ernannt werden und sein Amt ausüben darf, Sinn und Zweck hat, steht die Wahl unter der Bedingung, daß der Ausschließungsgrund später wegfällt. Steht fest, daß der Ausschließungsgrund überhaupt nicht oder nicht in absehbarer Zeit behoben wird, so ist die Wahl aufzuheben.

I. Verwandtschaft mit anderen Wahlbeamten und Gemeinderatsmitgliedern

In Bremerhaven[327], Nordrhein-Westfalen[328] und Schleswig-Holstein[329] dürfen die Wahlbeamten nicht miteinander verehelicht, bis zum 3. Grade verwandt oder bis zum 2. Grade verschwägert sein. In Schleswig-Holstein dürfen sie auch nicht durch Adoption verbunden sein. Die hess. GO[330] begnügt sich damit, eine Verwandtschaft bis zum 2. Grad, Ehe und Adoption auszuschließen. In Niedersachsen dürfen die Mitglieder des Verwaltungsausschusses nicht miteinander verehelicht, durch Adoption verbunden, bis zum 3. Grade verwandt oder bis zum 2. Grade verschwägert sein. Dem Verwaltungsausschuß gehören die in ihn berufenen Gemeinderatsmitglieder (die sogenannten Beigeordneten) und der Gemeindedirektor an. Die anderen Wahlbeamten gehören ihm nur insoweit an, als es die Hauptsatzung bestimmt[331]. Dieser Ausschließungsgrund betrifft demnach in Niedersachsen stets den Gemeindedirektor im Verhältnis zu den sogenannten Beigeordneten; die übrigen Wahlbeamten im Verhältnis zu dem Gemeindedirektor, den Beigeordneten und untereinander nur insoweit, als sie dem Verwaltungsausschuß angehören. In Nordrhein-Westfalen kann die Aufsichtsbehörde allgemein, in Hessen und Niedersachsen nur unter bestimmten Bedingungen Ausnahmen von diesen Vorschriften zulassen.

Rheinland-Pfalz und das Saarland kennen keinen Ausschließungsgrund wegen Verwandtschaft, Schwägerschaft, Ehe oder Adoption mit einem Wahlbeamten derselben Gemeinde.

Die b-w GO[332] bestimmt, daß ein Beigeordneter mit dem Bürgermeister oder einem anderen Beigeordneten nicht verlobt, verheiratet, bis zum 3. Grade verwandt oder im 2. Grade verschwägert oder durch

---

[326] Vgl. Kunze-Schmid Anm. I 3 zu § 51.
[327] § 47 Abs. 3 Verf. d. Stadt Bremerhaven.
[328] § 50 n-w GO.
[329] §§ 52 Abs. 4, 58 Abs. 4, 62 Abs. 3 schl-h GO.
[330] § 43 hess. GO.
[331] § 63 nds GO.
[332] §§ 51 Abs. 2, 18 Abs. 2.

Adoption verbunden sein darf. Er darf auch nicht mit dem Bürgermeister oder einem anderen Beigeordneten früher verheiratet gewesen sein. Diese Regelung bevorzugt im Gegensatz zu den bisher geschilderten Vorschriften den Hauptgemeindebeamten vor den übrigen Wahlbeamten, denn sie stellt nur einen Ausschließungsgrund für die Beigeordneten dar.

In Nordrhein-Westfalen darf z. B. niemand zum Gemeindedirektor ernannt werden, der zu einem im Amt befindlichen Beigeordneten in einem ausschließenden Verhältnis steht. Eine andere Frage ist, wer ausscheiden muß, wenn während der Amtszeit beider ein ausschließendes Verhältnis entsteht. In Baden-Württemberg kann dagegen eine Person durch Volkswahl zum Bürgermeister berufen werden, die zu einem Beigeordneten in einem ausschließenden Verhältnis steht. In diesem Fall muß der Beigeordnete ausscheiden[333].

Die Regelung der bayerischen GO entspricht insoweit der in Baden-Württemberg. Gemäß Art. 31 Abs. 3 bayer. GO dürfen Ehegatten, Eltern und Kinder sowie Geschwister nicht gleichzeitig dem Gemeinderat angehören. Besteht oder entsteht ein familienrechtliches Verhältnis dieser Art zwischen dem ersten Bürgermeister und einem Gemeinderatsmitglied, so scheidet letzteres aus. Dies gilt auch im Fall einer Neuwahl oder Nachwahl des ersten Bürgermeisters.

Dabei ist zu beachten, daß in Bayern die Wahlbeamten dem Gemeinderat angehören. Für unsere Fragestellung, ob nämlich ein Wahlbeamter durch ein ausschließendes Verhältnis mit einem anderen Wahlbeamten oder mit einem Gemeinderatsmitglied behindert wird, kommen jedoch nur die berufsmäßigen Gemeinderatsmitglieder in Betracht. Der erste Bürgermeister wird durch ein ausschließendes Verhältnis mit einem anderen Gemeinderatsmitglied nicht behindert, da stets der andere ausscheiden muß. Die weiteren Bürgermeister können durch die Wahl nicht mit anderen Gemeinderatsmitgliedern in Konflikt kommen, da sie aus der Mitte des Gemeinderates gewählt werden[334]. Die Frage, ob sie mit einem anderen Gemeinderatsmitglied in einem ausschließenden Verhältnis stehen, muß daher schon vor der Wahl geklärt sein.

Zweifelhaft ist die Lage jedoch bei den berufsmäßigen Gemeinderatsmitgliedern. Die Einrichtung der berufsmäßigen Gemeinderatsmitglieder war im Entwurf der bayerischen GO nicht vorgesehen und wurde erst bei den parlamentarischen Beratungen in sie eingefügt. Man hat es dabei unterlassen, die Einrichtung der berufsmäßigen Gemeinderatsmitglieder mit den übrigen Vorschriften der GO abzustimmen. Es ist daher oft zweifelhaft, ob die bayer. GO, wenn sie von Gemeinderatsmitgliedern spricht, nur die ehrenamtlichen oder auch die berufsmäßigen meint[335]. Insbesondere ist umstritten, ob die Ausschlußvor-

---

[333] Vgl. Göbel, Anm. 3 zu § 51.
[334] Art. 34 Abs. 5 bayer. GO.
[335] Vgl. Ruscher § 9; Helmreich-Widtmann Anm. 4 zu Art. 31 bayer. GO.

schrift des Art. 31 Abs. 3 bayer. GO auf die berufsmäßigen Gemeinderatsmitglieder anwendbar ist. Helmreich-Widtmann[336] verweisen auf die Tatsache, daß die berufsmäßigen Gemeinderatsmitglieder nur in den Angelegenheiten ihres Geschäftsbereiches beratendes Stimmrecht haben[337] und daß ihre vertraglichen Rechte[338] durch einen nachträglichen Ausschluß beeinträchtigt würden. Sie weisen ferner darauf hin, daß Art. 31 Abs. 3 S. 4 bayer. GO, wonach bei einem Konflikt zwischen zwei Gemeinderatsmitgliedern derjenige ausscheiden muß, der bei der Wahl die geringere Stimmenzahl erhalten hat, offenbar nur auf die vom Volk gewählten ehrenamtlichen Gemeinderatsmitglieder abstellt und nicht auf die vom Gemeinderat gewählten berufsmäßigen. Sie meinen daher, daß die Ausschlußvorschrift des Art. 31 Abs. 3 bayer. GO auf die berufsmäßigen Gemeinderatsmitglieder nicht anzuwenden ist. Masson[339] führt aus, daß die Ausschlußvorschrift nur im Verhältnis des berufsmäßigen Gemeinderatsmitgliedes zum ersten Bürgermeister, nicht aber im Verhältnis zu den übrigen Gemeinderatsmitgliedern gelte, da wegen der verschiedenen Wahlgremien ein Vergleich der Stimmenzahl, wie sie Art. 31 Abs.3 S. 4 bayer. GO vorsieht, nicht möglich sei. Hölzl[340] und Ruscher[341] wollen den Art. 31 Abs. 3 auch auf die berufsmäßigen Gemeinderatsmitglieder anwenden. Dabei soll die zeitliche Priorität entscheiden, wer von zwei Gemeinderatsmitgliedern ausscheidet.

Die Ansicht von Helmreich-Widtmann ist m. E. abzulehnen. Fast alle Gemeindeordnungen enthalten heute Vorschriften, die ähnlich wie früher § 43 DGO eine nahe Verwandtschaft zwischen den Wahlbeamten einer Gemeinde ausschließen. Der bayerische Gesetzgeber wollte in dieser Hinsicht noch weiter gehen, indem er nahe Verwandtschaftsverhältnisse zwischen allen Gemeinderatsmitgliedern ausschloß. Es würde dem Sinn und Zweck dieser Vorschrift widersprechen, nun mit Helmreich-Widtmann sogar ein nahes familienrechtliches Band zwischen erstem Bürgermeister und berufsmäßigem Ratsmitglied zuzulassen, weil die berufsmäßigen Gemeinderatsmitglieder kein Stimmrecht haben und ein Ausschluß ihre vertraglichen Rechte beeinträchtigen würde. Die Vorschrift des Art. 31 Abs. 3 bayer. GO soll einer unzuträglichen Vetternwirtschaft innerhalb der Gemeindeverwaltung vorbeugen. Sie will deshalb nahe Verwandte aus einflußreichen gemeindlichen Stellungen heraushalten. Das berufsmäßige Gemeinderatsmitglied wird aber als Fachbeamter oft mehr Einfluß auf die Gemeindeverwaltung haben als ein einzelnes Gemeinderatsmitglied mit Stimmrecht. Der Umstand, daß der Ausschluß eines berufsmäßigen Gemeinderatsmitgliedes dessen

[336] Anm. 7 zu Art. 31.
[337] Art. 40 Abs. 1 bayer. GO.
[338] Art. 41 Abs. 1 bayer. GO.
[339] Anm. 12 und 15 zu Art. 31.
[340] Anm. 6 zu Art. 31.
[341] S. 96.

Beamtenrechte beeinflußt, kann auch nicht entscheidend sein, denn das wird auch von den übrigen Gemeindeordnungen in Kauf genommen[342]. Der Umstand, daß die Anwendung der Ausschlußvorschift auf das Verhältnis der berufsmäßigen zu den ehrenamtlichen Gemeinderatsmitgliedern gewisse Schwierigkeiten bietet, kann endlich auch nicht entscheidend sein.

Es bleiben daher nur die Lösungen von Masson, wonach § 71 Abs. 3 bayer. GO nur nahe familienrechtliche Beziehungen zwischen erstem Bürgermeister und berufsmäßigem Gemeinderatsmitglied ausschließt, und von Ruscher und Hölzl, wonach derartige Beziehungen des berufsmäßigen Gemeinderatsmitgliedes auch zu den übrigen Gemeinderatsmitgliedern ausgeschlossen werden, dabei aber die zeitliche Priorität entscheidet. M. E. ist die Lösung von Ruscher und Hölzl vorzuziehen, da sie im Gegensatz zu der von Masson auch nahe familienrechtliche Beziehungen zu den weiteren Bürgermeistern und zu den übrigen berufsmäßigen Gemeinderatsmitgliedern ausschließt und damit der Absicht des bayerischen Gesetzgebers, familienrechtliche Beziehungen zwischen den an der Gemeindeverwaltung Beteiligten möglichst weitgehend auszuschließen, am besten entspricht.

In Bayern kann daher niemand zum berufsmäßigen Gemeinderatsmitglied ernannt werden, der mit irgendeinem Gemeinderatsmitglied — erster Bürgermeister, weitere Bürgermeister, berufsmäßige und ehrenamtliche Gemeinderatsmitglieder — in einem ausschließenden Verhältnis steht. Wird jemand trotzdem zum berufsmäßigen Gemeinderatsmitglied gewählt, so ist die Wahl wirksam, steht aber unter der Bedingung, daß das ausschließende Verhältnis gelöst wird oder der andere ausscheidet. Befindet sich das berufsmäßige Gemeinderatsmitglied bereits im Amt, so schließt es seinerseits jede andere Person, mit der es in einem ausschließenden Verhältnis steht, von der Mitgliedschaft im Gemeinderat aus, es sei denn, die andere Person würde zum ersten Bürgermeister gewählt. Entsteht ein ausschließendes Verhältnis zwischen einem berufsmäßigen und einem anderen Gemeinderatsmitglied, so scheidet der aus, der zuletzt in den Gemeinderat kam. Nur der Bürgermeister schließt jedes andere Gemeinderatsmitglied aus.

Insgesamt ist festzuhalten, daß alle Gemeindeordnungen außer denen des Saarlandes und des Landes Rheinland-Pfalz nahe familienrechtliche Beziehungen zwischen den Wahlbeamten einer Gemeinde — in Bayern auch mit anderen Gemeinderatsmitgliedern — ausschließen[343]. Steht jemand zu einer bereits im Amte befindlichen Person in einem ausschließenden Verhältnis, so kann er zwar gewählt, nicht aber ernannt werden. Wird das Hindernis jedoch nicht behoben, so ist die Wahl für ungültig zu erklären. Eine Ausnahme gilt für den ersten Bürgermeister in Bayern und für den Bürgermeister in Baden-Württemberg.

---

[342] Vgl. z. B. § 51 Abs. 2 b-w GO; § 50 n-w GO.

[343] Vgl. hierzu auch Schorn S. 164f.

Sie können ihr Amt antreten, auch wenn sie zu einem im Amt befindlichen Wahlbeamten — in Bayern auch zu einem anderen Gemeinderatsmitglied — in einem ausschließenden Verhältnis stehen. In diesem Fall muß der andere ausscheiden.

Eigenartigerweise ist nirgends geklärt, wie dieses „Ausscheiden“[344] mit den Vorschriften des Beamtenrechts in Einklang zu bringen ist[345]. Diese Frage soll jedoch im Rahmen dieser Arbeit nicht behandelt werden.

II. Sonstige Beziehungen

Im Gegensatz zu allen anderen Gemeindeordnungen sieht die b-w GO[346] noch vor, daß die Beigeordneten nicht mit dem Bürgermeister oder einem anderen Beigeordneten als persönlich haftende Gesellschafter an einer Handelsgesellschaft beteiligt sein dürfen. Aus der Vorschrift sind dieselben Folgen zu ziehen, wie für die familiären Ausschlußgründe in Baden-Württemberg.

III. Andere Ämter oder Beschäftigungsverhältnisse.

Eine Reihe von Gemeindeordnungen enthalten weiter Vorschriften, die verhindern sollen, daß die Wahlbeamten durch andere Ämter oder Beschäftigungsverhältnisse in Interessenkollisionen geraten. Die hauptamtlichen Wahlbeamten stellen ihre Arbeitskraft ihrer Gemeinde voll zur Verfügung, so daß durch einen zweiten Hauptberuf keine Interessenkonflikte entstehen können. Anders ist es bei den ehrenamtlichen Wahlbeamten. Sie werden regelmäßig neben ihrem Ehrenamt einen Hauptberuf ausüben, der sie unter Umständen in Widerstreit mit ihren Pflichten als Wahlbeamte bringen kann.

Ein derartiger Konflikt ist ohne weiteres gegeben, wenn der Ehrenbeamte gleichzeitig Beamter, Angestellter oder Arbeiter seiner Gemeinde ist. Der ehrenamtliche Wahlbeamte gehört zur Spitze der Gemeindeverwaltung und kann Vorgesetzter des Lebenszeitbeamten, Angestellten oder Arbeiters sein. Die Verbindung beider Stellen in einer Hand stört daher die gute Ordnung der Gemeindeverwaltung. Die Gemeindeordnungen von Baden-Württemberg[347], Hessen[348], Rheinland-Pfalz[349], des Saarlandes[350] und Schleswig-Holsteins[351] sehen daher vor, daß Beamte oder sonstige Bedienstete der Gemeinde nicht ehrenamtliche

---

[344] Das auch in den anderen Ländern vorkommt, wenn ein ausschließendes Verhältnis erst während der Amtszeit entsteht.

[345] Vgl. Kottenberg zu § 50; Göbel Anm. 3 zu § 51; Hözl Anm. 6 zu Art. 31; Muntzke-Schlempp S. 569, H. Becker S. 141ff.

[346] § 51 Abs. 2.

[347] § 46 Abs. 2.

[348] § 43 Abs. 1.

[349] § 46.

[350] § 48.

[351] § 65 Abs. 2.

Wahlbeamten sein können. § 65 schl-h GO betrifft allerdings nur die ehrenamtlichen Stadträte, nicht aber die sonstigen ehrenamtlichen gemeindlichen Wahlbeamten[352]. Für diese gilt aber nichts anderes, da in Schleswig-Holstein alle ehrenamtlichen Wahlbeamten aus der Mitte des Gemeinderates gewählt werden, dem Beamte und Angestellte der Gemeinde nicht angehören können[353].

Die Gemeindeordnung von Baden-Württemberg[354] schreibt eigenartigerweise auch für die stets hauptamtlichen Beigeordneten vor, daß sie nicht andere Planstellen der Gemeinde innehaben oder deren Bedienstete sein können. Daß ein hauptamtlicher Beamter nicht einen zweiten Hauptberuf ausüben kann, versteht sich von selbst. Die Vorschrift soll wohl nur den Fall ausschließen, daß sich ein Lebenszeitbeamter der Gemeinde für acht Jahre beurlauben läßt, um Beigeordneter seiner Gemeinde zu werden und so die höhere Besoldung des Wahlamts mit der Sicherheit einer Beamtenstelle auf Lebenszeit zu vereinen[355].

Nach § 43 Abs. 1 hess. GO und § 46 rh-pf GO dürfen auch Angestellte von Gesellschaften, an denen die Gemeinde maßgeblich beteiligt ist, keine gemeindlichen Wahlbeamten sein. Die Aufsichtsbehörde kann aber in diesen beiden Ländern Ausnahmen zulassen.

In Bayern, Bremerhaven, Niedersachsen und Nordrhein-Westfalen fehlen Vorschriften der eben geschilderten Art. Dieser Mangel ist im bayerischen Schrifttum wiederholt bedauert worden. Der bayerische Landtag hat es aber trotz ausdrücklichen Antrags abgelehnt, eine entsprechende Vorschrift zu erlassen[356]. Rollwagen[357] erwähnt einen hauptamtlichen Gemeindebeamten, der als solcher dienstlich seinem Referenten, einem berufsmäßigen Gemeinderatsmitglied, unterstand. Der betreffende Gemeindebeamte war gleichzeitig ehrenamtlicher weiterer Bürgermeister. Bei Verhinderung des ersten Bürgermeisters vertrat er diesen und war dann Vorgesetzter seines eigenen Vorgesetzten, des berufsmäßigen Gemeinderatsmitglieds. Aus Bremerhaven, Niedersachsen und Nordrhein-Westfalen sind keine Äußerungen zu diesem Problem ersichtlich. Offenbar verhindert hier eine verständige Anwendung der beamtenrechtlichen Vorschriften, wonach Beamte zur Übernahme von Nebenämtern, also auch Ehrenämtern, der Genehmigung der obersten Dienstbehörde bedüren[358], daß Mißhelligkeiten auftreten, wie sie aus Bayern berichtet werden.

---

[352] Ehrenamtliche Landbürgermeister und Stellvertreter von Landbürgermeistern.

[353] § 41 Abs. 1 schl-h GKWG.

[354] § 51 Abs. 1.

[355] Vgl. Kunze-Schmid, Anm. I 2 zu § 51.

[356] Vgl. Helmreich-Widtmann Anm. 9 zu Art. 31; Hölzl Anm. 7 zu Art. 31; Menth S. 100f., 218 bis 222; Fritz S. 54; Neeße Bay. Bgm. 1955 S. 197ff.; Rollwagen Bay. Bgm. 1957 S. 265f.

[357] a. a. O.

[358] Vgl. z. B. § 76 n-w LBG.

Eine Interessenkollision besteht auch, wenn Bedienstete der Rechtsaufsichtsbehörden ein ehrenamtliches Wahlamt in einer beaufsichtigten Gemeinde übernehmen. § 46 Abs. 2 b-w GO und § 65 Abs. 2 schl-h GO schließen daher Bedienstete der Rechtsaufsichtsbehörde von den gemeindlichen Wahlbeamtenstellen der beaufsichtigten Gemeinden aus. § 34 Abs. 4 bayer. GO schließt Beamte und Angestellte der Rechtsaufsichtsbehörden von der Mitgliedschaft im Gemeinderat und damit nach bayerischem Gemeindeverfassungsrecht auch von den Wahlbeamtenstellen aus. Während sonst unter Bediensteten der Rechtsaufsichtsbehörden alle Bediensteten dieser Behörde verstanden werden[359], herrschte in Bayern über diese Frage viel Streit. Teils wollte man alle Bediensteten der Rechtsaufsichtsbehörden ausschließen[360], teils nur diejenigen Beamten und Angestellten, die unmittelbar mit Fragen der Rechtsaufsicht befaßt sind[361]. Die Novelle vom 28. 11. 1959 zur bayer. GO hat die Streitfrage inzwischen im zweiten Sinne entschieden.

In den meisten Ländern fehlen Vorschriften, die Bediensteten der Rechtsaufsichtsbehörde von der Übernahme gemeindlicher Wahlbeamtenstellen ausschließen. Sie erscheinen auch entbehrlich, da die Rechtsaufsichtsbehörden auf Grund der beamtenrechtlichen oder arbeitsrechtlichen Beziehungen zu ihren Bediensteten genug Handhaben besitzen, um unersprießliche Ämterverbindungen zu verhindern.

In denjenigen Bundesländern, in denen der Hauptgemeindebeamte nicht kraft Gesetzes Vorsitzender der Gemeindevertretung ist, taucht weiter die Frage auf, ob diese beiden Stellen in einer Person vereinigt werden können. In Betracht kommen Bremerhaven, Hessen[362], Niedersachsen, Nordrhein-Westfalen und Schleswig-Holstein[363]. Nach der Bürgermeisterverfassung oder der süddeutschen Ratsverfassung ist der Hauptverwaltungsbeamte (Bürgermeister) kraft Gesetzes Vorsitzender der Gemeindevertretung. In Bremerhaven und Hessen muß die Frage dahin beantwortet werden, daß sich gemeindliches Wahlamt und Mitgliedschaft in der Gemeindevertretung gegenseitig ausschließen[364]. In Schleswig-Holstein können in den sonst hauptamtlich verwalteten Gemeinden nur die ehrenamtlichen Wahlbeamten Mitglieder der Gemeindevertretung sein[365], dürfen dort aber nicht den Vorsitz

---

[359] Vgl. Kunze-Schmid Anm. II 2 zu § 46.

[360] Prandl Bay. Bgm. 1953 S. 4ff., Hölzl-Rollwagen Anm. 5. zu Art. 31; Helmreich-Widtmann Anm. 8 zu Art. 31, de lege ferenda auch Neeße BayBgm. 1955 S. 196ff.

[361] Masson Anm. 18 zu Art. 31, Menth S. 106; Bayer. Staatsministerium des Innern in den Entschließungen vom 29. 5. 1952 — I B 1—3002 Kl. 29 — und vom 19. 9. 1952 — I B 3002 Kl. 62.

[362] Gemeinden mit Magistratsverfassung.

[363] Mit Ausnahme der ehrenamtlich verwalteten Landgemeinden.

[364] § 47 Abs. 2 Verf. d. Stadt Bremerhaven; § 65 Abs. 2 hess. GO.

[365] §§ 51 Abs. 5, 64 Abs. 5 schl-h GO einerseits und § 65 Abs. 2 S. 1 schl-h GO andererseits.

führen[366]. In diesen Ländern ist es daher ausgeschlossen, daß der Hauptgemeindebeamte gleichzeitig Vorsitzender der Gemeindevertretung ist[367]. In Niedersachsen und Nordrhein-Westfalen können dagegen Ehrenbeamte der Gemeinde Ratsmitglieder werden[368]. Es besteht in diesen beiden Ländern keine Vorschrift, die ausdrücklich ausschließt, daß sie zum Ratsvorsitzenden[369] bzw. Bürgermeister[370] gewählt werden. Die Inkompatibilität beider Ämter muß aber nicht unbedingt ausdrücklich aus der Gemeindeordnung oder sonstigen Gesetzen hervorgehen. Sie kann sich auch stillschweigend aus der Verfassungsorganisation der Gemeinde ergeben, wenn nämlich die Gemeindeordnung eine Kontrolle des Ratsvorsitzenden über den Hauptgemeindebeamten oder umgekehrt vorsieht[371]. So ist z. B. auch ohne besondere Vorschrift die gleichzeitige Mitgliedschaft im Bundesrat und im Bundestag ausgeschlossen, weil sich diese beiden Körperschaften gegenseitig ergänzen und kontrollieren[372].

Für Niedersachsen erübrigt sich eine Prüfung, ob das Amt des Gemeindedirektors und das des Ratsvorsitzenden aus diesem Grund unvereinbar sind, weil der Gesetzgeber in § 68 Abs. 1 S. 3 nds. GO[373] selbst eine Verbindung beider Ämter als möglich angesehen hat. Dabei ist aber zu beachten, daß in Niedersachsen ein ehrenamtlicher Gemeindedirektor nur in Gemeinden unter 3000 Einwohner möglich ist[374], so daß diese Ämterverbindung nur in ganz kleinen Gemeinden möglich ist.

Die n-w GO enthält keine dem § 68 Abs. 1 S. 3 entsprechende Vorschrift. Sie sieht dagegen in vielen Vorschriften eine Zusammenarbeit und gegenseitige Ergänzung des Bürgermeisters und des Hauptgemeindebeamten vor[6]. Insbesondere ergibt sich aus § 40 n-w GO, daß der Rat durch den Bürgermeister die Verwaltungsführung des Gemeindedirektors kontrolliert. Die beiden Ämter sind daher nach dem Aufbau der Gemeindeverfassung regelmäßig unvereinbar[375]. Eine Ausnahme gilt für Gemeinden unter 3000 Einwohner, in denen die Stelle eines hauptamtlichen Gemeindedirektors nicht eingerichtet ist. Dort sind die Ämter des Bürgermeisters und des Gemeindedirektors kraft Gesetzes verbunden[376]. Diese Ausnahme wird man in analoger Anwendung des § 57 Abs. 2 n-w GO auch in amtsangehörigen Gemeinden zulassen müssen, nachdem § 60 Abs. 1 n-w GO durch die Entscheidung

---

[366] §§ 52 Abs. 1 65 Abs. 2 S. 2 schl-h GO.
[367] Beachte aber die Ausnahmen in Anm. 1 und 2.
[368] § 80 nds GO; § 13 Abs. 5 n-w KWG.
[369] In Niedersachsen.
[370] Nordrhein-Westfalen.
[371] Das übersieht offenbar Odenbreit S. 267.
[372] Vgl. Maunz S. 297.
[373] „Ist der Ratsvorsitzende zugleich Gemeindedirektor, so ...".
[374] Vgl. §§ 33 Abs. 1 S. 1, 40 Abs. 1 S. 2, 49 Abs. 3, 38, 46, 47 Abs. 2 u. a.
[375] So Peters DVBl. 1953 S. 38ff., 40 unten rechts.
[376] § 57 Abs. 2 n-w GO.

des VerfGH N-W vom 21. 8. 1954[377] für nichtig erklärt wurde. Dort können die Bürgermeister zu Gemeindedirektoren gewählt werden. Da § 57 Abs. 2 n-w GO nicht unmittelbar anwendbar ist, können allerdings auch andere Personen zum ehrenamtlichen Gemeindedirektor gewählt werden[378].

Es ergibt sich so, daß nach den Vorschriften einiger Gemeindeordnungen Bedienstete der Gemeinde oder einer Gesellschaft, auf welche die Gemeinde maßgebenden Einfluß hat, und ferner Beamte und Angestellte der Rechtsaufsichtsbehörde nicht gleichzeitig ehrenamtliche Wahlbeamte der Gemeinde sein können. Weiter können in den Ländern, in denen der Vorsitzende der Vertretungskörperschaft nicht kraft Gesetzes Hauptgemeindebeamter ist, die Vorsitzenden der Vertretungskörperschaft nicht ehrenamtliche Hauptgemeindebeamte sein, soweit nicht wie in Niedersachsen, Nordrhein-Westfalen und Schleswig-Holstein für kleine Gemeinden Ausnahmen gelten. Alle diese ausgeschlossenen Personen können zwar gewählt werden. Da sie aber ihr Wahlamt nicht ausüben können, solange der Ausschließungsgrund besteht, steht die Wahl unter der Bedingung, daß das Hindernis beseitigt wird.

§ 6

Die Durchführung der Wahl

A. Bei Wahl im Gemeinderat

I. Stimmabgabe

Der Gemeinderat ist nach den allgemeinen Vorschriften der jeweiligen Gemeindeordnung über die Gemeinderatssitzung zur Wahl einzuberufen. Auch die Beschlußfähigkeit richtet sich in der Regel nach den allgemeinen Vorschriften. Die Vorschriften über den Ausschluß von Gemeinderatsmitgliedern wegen persönlicher Beteiligung sind dabei aber oft auf Wahlen nicht anwendbar. Das gilt allgemein in Niedersachsen[379], Hessen[380], Rheinland-Pfalz[381] und Schleswig-Holstein[382]. Nach der n-w GO[383] gilt es nur für die Wahl zu unbesoldeten Wahlämtern, also für Ehrenbeamte. In Bayern ist die Frage strittig, ob der Ausschluß wegen persönlicher Beteiligung[384] auch bei Wahlen eingreift. Sie ist auch hier zu verneinen[385].

[377] DÖV 1955 S. 248.

[378] So im Ergebnis der Erl. des n-w Innenministers v. 28. 8. 1954 abgedruckt bei Kottenberg-Steffens Erl. Nr. 18.

[379] § 56 Abs. 5 nds GO.

[380] § 35 Abs. 5 hess. GO.

[381] § 35 Abs. 1 rh-pf GO.

[382] § 22 Abs. 3 schl-h GO.

[383] § 23 Abs. 5. [384] Art. 49 bayer. GO.

[385] So Bayer. VGH VGHE n. F. Bd. 8, 48; Hölzl Anm. 2 zu Art. 49; a. A. Helmreich-Widtmann Anm. 10 zu Art. 51.

Einige Gemeindeordnungen sprechen für die Wahl noch besonders aus, daß sie nur gültig ist, wenn sämtliche Mitglieder der Gemeindevertretung unter Angabe des Gegenstandes geladen und mehr als die Hälfte von ihnen anwesend sind[386].

Die Art und Weise der Stimmabgabe ist in den einzelnen Gemeindeordnungen im wesentlichen gleichartig geregelt.

Die Gemeindeordnungen von Bayern[387] und des Saarlandes[388] sowie die DVO zur Gemeindeordnung von Rheinland-Pfalz[389] sehen zwingend die geheime Wahl durch Stimmzettel vor. In Hessen muß bei Verhältniswahlen und bei der Wahl der Bürgermeister geheim abgestimmt werden[390].

In allen anderen Ländern und in Hessen in den übrigen Fällen ist die Regelung grundsätzlich so, daß offen abgestimmt wird, solange kein Gemeinderatsmitglied widerspricht. Im einzelnen sehen Bremerhaven[391], Nordrhein-Westfalen[392] und Schleswig-Holstein[393] eine Wahl durch Zuruf vor, solange kein Gemeinderatsmitglied widerspricht. Niedersachsen[394] sieht geheime Wahl vor, soweit der Gemeinderat nicht einstimmig offene Wahl beschließt. In Baden-Württemberg[395] ist die offene Abstimmung möglich, solange kein Gemeinderatsmitglied widerspricht. In Hessen endlich werden, solange nicht widersprochen wird, die hauptamtlichen Beigeordneten durch Zuruf oder Handaufheben gewählt[396]. Wird hier widersprochen, so muß geheim mit Stimmzetteln abgestimmt werden.

Die geheime Wahl dient einmal dazu, eine völlig unbefangene Abstimmung der Gemeinderatsmitglieder zu ermöglichen. Sie dient weiter der guten Zusammenarbeit des Gemeinderats mit dem Gewählten, da dieser so die Ratsmitglieder nicht kennt, die gegen ihn gestimmt haben[397].

Die geheime Abstimmung wird durch Stimmzettel vorgenommen. Im Interesse einer besseren Geheimhaltung empfiehlt es sich, vorbereitete Stimmzettel zu verwenden, auf denen die Namen der Kandidaten bereits angebracht sind, so daß die Gemeinderatsmitglieder nur noch den Kandidaten ihrer Wahl anzukreuzen brauchen[398].

---

386 § 51 Abs. 3 bayer. GO; § 37 Abs. 2 saarl. GO.
387 Art. 51 Abs. 3.
388 § 37 Abs. 1.
389 § 21 Abs. 2.
390 § 55 Abs. 2 hess. GO.
391 § 34 Verf. d. Stadt Bremerhaven.
392 § 35 Abs. 2 n-w GO.
393 § 40 schl-h GO.
394 § 56 nds GO.
395 § 37 Abs. 7 b-w GO.
396 § 55 Abs. 2 hess. GO.
397 Vgl. Kunze-Schmid Anm. VII 2 zu § 37.
398 Vgl. Kunze-Schmid Anm. VII 4 zu § 37.

Die Stimmen werden bei einer Mehrheitswahl unter mehreren Kandidaten für einen der Kandidaten abgegeben.

Zweifelhaft ist die Frage, wie die Abstimmung lauten muß, wenn nur ein Kandidat zur Wahl steht. Es fragt sich, ob in diesem Fall bei geheimer Wahl der Name des Kandidaten X auf den Stimmzettel zu schreiben ist oder ob mit schriftlichen Ja- und Nein-Stimmen über die Berufung des Kandidaten X entschieden wird. Dabei ist bestritten, ob gültige Nein-Stimmen möglich sind, wenn nur ein Kandidat zur Wahl steht. Diese Fragen tauchen immer bei Wiederwahlen im verfahrensmäßigen Sinne[399] auf, da dort nur über die Wiederbestellung des alten Stelleninhabers entschieden wird. Es ist aber auch möglich, daß bei einer offenen Wahl nur ein Kandidat aufgestellt wird.

Kanka[400] vertritt zu dieser Frage die Ansicht, daß bei einer „Wahl" nur für eine Person gestimmt werden könne und nicht mit Ja- oder Nein-Stimmen wie bei einer Abstimmung. Werde daher nur ein Kandidat aufgestellt, so könne gültig nur für diesen Kandidaten gestimmt werden. Stimmen gegen den Kandidaten seien nicht möglich und ungültig.

Das würde zu dem Ergebnis führen, daß dort, wo wie in Hessen die Mehrheit der gültigen Stimmen zur Wahl genügt[401], der einzige Kandidat unter Umständen mit nur einer für ihn abgegebenen Stimme gewählt wäre, da gültige Gegenstimmen begrifflich nicht möglich wären. Kanka hält dieses Ergebnis für richtig. Er macht geltend, daß nur auf diesem Wege ein Wahlergebnis sicher erreicht werde.

Seine Ansicht ist aber m. E. unhaltbar. Eine „Wahl" setzt begrifflich voraus, daß man wählen, d. h. sich zwischen mehreren Möglichkeiten entscheiden kann. Die Ansicht Kankas läßt aber bei der Wiederwahl im verfahrensmäßigen Sinne und bei Wahlen, für die aus anderen Gründen nur ein Kandidat aufgestellt wurde, nur eine Möglichkeit der gültigen Stimmabgabe zu, nämlich für den Kandidaten zu stimmen. Das wäre keine Wahl mehr.

Auch macht die Ansicht Kankas die überall vorgesehene Verpflichtung illusorisch, die Wahl geheim durchzuführen, wenn ein Gemeinderatsmitglied es wünscht. Der Beschluß darüber, ob eine Wiederwahl im verfahrensmäßigen Sinne durchgeführt werden soll, wird nämlich regelmäßig in offener Abstimmung gefaßt. Ist die Ansicht Kankas richtig, daß bei der dann folgenden Wahl nur für den alten Stelleninhaber gestimmt werden kann, so fällt die Entscheidung über die Neubestellung des alten Stelleninhabers praktisch schon bei der Abstimmung, ob eine Wiederwahl im verfahrensmäßigen Sinne durchgeführt werden soll. Die Absicht des Gesetzgebers, daß die Entscheidung über die Wiederwahl erst in der Wahl fallen soll, in der die Möglichkeit

[399] Vgl. oben § 3 C.

[400] KommPolBl. 1954 S. 361 ff.

[401] § 55 Abs. 4 hess. GO.

zur geheimen Abstimmung für eine besonders unbefangene Stimmabgabe sorgt, würde damit zunichte gemacht[402].

Die Ansicht Kankas ist daher abzulehnen. Soweit bei einer Mehrheitswahl nur ein Kandidat aufgestellt ist, wird mit Ja- oder Nein-Stimmen über seine Bestellung entschieden[403].

Bei einer Verhältniswahl, durch welche die ehrenamtlichen Beigeordneten in Hessen, Bremerhaven und Schleswig-Holstein bestellt werden, wird entsprechend für einen der aufgestellten Wahlvorschläge gestimmt. Ist nur ein Wahlvorschlag gemacht worden, so wird für oder gegen diesen Vorschlag gestimmt.

An der Ansicht Kankas ist zwar soviel richtig, daß es bei der Meinung, wie sie hier vertreten wird, möglicherweise zu gar keiner gültigen Wahl irgendeines Kandidaten kommt, weil nämlich der einzige Bewerber oder Wahlvorschlag abgelehnt wird. In diesem Fall muß die Aufsichtsbehörde eingreifen, wenn die Wahlbeamtenstellen auf die Dauer unbesetzt bleiben. Eine kommissarische Verwaltung durch einen Beauftragten der Aufsichtsbehörde erscheint aber immer noch besser als die Bestellung von Wahlbeamten durch „Mehrheiten", wie sie nach der Ansicht Kankas möglich wären.

Zuletzt sei noch eine Form der „Wahl" erörtert, die es nach § 20 Abs. 1 lit. c der DVO zur schl-h GO geben soll. Dort werden die ehrenamtlichen Stadträte im Wege der Verhältniswahl bestellt, wenn es eine Partei oder Vereinigung in der Stadtvertretung verlangt[404]. Stellt nun jede Fraktion in der Stadtvertretung einen Wahlvorschlag auf, so soll nach der genannten Vorschrift keine Abstimmung stattfinden. Vielmehr sollen die zu besetzenden ehrenamtlichen Stadtratsstellen einfach nach dem d'Hondtschen Höchstzahlverfahren entsprechend der Stärke der Fraktionen in der Stadtvertretung auf die Wahlvorschläge verteilt werden.

Diese Bestimmung ändert m. E. den § 65 schl-h GO ab, der vorsieht, daß die ehrenamtlichen Stadträte „gewählt" werden und zwar auf Wunsch der Parteien und anderen Vereinigungen in der Stadtvertretung im Wege der Verhältniswahl. Eine Wahl setzt aber voraus, daß der einzelne Gemeindevertreter unter den einzelnen Vorschlägen wählen kann. Der Regelung in der Durchführungsverordnung liegt anscheinend der Gedanke zugrunde, daß jeder Gemeindevertreter stets für den Vorschlag seiner Fraktion stimmen werde. Daher sei eine Abstimmung überflüssig; die Stellen könnten einfach entsprechend der Stärke der einzelnen Fraktionen verteilt werden. Das ist eine unzulässige Unterstellung. Es sind viele Gründe denkbar, aus denen ein Gemeindevertreter nicht offen mit seiner Fraktion brechen will, aber trotzdem mit ihrem Wahlvorschlag nicht einverstanden ist. Die Vorschriften über die geheime Abstimmung dienen ja gerade auch dazu, dem Gemeinde-

[402] So Sorge RiA 1956 S. 151.

[403] Muntzke-Schlempp Anm. IV 3 zu § 55.

[404] § 65 Abs. 1 schl-h GO.

vertreter eine größere Freiheit und Selbständigkeit gegenüber seiner Fraktion zu sichern.

§ 20 Abs. 1 lit. c DVO zur schl-h GO schließt daher im Gegensatz zu § 65 schl-h GO die Wahl aus. Es handelt sich um eine Abänderung des Gesetzes in einer Durchführungsverordnung, die durch die Ermächtigungsnorm[405] nicht gedeckt ist. Die Vorschrift ist daher rechtswidrig und nichtig. Es muß vielmehr auch dann über die Wahlvorschläge abgestimmt werden, wenn jede Fraktion im Gemeinderat einen Wahlvorschlag eingereicht hat.

II. Ermittlung des Wahlergebnisses

Die abgegebenen Stimmen werden von den dafür bestimmten Personen oder vom Vorsitzenden des Gemeinderats ausgezählt.

Wird die Stelle durch Mehrheitswahl besetzt, so ist nach den meisten Gemeindeordnungen derjenige gewählt, der mehr als die Hälfte der gültigen Stimmen auf sich vereint[406].

Demgegenüber sind die hauptamtlichen Wahlbeamten in Schleswig-Holstein im ersten Wahlgang nur dann gewählt, wenn sie mehr Stimmen erhalten, als die Hälfte der gesetzlichen Mitgliederzahl der Gemeindevertretung beträgt[407]. In Niedersachsen[408] ist im ersten Wahlgang erforderlich, daß der Bewerber mehr als die Hälfte der Stimmen „sämtlicher" Ratsmitglieder erhält, d. h. der gesetzlichen Zahl der Gemeinderatsmitglieder abzüglich der im Laufe der Wahlperiode ausgeschiedenen und etwa nicht ersetzten. In Baden-Württemberg sind die Stimmen der Mehrheit der anwesenden Ratsmitglieder zur Wahl im ersten Wahlgang erforderlich[411].

Eigenartig ist die Regelung für die ehrenamtlichen Stellvertreter hauptamtlicher Bürgermeister in Schleswig-Holstein. Während für die Wahl der anderen Wahlbeamten in Schleswig-Holstein besondere Vorschriften gelten[409], ist auf die Wahl der Stellvertreter der hauptamtlichen Landbürgermeister die allgemeine Wahlvorschrift der schl-h GO[410] anzuwenden. Danach ist gewählt, wer die meisten Stimmen erhält. Hier genügt demnach schon im ersten Wahlgang die relative Mehrheit. Bei Stimmengleichheit entscheidet das Los.

Steht nur ein Kandidat zur Wahl und erreicht er im ersten Wahlgang die oben geschilderten notwendigen Mehrheiten nicht, so ist die Wahl

---

[405] § 134 Abs. 1 schl-h GO.

[406] Art. 51 Abs. 3 bayer. GO; § 34 Abs. 1 Verf. d. Stadt Bremerhaven; § 55 Abs. 4 hess. GO; § 35 Abs. 2 n-w GO; § 36 Abs. 2 rh-pf GO; § 37 Abs. 2 GO Saar.

[407] §§ 51 Abs. 1, 64 Abs. 1 schl-h GO.

[408] § 56 Abs. 2 nds. GO.

[409] §§ 51, 64, 65 und 33 i. V. m. 55, 58 schl-h GO.

[410] § 40 Abs. 2 schl-h GO.

[411] § 37 Abs. 7 b-w GO.

abgelehnt. Der Gemeinderat muß sich um andere Kandidaten bemühen und eine neue Wahl durchführen.

Erreicht von mehreren Kandidaten keiner die erforderliche Mehrheit, weil sich die Stimmen zu gleichmäßig auf die Kandidaten verteilen oder weil in Baden-Württemberg, Niedersachsen oder Schleswig-Holstein nicht alle Ratsmitglieder erschienen sind oder ein Teil der Erschienenen sich der Stimme enthalten, so sind weitere Abstimmungen erforderlich, um zu einem Ergebnis zu kommen.

Überwiegend sehen die Gemeindeordnungen[412] für diesen Fall eine Stichwahl zwischen den beiden Bewerbern mit den höchsten Stimmenzahlen im ersten Wahlgang vor. Haben drei oder mehr Kandidaten in der ersten Wahl die gleiche Stimmenzahl erhalten, so entscheidet das Los, welche beiden in die Stichwahl kommen. Haben neben dem Kandidaten mit der höchsten Stimmenzahl mehrere Kandidaten die nächsthöhere Stimmenzahl erhalten, so entscheidet das Los, wer von diesen in die Stichwahl kommt. In der Stichwahl ist gewählt, wer die höhere Stimmenzahl erreicht. Ergibt sich bei der Stichwahl Stimmengleichheit, so entscheidet in Baden-Württemberg und Bayern das Los. In Hessen wird in diesem Fall eine weitere Stichwahl durchgeführt. Ergibt auch diese Stimmengleichheit, so entscheidet nun das Los. In Bremerhaven gibt bei Stimmengleichheit in der ersten Stichwahl die Stimme des Stadtverordnetenvorstehers den Ausschlag. Im Saarland ist die Wahl bei Stimmengleichheit in der Stichwahl ergebnislos[417].

Führt in Niedersachsen, Rheinland-Pfalz und Schleswig-Holstein der erste Wahlgang zu keinem Ergebnis, so findet ein zweiter Wahlgang statt, bei dem in Niedersachsen gewählt ist, wer die meisten Stimmen erhält[413], in Rheinland-Pfalz, wer mehr als die Hälfte aller gültigen Stimmen erhält[414], und in Schleswig-Holstein, wer mehr als die Hälfte der Stimmen der gesetzlichen Mitgliederzahl der Gemeindevertretung erhält[415]. Bei diesem zweiten Wahlgang können auch neue Kandidaten auftreten[416]. Er muß in Niedersachsen stets zu einem Ergebnis führen, außer wenn zwei Kandidaten die gleiche höchste Stimmenzahl erhalten. Dann entscheidet zwischen ihnen das Los. Wird in Rheinland-Pfalz und Schleswig-Holstein die jeweils erforderliche Mehrheit nicht erreicht, so wird eine Stichwahl zwischen den Kandidaten mit den höchsten Stimmenzahlen durchgeführt. Ergibt diese Stimmengleichheit, so entscheidet das Los.

Verwickelt und unklar ist die Lage in Nordrhein-Westfalen, wenn bei der Wahl des Gemeindedirektors oder der Beigeordneten nicht ein

---

[412] § 37 Abs. 7 b-w GO; § 51 Abs. 3 bayer. GO; § 34 Abs. 1 Verf. d. Stadt Bremerhaven; § 55 Abs. 4 hess. GO; § 37 Abs. 2 saarl. GO.

[413] Relative Mehrheit, § 56 Abs. 2 nds. GO.

[414] § 36 Abs. 2 rh-pf GO.

[415] §§ 51 Abs. 1, 64 Abs. 1 schl-h GO.

[416] Vgl. Lindemann Anm. zu § 56 Abs. 2.

[417] § 48a saarl. GO.

Kandidat mehr als die Hälfte der gültigen Stimmen erhält. Gemäß § 35 Abs. 2 n-w GO ist gewählt, wer mehr als die Hälfte der gültigen Stimmen erhält. Für die Wahl der Gemeindedirektoren und Beigeordneten schreibt § 49 Abs. 1 n-w GO abweichend von § 35 Abs. 2 vor, daß „bei Stimmengleichheit" die Regelung der entsprechenden Frage bei der Bürgermeisterwahl anzuwenden ist[418]. Danach findet, wenn der erste Wahlgang zu keinem Ergebnis geführt hat, in einer neu einzuberufenden Sitzung ein neuer Wahlgang mit geheimer Abstimmung statt. Erhält auch in dieser Abstimmung niemand mehr als die Hälfte der gültigen Stimmen, so folgt ein dritter Wahlgang, jedoch mit namentlicher Abstimmung. In diesem Wahlgang ist gewählt, wer die meisten Stimmen erhält; bei Stimmengleichheit entscheidet das Los.

Unklar ist diese Regelung deshalb, weil die Verweisung auf die Bürgermeisterwahl nach dem Wortlaut der Vorschrift nur für den Fall gilt, daß der erste Wahlgang wegen Stimmengleichheit zu keinem Ergebnis führt. In der Verweisung bleibt ungeregelt, was geschehen soll, wenn die Stimmen so auf drei oder mehr Kandidaten verteilt sind, daß keiner mehr als die Hälfte der gültigen Stimmen erhält.

Die 2. Verwaltungsverordnung zu § 35 n-w GO schlägt vor, für diesen Fall eine örtliche Regelung dahin zu treffen, daß eine Stichwahl zwischen den Bewerbern durchgeführt wird, die die meisten Stimmen erhalten haben. Odenbreit[419] bezweifelt aber, daß eine derartige örtliche Regelung rechtswirksam sei. Nach seiner Ansicht muß der Gemeinderat versuchen, sich gütlich auf einen Kandidaten zu einigen. Gäbe keine Seite nach, so müsse die Aufsichtsbehörde einen Beauftragten nach § 100 n-w GO bestellen.

M. E. läßt sich die ganze Frage auf eine andere Weise zwanglos regeln. Der Fehler der gesetzlichen Regelung liegt anerkannterweise[420] darin, daß der Gesetzgeber in § 49 Abs. 1 n-w GO die Verweisung auf § 32 Abs. 2 n-w GO auf den Fall der Stimmengleichheit beschränkt hat. Dadurch ist die wichtige Frage nach dem Fortgang des Wahlverfahrens in dem Fall, in dem im ersten Wahlgang wegen Zersplitterung der Stimmen kein Kandidat mehr als die Hälfte der Stimmen erhielt, ungeregelt geblieben, obwohl § 32 Abs. 2 n-w GO auch die Lösung für diese Frage bietet. Es ist kein Grund für die Einschränkung der Verweisung auf den Fall der Stimmengleichheit ersichtlich. M. E. liegt daher eine ungeschickte Fassung des Gesetzes vor, die eine Lücke schafft, die der Gesetzgeber nicht erkannt hat. Es ist daher angebracht, die Stelle „bei Stimmengleichheit" in § 49 Abs. 2 n-w GO weit auszulegen und die Verweisung auch dann gelten zu lassen, wenn die erste Wahl wegen Zersplitterung der Stimmen zu keinem Ergebnis geführt hat. Für diese Lösung spricht auch, daß der Fall der Stimmengleichheit nur ein Unterfall der Verfahrenslage ist, wo keiner von mehreren Kan-

[418] § 32 Abs. 2 n-w GO.

[419] S. 322.

[420] Vgl. Odenbreit S. 322.

didaten mehr als die Hälfte der gültigen Stimmen erhalten hat. Denn wenn sich die gültigen Stimmen gleichmäßig auf zwei Kandidaten verteilen, hat keiner mehr als die Hälfte von ihnen erhalten.

Folgt man dieser Ansicht, so spielt sich die Wahl in Nordrhein-Westfalen nach folgendem Verfahren ab:

Es wird einmal durch Zuruf abgestimmt, wenn kein Gemeinderatsmitglied widerspricht. Sonst wird geheim mit Stimmzetteln abgestimmt[421]. Ergibt diese Wahl Stimmengleichheit oder erhält sonst kein Kandidat mehr als die Hälfte der gültigen Stimmen, so wird in einer neu einzuberufenden Sitzung geheim abgestimmt[422]. Bei dieser Abstimmung kann auch über neue Kandidaten abgestimmt werden. Erhält auch in dieser Wahl kein Bewerber mehr als die Hälfte der abgegebenen Stimmen, so folgt unmittelbar eine neue Wahl mit namentlicher Abstimmung. Hier kann nur über die Kandidaten des vorigen Wahlgangs abgestimmt werden. In dieser Wahl ist gewählt, wer die meisten Stimmen erhält[423]. Bei Stimmengleichheit entscheidet das Los.

Odenbreit[424] vertritt die Ansicht, daß bei diesem Gang des Verfahrens zuerst durch Zuruf, dann geheim, in der neueinzuberufenden Sitzung wieder geheim und dann endlich namentlich abzustimmen sei. Er übersieht m. E., daß nach § 49 Abs. 1 der § 32 Abs. 2 nur entsprechend anzuwenden ist, d. h. in der Lage, die besteht, wenn auch bei der Bürgermeisterwahl der erste Wahlgang ergebnislos verlaufen ist. Die entsprechende Anwendung des § 32 Abs. 2 beginnt also mit der zweiten Wahl in der neu einzuberufenden Sitzung.

Verhältniswahlen sind nach § 55 Abs. 1 hess. GO für die Bestellung mehrerer ehrenamtlicher Beigeordneter und nach § 34 Verf. der Stadt Bremerhaven für die Wahl der ehrenamtlichen Magistratsmitglieder vorgeschrieben. Nach der Gemeindeordnung für Schleswig-Holstein werden die ehrenamtlichen Stadträte[425] und die Bürgermeister ehrenamtlich verwalteter Landgemeinden sowie deren Stellvertreter[426] im Wege der Verhältniswahl bestellt, wenn die Parteien oder andere Vereinigungen in der Gemeindevertretung es verlangen. Wird dieser Antrag nicht gestellt, so werden die Stellen nach § 40 Abs. 1 und 2 schl-h GO besetzt, d. h. es wird für jede Stelle ein Wahlgang durchgeführt, in dem gewählt ist, wer die meisten Stimmen erhält[429].

Die hessische Gemeindeordnung sieht für die Verhältniswahlen die entsprechende Anwendung des hess. GKWG vor[427]. Auch in Bremerhaven und Schleswig-Holstein wird man diese Wahlen in Anlehnung

---

[421] § 35 Abs. 2 n-w GO.
[422] § 49 Abs. 1, 32 Abs. 2.
[423] Relative Mehrheit.
[424] S. 322.
[425] § 65 Abs. 1.
[426] §§ 55, 58 i. V. m. § 33.
[427] § 55 Abs. 3.

an die Regelung der Verhältniswahlen zur Gemeindevertretung durchführen müssen.

Danach haben die Parteien und Wählergruppen unterzeichnete Wahlvorschläge einzureichen, auf denen die Bewerber auf ehrenamtliche Stellen in einer bestimmten Reihenfolge aufgeführt sind.

Über diese Wahlvorschläge wird abgestimmt. Es wurde bereits oben[428] ausgeführt, daß die Vorschrift der DVO zur schl-h GO nichtig ist, die vorsieht, daß die zu besetzenden Stellen entsprechend der Zahl der Sitze im Gemeinderat ohne Abstimmung verteilt werden, wenn jede Partei oder Vereinigung die verhältnismäßige Berücksichtigung ihrer Wahlvorschläge verlangt. Es ist also in jedem Fall abzustimmen.

Entsprechend der auf jeden Wahlvorschlag entfallenen Stimmen werden dann die zu besetzenden Stellen nach dem d'Hondtschen Höchstzahlverfahren verteilt.

Schwierig wird die Lage, wenn ein nach diesem Verfahren bestellter Wahlbeamter vorzeitig ausscheidet und seine Stelle neuzubesetzen ist. Die Durchführung einer Verhältniswahl ist ausgeschlossen, wenn nur eine Stelle zu besetzen ist. Eine Mehrheitswahl wäre aber ungerecht und würde die Absicht der Gesetzgeber vereiteln, die Stellen der betreffenden Wahlbeamten entsprechend der Stärke der Fraktionen im Gemeinderat zu verteilen. Denn bei einer Mehrheitswahl könnte die Mehrheitsgruppe den Posten mit einem Mann ihrer Wahl besetzen, auch wenn der ausgeschiedene Ehrenbeamte der Minderheit angehört hätte[430].

In Hessen ist diese Frage durch die Verweisung auf das hess. GKWG geregelt[431]. Danach[432] rückt der nächste nicht mehr berücksichtigte Kandidat auf dem Wahlvorschlag, über den der ausgeschiedene Wahlbeamte gewählt worden war, in die Stellung des ausgeschiedenen nach. Die noch wahlberechtigten Unterzeichner des Wahlvorschlags können auch eine andere Reihenfolge bestimmen. Ist auf dem betreffenden Wahlvorschlag kein Ersatzmann mehr vorhanden, so bleibt die Stelle[433] unbesetzt.

In Schleswig-Holstein ist die Frage der Ersatzwahl für ausgeschiedene Ehrenbeamte, die im Wege der Verhältniswahl gewählt worden waren, in § 21 DVO zur schl-h GO geregelt. Es wird unterschieden, ob die erste Besetzung der Stelle nach Verhältniswahl ohne Abstimmung[434] oder nach Verhältniswahl mit Abstimmung erfolgt ist. Es wurde oben[434] dargelegt, daß das erste Verfahren unzulässig ist. Die Ersatzwahl ist daher stets durchzuführen, als wäre die Stelle nach Verhältniswahl mit

---

[428] vgl. oben Text zu Anm. 404.

[430] Vgl. VGH Freiburg v. 5. 11. 1952 in DVBl. 1953 S. 273ff., 275.

[431] § 55 Abs. 3 hess. GO.

[432] § 31 hess. GKWG.

[433] Vgl. die 1. Ausführungsanweisung zu § 55 hess. GO, abgedruckt bei Muntzke-Schlempp S. 682.

[434] Vgl. oben Text zu Anm. 404.

Abstimmung besetzt worden. Für diesen Fall trifft § 21 lit. d i. V. m. lit. c DVO eine etwas verwickelte Regelung. Danach *tut* man so, als wären sämtliche im Wege der Verhältniswahl zu besetzenden Stellen — also nicht nur die der ehrenamtlichen Stadträte oder die des ehrenamtlichen Landbürgermeisters und seiner Stellvertreter, sondern auch alle Ausschußsitze und die Stellen des Vorsitzenden der Stadtvertretung und seiner Stellvertreter — vakant. Man nimmt nun die Zahl der Sitze der einzelnen Fraktionen in der Stadtvertretung und teilt sie durch 1, 2, 3 usw., wie es dem d'Hondtschen Höchstzahlverfahren entspricht. Anschließend verteilt man die „vakanten" Stellen nach dem Höchstzahlverfahren auf die einzelnen Fraktionen und sieht, auf welche Höchstzahlen jeder Fraktion Stellen entfallen würden.... Von den so für jede Fraktion ermittelten Höchstzahlen zieht man soviel Höchstzahlen ab, wie die Fraktion bereits „vakante" Stellen innehat. Diejenige Fraktion, die die höchste verbleibende Höchstzahl hat, bestimmt, wer die freigewordene ehrenamtliche Stelle übernimmt.

Man könnte auch bei dieser Regelung Bedenken haben, da die freigewordene ehrenamtliche Stelle nicht durch Wahl im Gemeinderat, sondern durch Entscheidung einer schematisch ermittelten Fraktion besetzt wird. Immerhin stellt dieses Verfahren nur eine möglichst genaue Ergänzung der Verhältniswahl dar, so daß insofern das Erfordernis der Wahl gewahrt ist.

In Bremerhaven fehlt eine entsprechende Vorschrift über Ersatzwahlen für vorzeitig ausgeschiedene Magistratsmitglieder. Da eine Ergänzung durch Verhältniswahl ausscheidet, wenn jeweils nur ein ausgeschiedener Wahlbeamter zu wählen ist, und eine Mehrheitswahl unzulässig ist, besteht mangels einer Sondervorschrift keine Möglichkeit, die Stellen ausgeschiedener ehrenamtlicher Magistratsmitglieder neu zu besetzen. Die Stellen müssen daher bis zur Neuwahl des Stadtrats unbesetzt bleiben, wenn nicht inzwischen alle ehrenamtlichen Stadträte zurücktreten und damit eine allgemeine Neubestellung im Wege der Verhältniswahl ermöglichen. Weiter erscheint es zulässig, die vorzeitig erledigte Stelle durch einstimmigen Beschluß zu besetzen. Die Vorschriften über die Verhältniswahlen dienen dem Interesse der Minderheitsgruppen, das bei einem einstimmigen Beschluß gewahrt bleibt.

B. Bei Volkswahl

Die Volkswahlen der Bürgermeister in Baden-Württemberg und der Ersten Bürgermeister in Bayern werden in der allgemein üblichen Weise durchgeführt, daß die Wähler am Wahltag in besonderen Wahllokalen die Stimmscheine und Wahlumschläge empfangen, den Stimmzettel hinter einer Schutzvorrichtung ausfüllen und in den Umschlag stecken. Diesen geben sie dem Leiter des Wahllokals, der ihn in die Wahlurne wirft. Die Gemeindewahlordnungen regeln diesen Vorgang und die Auszählung der Stimmen nach der Wahl in einer Anzahl von technischen Vorschriften[435], die hier aber nicht näher interessieren.

Zu beachten ist aber, daß die Wähler in Baden-Württemberg nicht an die im Stimmzettel aufgeführten Kandidaten gebunden sind, sondern den Namen einer Person eigener Wahl auf den Stimmzettel schreiben können[436]. In Bayern ist diese Möglichkeit nur gegeben, wenn nur ein oder gar kein gültiger Wahlvorschlag vorliegt[437].

Nach der Wahl stellt der Gemeindewahlausschuß das Ergebnis der Wahl in der ganzen Gemeinde fest und fertigt eine Wahlniederschrift an[438].

Dabei ist in Baden-Württemberg gewählt, wer mehr als die Hälfte der abgegebenen gültigen Stimmen erhält, wenn die Zahl der für ihn abgegebenen Stimmen ein Drittel der Zahl aller Wahlberechtigten beträgt. Die Wahl kann daher in Baden-Württemberg aus mehreren Gründen ergebnislos verlaufen. Bei mehr als zwei Kandidaten besteht die Möglichkeit, daß keiner der Kandidaten mehr als die Hälfte der gültigen Stimmen bekommt. Bei geringer Wahlbeteiligung oder vielen ungültigen Stimmen kann es ferner vorkommen, daß der Kandidat, der mehr als die Hälfte der gültigen Stimmen bekommen hat, dennoch nicht soviel Stimmen bekommt, wie ein Drittel der Zahl der überhaupt Wahlberechtigten beträgt. Diese komplizierte Regelung soll sicherstellen, daß der Bürgermeister eine ausreichende Vertrauensbasis in der Bevölkerung hat[439]. Die Vorschrift ist m. E. wenig glücklich. Sie kompliziert das Wahlverfahren und kann auch für einen Kandidaten keine Vertrauensbasis schaffen, wenn diese nicht von vornherein besteht.

Hat bei der Wahl einer der Kandidaten die in § 45 Abs. 1 b-w GO beschriebene Mehrheit erhalten, so ist ihm das Wahlergebnis mit der Aufforderung mitzuteilen, sich binnen einer Woche über die Annahme der Wahl zu erklären[440].

Ist die Wahl dagegen ergebnislos verlaufen, weil keiner der Kandidaten die Mehrheit des § 45 Abs. 1 b-w GO erhielt, so muß spätestens am dritten Sonntag nach der ersten Wahl eine Neuwahl stattfinden[441]. Die Neuwahl spielt sich mit geringen Abweichungen nach den Regeln der ersten Wahl ab. Wählerverzeichnisse, Wahlorgane usw. der ersten Wahl gelten auch für die Neuwahl. Wer erst für die Neuwahl wahlberechtigt wird, kann auf Antrag einen Wahlschein erhalten[442]. Vor allem können neue Bewerber an der Wahl teilnehmen[443]. Der Wahl-

[435] §§ 32—42 b-w KWO; §§ 42—89 bayer. GWO.
[436] § 20a Abs. 4 Ziffer 3 b-w KWG.
[437] Art. 28 Abs. 9 bayer. GWG.
[438] §§ 34, 39, 41, 42 b-w KWG; §§ 76, 85, 89 bayer. GWO.
[439] Vgl. Kunze-Schmid Anm. I 4 zu § 45.
[440] § 42 Abs. 3 b-w KWO.
[441] § 45 Abs. 2 b-w GO.
[442] § 6 Abs. 4 b-w KWG.
[443] Kunze-Schmid Anm. II 1 zu § 45.

leiter hat die nicht zurückgezogenen und die neueingegangenen Bewerbungen eine Woche vor der Wahl — wenn die Neuwahl am ersten Sonntag nach der ersten Wahl stattfindet, fünf Tage vor der Wahl — bekanntzumachen und bei der Herstellung der neuen Stimmzettel zu berücksichtigen.

Bei der Neuwahl ist derjenige Kandidat gewählt, der die meisten Stimmen erhält[444]. Er braucht also noch nicht einmal die Hälfte der abgegebenen Stimmen zu erhalten. Die Vorschrift steht im schroffen Gegensatz zu den Anforderungen, die für den Gewinn der ersten Wahl aufgestellt werden, und zu den oben dargestellten Regelungen der anderen Länder, die Stichwahlen vorsehen, wenn keiner der mehreren Kandidaten mehr als die Hälfte der gültigen Stimmen bekommt. Ein dritter Wahlgang bei einer Volkswahl wäre aber eine unzumutbare Belastung für Wähler und Kandidaten[445].

Ergibt sich bei der Neuwahl Stimmengleichheit, so entscheidet das Los. Dazu hat eines der Mitglieder des Wahlausschusses die Lose in Abwesenheit eines anderen Mitgliedes herzustellen, das das Los dann zieht[446].

In Bayern wird das festgestellte Wahlergebnis in ortsüblicher Weise bekanntgegeben[447]. Gewählt ist derjenige Kandidat, der mehr als die Hälfte der gültigen Stimmen erhalten hat. Wird dieses Ergebnis erreicht, so teilt es der Wahlleiter dem Gewählten mit und fordert ihn auf, sich binnen einer Woche über die Annahme der Wahl zu erklären. Damit ist der Hinweis zu verbinden, daß die Unterlassung einer Erklärung binnen dieser Frist als Annahme gilt[448].

Erhält bei der Wahl keiner der Kandidaten mehr als die Hälfte der gültigen Stimmen, so findet binnen 21 Tagen eine Stichwahl unter den beiden Bewerbern statt, die bei der ersten Wahl die höchste Stimmenzahl erhalten haben[449]. Der Wahlleiter muß in diesem Fall die Anberaumung der Stichwahl und die Namen der beiden in Betracht kommenden Kandidaten bekanntgeben. Die Stichwahl selbst spielt sich nach den Regeln der ersten Wahl ab. Gewählt ist derjenige Bewerber, der von den gültig abgegebenen Stimmen die höchste Stimmenzahl erhält. Bei Stimmengleichheit entscheidet das Los, das ebenso wie in Baden-Württemberg gezogen wird[450]. Scheidet einer der beiden Bewerber mit den höchsten Stimmenzahlen vor der Stichwahl durch Tod oder Verlust der Wählbarkeit aus, so ist die ganze Wahl zu wiederholen[451].

---

[444] § 45 Abs. 2 b-w GO.
[445] Kunze-Schmid Anm. II 4 a. E. zu § 45.
[446] § 40 b-w GWO.
[447] §§ 76, 85, 86, 88, 89 bayer. GWO.
[448] Art. 29 Abs. 4, 35 Abs. 1 bayer. GWG.
[449] Art. 29 Abs. 4 bayer. GWG.
[450] § 65 bayer. GWO.
[451] Art. 29 Abs. 4 bayer. GWG.

§ 7

Die Pflicht zur Annahme der Wahl

In manchen Fällen ist der gewählte Kandidat verpflichtet, die Wahl anzunehmen, wenn er bestimmte Nachteile vermeiden will.

A. Bei ehrenamtlichen Wahlämtern

Alle Gemeindeordnungen außer der Verfassung der Stadt Bremerhaven verpflichten die Bürger der Gemeinden zur Annahme gemeindlicher Ehrenämter[452]. Zu den gemeindlichen Ehrenämtern, die der Bürger annehmen muß, gehören an sich auch die Stellen der ehrenamtlichen Hauptgemeindebeamten und Beigeordneten. Um sein Amt wirklich auszufüllen, muß der ehrenamtliche Wahlbeamte aber ein besonderes Maß von Tatkraft und eigener Initiative entfalten. Es ist daher mißlich, einen Bürger, der eines dieser Ämter nicht annehmen will, unter Androhung von Nachteilen dazu zu zwingen. Es besteht immer die Gefahr, daß ein derart gezwungener Wahlbeamter in seinem Amt nur das unbedingt Notwendige tun wird und dadurch die Gemeindeverwaltung beeinträchtigt.

Andererseits muß auch dafür gesorgt werden, daß die Gemeinde geeignete ehrenamtliche Kräfte zur Bewältigung ihrer Aufgaben bekommt. Die Einrichtung des Ehrenamts war früher auf jenen Kreis von Bürgern zugeschnitten, der auf Grund seines Besitzes wirtschaftlich unabhängig war und dem es eine Ehre war, an der Bewältigung der öffentlichen Aufgaben mitzuwirken. Nach zwei Kriegen und zwei Inflationen gibt es diese Gruppe von Bürgern heute kaum noch[453]. Die meisten in Frage kommenden Bürger werden heute durch ihren Beruf ausgelastet. Sie scheuen sich daher, sich noch mit einem Ehrenamt zu belasten. Es ist andererseits aber auch möglich, daß viele unter ihnen sich ihrem Amt mit Lust und Liebe widmen, nachdem sie es einmal, wenn auch unter Druck, angenommen haben. Diese Erwägung spricht dafür, den Zwang zur Annahme von Ehrenämtern auch auf ehrenamtliche Wahlbeamtenstellen zu erstrecken.

Die Landesgesetzgeber haben diese Frage verschieden gelöst. In Hessen, Niedersachsen und Rheinland-Pfalz gilt die Pflicht zur Annahme von Ehrenämtern nicht für das Amt des ehrenamtlichen Bürgermeisters oder Gemeindedirektors und der ehrenamtlichen Beigeordneten[454]. Entsprechendes gilt im Saarland. Dort ist zwar nicht ausdrücklich gesagt, daß die in § 16 saarl. GO festgelegte Pflicht zur Annahme ge-

---

[452] § 15 b-w GO; Art. 19 bayer. GO; § 21 hess. GO; § 23 nds. GO; § 20 Abs. 2 n-w GO; § 17 rh-pf GO; § 16 saarl. GO; § 19 schl-h GO.

[453] Vgl. Schorn S. 127.

[454] § 21 Abs. 1 a. E. hess. GO; § 23 Abs. 1 nds. GO; § 11 Abs. 1 DVO zur rh-pf GO.

meindlicher Ehrenämter nicht für das Amt des ehrenamtlichen Bürgermeisters oder Beigeordneten gilt. Es heißt aber in §§ 53 Abs. 2, 26 saarl. GO, daß der Bürgermeister und die Beigeordneten ihr Amt niederlegen können. Wenn sie das können, dann muß es ihnen auch möglich sein, die Aunahme des Amtes von vornherein abzulehnen.

Dagegen sind die ehrenamtlichen Wahlbeamten in Baden-Württemberg, Bayern, Nordrhein-Westfalen und Schleswig-Holstein grundsätzlich zur Annahme der Wahl verpflichtet. Allerdings ist zu beachten, daß die ehrenamtlichen, vom Volk gewählten Bürgermeister in Baden-Württemberg und Bayern nicht zur Mitwirkung bei der Vorbereitung der Wahl verpflichtet sind und daß daher eine Wahl gegen ihren Willen kaum zustande kommen wird.

In Bayern sind die Wahlberechtigten in der Regel bei der Bürgermeisterwahl an die Wahlvorschläge gebunden[455]. Voraussetzung für einen gültigen Wahlvorschlag ist aber, daß der Kandidat seine schriftliche Zustimmung zu seiner Aufstellung in dem betreffenden Wahlvorschlag erteilt hat[456]. Der Kandidat ist jedoch nicht verpflichtet, seine Zustimmung zu geben; denn eine Pflicht zur Zustimmung, in einem bestimmten Wahlvorschlag aufgestellt zu werden, kann nicht aus der Pflicht zur Annahme gemeindlicher Ehrenämter hergeleitet werden. Es ist etwas ganz Verschiedenes, sich mit einer Partei oder Wählergruppe zu identifizieren, indem man sich auf ihrem Wahlvorschlag aufstellen läßt, und eine Berufung ein bestimmtes Amt anzunehmen. In Bayern kann daher ein ehrenamtlicher erster Bürgermeister gegen seinen Willen nur gewählt werden, wenn kein oder nur ein gültiger Wahlvorschlag eingereicht wurde, da dann ohne Bindung an vorgeschlagene Kandidaten gewählt wird und jeder Bürger eine Person seines Vertrauens auf den Wahlzettel schreiben darf. Eine Wahl auf diesem Wege wird aber nur in Ausnahmefällen vorkommen.

Ähnlich ist die Lage in Baden-Württemberg. Dort kommen die vom Gemeindewahlausschuß zugelassenen Bewerber auf den Stimmzettel[457]. Die Wahlberechtigten sind aber an diese Kandidaten nicht gebunden, sondern können eigene Kandidaten auf den Stimmzettel schreiben[458]. Auch hier wird aber eine Wahl durch handschriftliche Eintragung ohne Mitwirkung des Kandidaten kaum zustandekommen.

Dagegen ist eine Wahl im Gemeinderat gegen den Willen des Kandidaten durchaus möglich.

Die Pflicht, die Wahl zum ehrenamtlichen Wahlbeamten anzunehmen, gilt aber auch in Baden-Württemberg, Bayern, Nordrhein-Westfalen und Schleswig-Holstein nicht ohne Ausnahme. Wie auch sonst, so ist in diesen vier Ländern der Bürger dann nicht zur Annahme eines Ehren-

[455] Art. 28 Abs. 8 bayer. GWG.
[456] Art. 28 Abs. 4 bayer. GWG.
[457] § 9 b-w KWG.
[458] § 20a Abs. 4 Ziffer 3 b-w KWG; § 16 Abs. 2 Ziffer 2 b-w KWO.

amtes verpflichtet, wenn ein wichtiger Grund vorliegt[459]. Die Gemeindeordnungen nennen dann einige Beispiele für wichtige Gründe zur Ablehnung eines Ehrenamtes, die im wesentlichen dem § 23 DGO von 1935 entnommen sind und mit ihm fast wörtlich übereinstimmen. So gelten z. B. in Schleswig-Holstein[460] als wichtiger Grund zur Ablehnung die Tatsachen, daß der Gewählte

„a) bereits mehrere öffentliche Ehrenämter innehat,
b) ein geistliches Amt verwaltet,
c) ein öffentliches Amt verwaltet, soweit die Anstellungsbehörde feststellt, daß das Ehrenamt oder die ehrenamtliche Tätigkeit mit seinen Dienstpflichten unvereinbar ist,
d) schon sechs Jahre als Mitglied der Gemeindevertretung tätig war oder ein öffentliches Ehrenamt ausgeübt hat,
e) mindestens vier minderjährige Kinder hat,
f) bereits mehrere Vormundschaften oder Pflegschaften führt,
g) häufig oder langdauernd von der Gemeinde geschäftlich abwesend ist,
h) anhaltend krank ist,
i) durch die Ausübung des Ehrenamtes oder der ehrenamtlichen Tätigkeit in der Fürsorge für den Haushalt der Familie besonders belastet wird,
k) mindestens 60 Jahre alt ist.“

Die Aufzählungen in den anderen Gemeindeordnungen weichen von dieser nur unwesentlich ab. Lediglich die bayer. GO[461] zählt die Ablehnungsgründe etwas summarischer auf. Diese Ablehnungsgründe sind überall nur Beispiele. Der Gemeinderat, der in allen Ländern über die Berechtigung, das Wahlamt abzulehnen, entscheidet, kann auch andere Gründe anerkennen.

Lehnt der Gewählte die Annahme der Wahl ab, so kann in Bayern[462], Nordrhein-Westfalen[463] und Schleswig-Holstein[464] der Gemeinderat nach seinem Ermessen gegen ihn eine Geldbuße festsetzen und zwar in Bayern bis zu 500,— DM, in Schleswig-Holstein bis zu 1000,— DM und in Nordrhein-Westfalen bis zu 500,— DM und für jeden Fall der Wiederholung bis zu 100,—DM. Dagegen sieht die Gemeindeordnung von Baden-Württemberg vor[465], daß derartige Maßnahmen nicht gegen einen ehrenamtlichen Bürgermeister ergriffen werden dürfen. Dort besteht also eine Pflicht zur Übernahme dieses Ehrenamtes, wenn ausnahmsweise einmal eine Wahl gegen den Willen des Gewählten zustande kommt. Eine Verletzung der Pflicht kann aber nicht geahndet werden.

---

[459] § 16 b-w GO; Art. 19 bayer. GO; § 21 n-w GO; § 20 schl-h GO.
[460] § 20 GO. [461] § 19.
[462] Art. 19 Abs. 3 GO.
[463] § 21 Abs. 3 GO.
[464] § 20 Abs. 3 GO.
[465] § 16 Abs. 3.

B. Bei Wiederwahl zu hauptamtlichen Wahlämtern

Eine andere Verpflichtung zur Annahme der Wahl ergibt sich wiederum aus dem Gegensatz zwischen der politischen und der beamtenrechtlichen Seite des Wahlbeamtenverhältnisses. Die Wahlbeamten werden, wie bereits ausgeführt wurde, in bestimmten Zeitabständen neu gewählt. Um nun die wirtschaftliche Unabhängigkeit der hauptamtlichen Wahlbeamten soweit wie möglich zu sichern, ist seit der Städteordnung des Freiherrn vom Stein vorgesehen, daß die nicht wiedergewählten Wahlbeamten Versorgungsbezüge erhalten. Bestände eine derartige Regelung nicht, so stände ein Wahlbeamter nach mißglückter Wiederwahl oft wirtschaftlich vor dem Nichts. Diese Möglichkeit würde viele geeignete Personen davon abhalten, sich um ein Wahlamt zu bewerben. Bereits im Amte befindliche Wahlbeamte müßten sich gegen Ende der Amtszeit um jeden Preis um die Gunst der Mehrheit des Rates bemühen, was die Sauberkeit ihrer Amtsführung unter Umständen gefährden könnte.

Alle Landesgesetzgeber haben daher bestimmt, daß hauptamtliche Wahlbeamte Versorgungsbezüge erhalten, wenn sie nicht wiedergewählt werden. Die Versorgung ist in den einzelnen Ländern unterschiedlich gestaltet. Eine Darstellung dieser Fragen gehört nicht zum Thema dieser Arbeit. Als Beispiel sei nur erwähnt, daß in Nordrhein-Westfalen ein nicht wiedergewählter Wahlbeamter nach zwölf- oder mehrjähriger Amtszeit mindestens 50%, nach achtzehn- oder mehrjähriger Amtszeit mindestens 62% und nach vierundzwanzigjähriger Amtszeit 75% der ruhegehaltsfähigen Bezüge erhält[466]. So notwendig diese Regelung für die hauptamtlichen Wahlbeamten ist, so kann sie für die Gemeinden eine erhebliche Belastung mit sich bringen. Wählt die Gemeinde ihre Wahlbeamten mehrfach nicht wieder oder lehnen diese eine Wiederwahl ab, so können die Versorgungsbezüge für viele ausgeschiedene Spitzenbeamte die Gemeinde finanziell empfindlich bedrücken. Hinzu kommt, daß die Wahlbeamtenstellen verhältnismäßig hoch dotiert sind. Diese hohe Besoldung soll einen zusätzlichen Ausgleich für die unsichere Zeitbeamtenstellung bieten.

Die Belastung mit Versorgungsbezügen ist unvermeidbar, soweit die Gemeindevertretung den alten Stelleninhaber nicht wiederwählt. Insofern hat sich die Gemeinde die Belastung aber selbst zuzuschreiben. Anders ist die Lage, wenn der Wahlbeamte die Wiederwahl ablehnt. Da der Wahlbeamte nur für eine bestimmte Zeit zum Beamten gewählt und ernannt wird, muß er nach Ablauf der Zeit neu berufen werden. Niemand braucht aber eine Berufung zum hauptamtlichen Beamten anzunehmen. Es ist daher dem Wahlbeamten an sich möglich, eine neue Berufung ohne Angabe von Gründen abzulehnen. Die periodische Wiederberufung, die dem Beamten die Ablehnung ermöglicht, dient

[466] § 126 Abs. 2 n-w LBG.

aber der Verwirklichung der demokratischen Selbstverwaltung in der Gemeinde und nicht dem Zweck, es dem Wahlbeamten im Gegensatz zu den Beamten auf Lebenszeit zu ermöglichen, vorzeitig versorgungsberechtigt auszuscheiden. Man kann daher in der Ablehnung einer Wiederwahl einen Mißbrauch der formellen Rechtsstellung sehen. Andererseits kann der Wahlbeamte triftige Gründe haben, eine Wiederwahl abzulehnen, wie z. B. ein unerquickliches Verhältnis mit dem Gemeinderat während der alten Amtszeit.

Die Landesgesetzgeber haben den Konflikt im Grundsatz immer so geregelt, daß der Wahlbeamte seine Versorgungsbezüge verliert, wenn er seine Wiederwahl ablehnt. Die Gemeindeordnungen von Bremerhaven[467], Hessen[468], Niedersachsen[469], Nordrhein-Westfalen[470] und Schleswig-Holstein[471] verpflichten die hauptamtlichen Wahlbeamten, die erste Wiederwahl anzunehmen, falls die Anstellungsbedingungen gegenüber der ersten Wahlzeit nicht verschlechtert werden. Die gleiche Regelung enthält für Rheinland-Pfalz § 185 Abs. 2 rh-pf LBG und für das Saarland § 155 Abs. 3 saarl. LBG.

In Bremerhaven, Nordrhein-Westfalen und Schleswig-Holstein kann der hauptamtliche Wahlbeamte die Wiederwahl nicht nur bei Verschlechterung der Anstellungsbedingungen, sondern auch aus jedem anderen wichtigen Grund ablehnen. Die Landesgesetzgeber in Hessen und Niedersachsen führen einige andere Ablehnungsgründe auf. Danach kann der hauptamtliche Wahlbeamte die Wiederwahl ablehnen, wenn er in Hessen nicht spätestens drei Monate und in Niedersachsen nicht spätestens sechs Monate vor Ablauf der Amtszeit wiedergewählt wurde, und in beiden Ländern, wenn er das 60. Lebensjahr bereits vollendet hat.

Die Pflicht, die Wiederwahl anzunehmen, ist in allen diesen Ländern nicht erzwingbar. Wenn aber der Wiedergewählte die Annahme der Wahl ohne anerkannten Grund ablehnt, so verliert er den Anspruch auf die Versorgungsbezüge[473]. Ob eine begründete Ablehnung vorliegt, entscheidet der Gemeinderat. Es handelt sich dabei um eine Rechtsentscheidung, die gerichtlich nachprüfbar ist[474].

Eine formelle Verpflichtung zur Annahme der Wiederwahl kennt das bayerische Recht nicht. Es bestimmt aber in Art. 18, 20 KWBG, daß ein Wahlbeamter, der sich ohne berechtigte Gründe nicht zur Wiederwahl stellt, seine Versorgungsbezüge verliert.

---

[467] § 46 Abs. 2.

[468] § 40 Abs. 2.

[469] § 81 Abs. 4.

[470] § 49 Abs. 2.

[471] §§ 51 Abs. 3, 64 Abs. 3.

[473] Vgl. die oben S. 126 Anm. 1 bis 5 zitierten Vorschriften und § 185 Abs. 2 rh-pf LBG und § 195 Abs. 4 saarl. LBG.

[474] Vgl. Lauritzen Anm. 5 zu § 51 schl-h GO.

Die Regelung in Baden-Württemberg ist ähnlich. Gemäß § 191 Ziffer 7 b-w LBG sind die hauptamtlichen Bürgermeister von der Rechtsaufsichtsbehörde zu der Erklärung aufzufordern, ob sie bereit sind, ihr Amt im Falle der Wiederwahl unter nicht ungünstigeren Bedingungen weiter zu versehen. Geben sie diese Erklärung nicht innerhalb der von der Rechtsaufsichtsbehörde bestimmten Frist ab, so treten sie nicht in den Ruhestand, sondern werden entlassen. Das gilt nicht, wenn sie am Tage der Beendigung der Amtszeit das 57. Lebensjahr vollendet haben. Für die Beigeordneten gilt gemäß § 192 b-w LBG das Gleiche, allerdings mit der Maßgabe, daß sie zu der Erklärung vom Bürgermeister aufzufordern sind. Diese Regelung galt in Württemberg schon früher nach § 4 des Gesetzes über die Versorgung der in den Jahren 1954 und 1955 aus dem Amt scheidenden kommunalen Landräte, Bürgermeister und hauptamtlichen Beigeordneten vom 1. 3. 1954[475] i. V. m. § 1 des Gesetzes über die Versorgung der nach dem 31. 12. 1955 aus dem Amt scheidenden Landräte, Bürgermeister und Beigeordneten vom 14. 10. 1957[476]. Damals konnten sie allerdings die Wiederwahl ohne Rechtsnachteil nur ablehnen, wenn sie das 60. Lebensjahr vollendet hatten. Die Ansicht von Kunze-Schmid[477], daß es in Baden-Württemberg keine Verpflichtung zur Annahme der Wiederwahl gebe, war daher schon früher unzutreffend.

§ 8

Die Möglichkeiten zur Überprüfung der Wahl

A. Bei Wahl durch den Gemeinderat

I. Beanstandung durch die Aufsichtsbehörde

Sämtliche Gemeindeordnungen der Bundesrepublik sehen das Recht der Aufsichtsbehörde vor, rechtswidrige Beschlüsse des Gemeinderats zu beanstanden[478]. Die Gemeindeordnungen unterscheiden zwar zwischen Wahlen und Beschlüssen[480], es ist aber ganz allgemeine Meinung, daß Wahlen Beschlüsse im Sinne der Beanstandungsvorschriften sind[479]. Die Aufsichtsbehörden können daher auch gegen rechtswidrige Wahlen aufsichtlich vorgehen.

[475] GVBl. S. 28.

[476] GVBl. S. 123.

[477] Anm. I 2 a. E. zu § 50.

[478] Vgl. § 121 Abs. 1 b-w GO; Art. 112 bayer. GO; § 93 Verf. d. Stadt Bremerhaven; § 138 hess. GO; § 129 nds. GO; § 108 n-w GO; § 121 rh-pf GO; § 123 schl-h Go.

[479] So schon pr. OVG AS Bd. 87, 102; 88, 84; aus der neueren Zeit Bayer. VGH VGHE n. F. Bd. 8 S. 42; Bay. Bgm. 1958 S. 141; Schneider ÖD 1952 S. 144; Ruscher S. 77; Kottenberg Anm. III zu § 35; Goebel Anm. 3 zu § 43; Muntzke-Schlempp S. 693; Odenbreit S. 323, 392; Salzmann-Schunck Anm. 6 zu § 44.

[480] Vgl. z. B. § 35 Abs. 1 und 2 n-w GO.

Dieses Aufsichtsmittel ist in den Gemeindeordnungen unterschiedlich ausgestaltet. In Hessen[481] und Rheinland-Pfalz[482] kann die Aufsichtsbehörde die Wahl von sich aus aufheben. In Baden-Württemberg[483], Bayern[484] und Niedersachsen[485] kann sie eine rechtswidrige Wahl nur beanstanden, während sie in Bremerhaven[486], Nordrhein-Westfalen[487] und Schleswig-Holstein[488] den Hauptgemeindebeamten anweisen kann, die Wahl zu beanstanden. In Schleswig-Holstein besteht daneben noch ein besonderes Aufsichtsmittel, mit dem die Aufsichtsbehörde die mangelnde Eignung eines hauptamtlichen Wahlbeamten geltend machen kann. Gemäß §§ 51 Abs. 4, 64 Abs. 4 schl-h GO muß die Gemeinde der Aufsichtsbehörde die Wahl unter Mitteilung der Wahlunterlagen anzeigen. Die Aufsichtsbehörde kann binnen drei Wochen nach Eingang der Anzeige und der Wahlunterlagen der Wahl wegen mangelnder Eignung des Gewählten widersprechen. Die Gemeindevertretung ist vor dem Widerspruch zu hören. Der Widerspruch ist eingehend zu begründen.

Die saarl. GO[489] hat im Gegensatz zu den übrigen Gemeindeordnungen das alte System der Bestätigung durch die Aufsichtsbehörde beibehalten, das früher allgemein üblich war[490]. Bei ehrenamtlichen Wahlbeamten gilt die Bestätigung als erteilt, wenn sie nicht innerhalb von zwei Monaten nach Vorlage der Wahlunterlagen durch die Aufsichtsbehörde verweigert wird. Die Wahl der hauptamtlichen Wahlbeamten wird erst durch die Bestätigung der Oberen Aufsichtsbehörde wirksam. Die Bestätigung steht jedoch im Gegensatz zu der früheren Regelung[491] nicht im Ermessen der Aufsichtsbehörde, sondern kann nur aus den in § 54 Abs. 2 saarl. GO genannten Gründen — Verurteilung zu einer Freiheitsstrafe wegen einer ehrenrührigen Handlung oder mangelnde Eignung — versagt werden.

In allen Ländern wie auch in Bremerhaven können die Gemeinden gegen die Beanstandung oder Aufhebung der Wahl oder die Versagung der Bestätigung teils unmittelbar, teils nach einem Vorverfahren Verwaltungsklage erheben[492].

---

[481] § 138 hess. GO.
[482] § 121 rh-pf GO.
[483] § 121 b-w GO.
[484] Art. 121 bayer. GO.
[485] § 129 nds. GO.
[486] § 93 Verf.
[487] § 108 n-w GO.
[488] § 123 schl-h GO.
[489] § 54.
[490] Vgl. die Übersicht bei Peters, Grenzen S. 118.
[491] Vgl. Peters a. a. O.
[492] § 125 b-w GO; Art. 118 bayer. GO; § 98 Verf. d. Stadt Bremerhaven; § 142 hess. GO; § 132 nds. GO; § 112 n-w GO; §§ 125, 126 rh-pf GO; § 136 saarl. GO.

II. Widerspruch und Beanstandung durch Gemeindeorgane

Die Gemeindeordnungen außer der des Saarlandes enthalten ferner Vorschriften, wonach bestimmte Gemeindeorgane den Beschlüssen des Gemeinderates, die rechtswidrig sind, nach einigen Gemeindeordnungen auch solchen, die das Wohl der Gemeinde gefährden, widersprechen können. Auch hier sind Wahlen Beschlüsse im Sinne dieser Vorschriften[493].

Die Gemeindeordnungen sehen insoweit vor, daß teils der Hauptgemeindebeamte[494], teils der Gemeindevorstand[495] einer rechtswidrigen Wahl (Beschluß) widersprechen müssen. Zum Teil bezeichnen die Gemeindeordnungen den Widerspruch gegen rechtswidrige Beschlüsse auch als Beanstandung[496]. Der Rat muß im Falle eines Widerspruchs bzw. einer Beanstandung neu entscheiden. Bleibt er bei der alten Wahl, so sehen die Gemeindeordnungen verschiedene Verfahren vor. Ein Teil[497] bestimmt, daß die zweite Wahl (Beschluß) der Aufsichtsbehörde zur Entscheidung vorgelegt werden muß. Tritt die Aufsichtsbehörde dem Widerspruch bei, so läuft das weitere Verfahren, als wenn die Aufsichtsbehörde von vornherein widersprochen hätte.

Im Gegensatz zu dieser Regelung bestimmen die Verfassung der Stadt Bremerhaven[498] und die Gemeindeordnung von Schleswig-Holstein[499], daß der Magistrat[500] bzw. der Bürgermeister[501] der Gemeindevertretung einen begründeten Widerspruch gegen die zweite Wahl (Beschluß) vorlegen muß, wenn er sie für rechtswidrig hält. Gegen diesen zweiten begründeten Widerspruch ist die Klage im Verwaltungsstreitverfahren gegeben.

In einigen Ländern können bestimmte Gemeindeorgane auch Beschlüssen widersprechen, die das Wohl der Gemeinde gefährden oder der Gemeinde nachteilig sind. Diese Vorschriften sind ebenso wie die oben erwähnten auch auf Wahlen anwendbar, denn auch die rechtmäßige Wahl einer geeigneten Person kann das Wohl der Gemeinde gefährden, z. B. weil wegen persönlicher Zwistigkeiten des Gewählten mit einflußreichen Gemeindepolitikern in Zukunft eine konstruktive Zusammenarbeit zwischen Rat und Verwaltung erschwert sein wird.

---

[493] Muntzke-Schlempp S. 721; Kottenberg Anm. I zu § 39; Helmreich-Widtmann Anm. 10 zu Art. 51; Hölzl Anm. 3 zu Art. 59.

[494] So § 43 b-w GO; § 59 Abs. 2 bayer. GO; § 60 nds. GO; § 39 Abs. 2 n-w GO; § 39 rh-pf GO; § 43 Abs. 1 schl-h GO.

[495] § 39 Verf. d. Stadt Bremerhaven; § 63 hess. GO.

[496] Z. B. 39 Abs. 2 n-w GO.

[497] § 43 b-w GO; Art. 59; bayer. GO; § 63 hess. GO; § 60 nds. GO; § 39 Abs. 2 n-w GO; § 39 rh-pf GO.

[498] § 39.

[499] § 43.

[500] In Bremerhaven.

[501] In Schleswig-Holstein.

Derartigen nachteiligen Wahlen können in Baden-Württemberg[502] der Bürgermeister, in Hessen der Gemeindevorstand[503], in Niedersachsen der Verwaltungsausschuß[504], in Nordrhein-Westfalen der Bürgermeister[505] und in Schleswig-Holstein[506] der Magistrat widersprechen. Die jeweiligen Organe brauchen der Wahl nicht zu widersprechen, sie können es nur. Die Gemeindevertretung muß bei Widerspruch eine zweite Wahl vornehmen. Kommt sie dabei zu dem gleichen Ergebnis, so ist die Wahl endgültig.

Zu beachten ist noch, daß nach einigen Gemeindeordnungen der Widerspruch wegen Rechtswidrigkeit oder Gefährdung des Gemeinwohls innerhalb bestimmter Fristen erhoben[507] werden und die zweite Wahl innerhalb einer weiteren Frist stattfinden muß[508].

III. Klage eines oder mehrerer Gemeinderatsmitglieder

Es ist weiter zu prüfen, ob auch einzelne Mitglieder des Gemeinderates, welche die Wahl eines Wahlbeamten für rechtswidrig halten, die gerichtliche Nachprüfung der Wahl erzwingen können.

Es bleibt den Gemeinderatsmitgliedern selbstverständlich stets unbenommen, bei der Aufsichtsbehörde oder bei den zuständigen Gemeindeorganen eine Beanstandung der Wahl anzuregen. Da aber grundsätzlich kein Anspruch der Gemeinderatsmitglieder auf Tätigwerden der Aufsichtsbehörde oder der betreffenden Gemeindeorgane besteht[509], können sie auf diesem Wege die Nachprüfung der Wahl nicht erzwingen.

Es ist daher zu untersuchen, ob es einen anderen Weg gibt, auf dem einzelne Gemeinderatsmitglieder aus eigenem Recht die gerichtliche Überprüfung der Wahl verlangen können.

Nach einigen Gemeindeordnungen ist ein derartiges Recht einzelner Gemeinderatsmitglieder ausdrücklich gegeben.

§ 34 Abs. 4 Verf. der Stadt Bremerhaven sieht vor, daß gegen die Gültigkeit einer in der Stadtverordnetenversammlung vorgenommenen Wahl jedes Mitglied binnen zwei Wochen beim Stadtverordnetenvorsteher Einspruch erheben kann. Über den Einspruch entscheidet die Stadtverordnetenversammlung. Gegen ihre Entscheidung ist die Klage im Verwaltungsstreitverfahren zulässig.

Nach § 40 rh-pf GO kann jedes Ratsmitglied gegen die Gültigkeit einer von der Gemeindevertretung vorgenommenen Wahl binnen zwei Wochen bei der Aufsichtsbehörde Beschwerde einlegen. Gegen die

---

[502] § 43 b-w GO.

[503] § 63 hess. GO.

[504] § 60 nds. GO.

[505] § 39 Abs. 1 n-w GO.

[506] § 43 schl-h GO.

[507] Z. B. § 39 Abs. 1 n-w GO.

[508] Z. B. § 43 Abs. 2 b-w GO.

[509] Bayer. VGH VGHE n. F. Bd. 9 S. 93; Hölzl Anm. 1 zu Art. 112; Kottenberg Anm. I zu § 108.

Entscheidung der Aufsichtsbehörde ist die Klage im Verwaltungsstreitverfahren zulässig. Die Beschwerde kann allerdings seit dem rh-pf Gesetz vom 10. 12. 1957[510] nur noch auf Verfahrensverstöße, nicht etwa auf die mangelnde Eignung oder Wählbarkeit des Gewählten gestützt werden.

Gemäß § 52 Abs. 1 saarl. GO i. V. m. §§ 50, 51 saarl. GWG kann jeder Gemeindevertreter gegen die Gültigkeit der Wahl des Bürgermeisters oder eines Beigeordneten binnen zwei Wochen Beschwerde einlegen. Die Beschwerde muß schriftlich bei der Aufsichtsbehörde eingelegt und mit wesentlichen Verstößen gegen die Wahlvorschriften begründet werden. Gegen die Entscheidung der Aufsichtsbehörde ist die Klage im Verwaltungsstreitverfahren zulässig.

In Hessen war die Frage, ob einzelne Gemeindevertreter eine Wahl im Gemeinderat anfechten konnten, bisher streitig[512]. Der Streit hat sich durch die Neufassung der hess. GO vom 3. 6. 1960[511] erledigt. Nach § 55 Abs. 5 hess. GO kann nunmehr jeder Gemeindevertreter innerhalb eines Monats nach Bekanntgabe des Wahlergebnisses bei dem Vorsitzenden der Gemeindevertretung Widerspruch erheben und gegen die Widerspruchsentscheidung, die die Gemeindevertretung erläßt, nach Maßgabe der VwGO klagen.

Zweifelhaft ist die Anfechtungsmöglichkeit nach bayerischem Recht. Dort ist die Wahl der weiteren Bürgermeister und der berufsmäßigen Gemeinderatsmitglieder andeutungsweise im bayer. GWG[513] geregelt. Daraus könnte man schließen, daß die Anfechtungsmöglichkeiten nach dem bayer. GWG[514] auch auf diese Wahlen entsprechend anwendbar sind. Der Bayer. VGH[515] hat aber mit Recht entschieden, daß Art. 33, 34 bayer. GWG nur auf die Art. 34 Abs. 5, 40 Abs. 1 bayer. GO verweisen und keine selbständige Bedeutung haben. Eine Anwendung der Art. 36 bis 38 bayer. GWG, die auf Volkswahlen zugeschnitten sind, auf die Wahl der weiteren Bürgermeister und berufsmäßigen Gemeinderatsmitglieder durch den Gemeinderat ist daher nicht möglich[516].

Möglicherweise besteht aber unabhängig von diesen Spezialvorschriften in allen Ländern die Möglichkeit für Gemeindevertreter, Wahlen gemeindlicher Wahlbeamter nach den Vorschriften der VwGO anzufechten.

Für die Beantwortung dieser Frage ist einmal von Bedeutung, ob Wahlen im Gemeinderat Verwaltungsakte sind. Ein Verwaltungsakt ist nach der bisherigen Legaldefinition des § 25 Abs. 1 VO 165, die

---

[510] GVBl. S. 210.

[511] GVBl. S. 47.

[512] Vgl. Schneider ÖD 1952 S. 144 einerseits und Muntzke-Schlempp S. 693 andererseits.

[513] Art. 33, 34.

[514] Art. 36—38.

[515] VGHE n. F. Bd. 8 S. 46f.

[516] Hölzl Anm. 3 zu Art. 51.

auch über den Geltungsbereich dieses Gesetzes hinaus allgemeine Anerkennung gefunden hat[517], „jede Verfügung, Anordnung, Entscheidung oder sonstige Maßnahme, die von einer Verwaltungsbehörde zur Regelung eines Einzelfalls auf dem Gebiet des öffentlichen Rechts getroffen wird". Es ist daher zu prüfen, ob der Gemeinderat bei der Wahl eines Wahlbeamten als Verwaltungsbehörde tätig wird. Der Gemeinderat kann als Verwaltungsbehörde tätig werden, z. B. bei der Erteilung von Erlaubnissen usw. Eine Wahl unterscheidet sich von diesen Tätigkeiten des Gemeinderates aber grundlegend. Durch die Wahl beruft der Gemeinderat die durch die Gemeindeordnung vorgesehenen Organe der Gemeinde. Es handelt sich um eine Art Regierungsbildung im kommunalen Bereich. Ebensowenig wie aber die Regierungsbildung auf Bundes- oder Landesebene ein Verwaltungsakt ist, so ist es die Wahl der Wahlbeamten im Gemeinderat. Das ist heute einhellige Meinung[518]. Die Entscheidung des BVerwG vom 21. 10. 1960[519] steht dem nicht entgegen, da sie auf einer besonderen Rechtsvorschrift, dem Art. 4 Ziffer 22 der bayer. VO 85 zur Ausführung des VGG[520], beruht. Danach konnten Wahlen wie Verwaltungsakte angefochten werden. Die genannte Vorschrift ist durch die VerwGO aufgehoben worden. Die Aufhebung der Wahl im Gemeinderat kann daher nicht gemäß §§ 42ff. VerwGO begehrt werden.

Möglicherweise ist aber der Streit um die Rechtmäßigkeit einer Wahl eine öffentlich-rechtliche Streitigkeit nicht verfassungsrechtlicher Art, für die nach der Generalklausel des § 40 VerwGO der Rechtsweg zu den allgemeinen Verwaltungsgerichten gegeben ist. Der Streit um die Gültigkeit einer Wahl zum Wahlbeamten ist zweifellos eine öffentlich-rechtliche Streitigkeit, denn es handelt sich darum, ob eine Person rechtens zum Organ einer Körperschaft des öffentlichen Rechts berufen ist oder nicht. Zweifelhaft könnte nur sein, ob es sich um eine Streitigkeit nicht verfassungsrechtlicher Art handelt. Die Frage, ob jemand rechtmäßig zum gemeindlichen Wahlbeamten gewählt ist, betrifft das Gebiet des Gemeindeverfassungsrechts. Es ist jedoch einhellige Meinung, daß Verfassungsstreitigkeiten zwischen Gemeindeorganen keine verfassungsrechtlichen Streitigkeiten im Sinne des § 40 VwGO sind. Das ergibt sich aus der Tatsache, daß für die Verfassungsstreitigkeiten auf Bundes- oder Landesebene besondere Verfahren vorgesehen sind, während derartige Vorschriften für Verfassungsstreitigkeiten auf kommunaler Ebene fehlen. Würde man daher die Gemeindeverfassungs-

---

[517] Ule Anm. IV 1 zu § 42 VwGO.

[518] Vgl. OVG Münster OVGE Bd. 1 S. 27ff., 29; Bd. 13 S. 82; DVBl. 1952 S. 24; DÖV 1958, S. 183; OVG Lüneburg OVGE Bd. 2 S. 225; Bd. 4 S. 240; Hess. VGH DVBl. 1953 S. 26; VGH Freiburg DVBl. 1953 S. 269; LVG Braunschweig DVBl. 1952 S. 25ff.; Ule Anm. IV 1 g zu § 42 VwGO; Schunck-De Clerk Anm. 2 gg zu § 42; H. Becker S. 79.

[519] DVBl. 1961 S. 165.

[520] Bayer. GVBl. 1946 S. 291.

streitigkeiten zu den Verfassungsstreitigkeiten im Sinne des § 40 VwGO rechnen, so würde eine durch nichts gerechtfertigte Lücke im Rechtsschutz entstehen, indem zwar für Landes- und Bundesverfassungsstreitigkeiten auf Grund der besonderen Gesetze[521] ein Rechtsweg gegeben wäre, nicht aber für Gemeindeverfassungsstreitigkeiten. Verfassungsstreitigkeiten innerhalb der Gemeinden sind daher keine Verfassungsstreitigkeiten im Sinne des § 40 VwGO[522]. Streitigkeiten über die Rechtmäßigkeit der Wahl von gemeindlichen Wahlbeamten sind öffentlich-rechtliche Streitigkeiten nicht verfassungsrechtlicher Art, für die nach § 40 VwGO der Rechtsweg vor die Verwaltungsgerichte gegeben ist.

Damit ist aber die weitere Frage noch nicht geklärt, ob einzelne Ratsmitglieder für einen derartigen Rechtsstreit klagebefugt sind.

Die Frage, wer für eine öffentlich-rechtliche Streitigkeit nicht verfassungsrechtlicher Art, die nicht eine Anfechtungsklage im Sinne des § 42 VwGO ist, klagebefugt ist, wurde in der VwGO nicht geregelt. Die Frage war auch schon nach den bisherigen Gesetzen über das Verwaltungsstreitverfahren[523] umstritten.

Für die hier allein interessierende Frage, ob ein Gemeindevertreter klagebefugt ist, vertritt Henrichs[524] die Ansicht, daß bei den „anderen Streitigkeiten des öffentlichen Rechts“ des § 22 Abs. 1 VO 165 die Verwaltungsgerichte nicht darauf beschränkt seien, über subjektiv öffentliche Rechte des Klägers zu entscheiden. Erforderlich sei lediglich, daß zwischen den „Beteiligten eines innerorganisatorischen Verwaltungsrechtskreises“ ein Streit vorliege, der nach Rechtsregeln entschieden werden könne. Der Ansicht Henrichs hat sich Ule[525] angeschlossen. Auch Baring[526] meint, bei kommunalen Verfassungsstreitigkeiten brauche der Kläger nicht die Verletzung „seiner“ Rechte behaupten. Es genüge der allgemeine Rechtsstand als Organ der Gemeinde oder als Mitglied eines solchen.

Gegen die Ansicht von Henrichs, die dieser schon früher[527] vertreten hatte, hat sich das OVG Münster[528] gewandt. Es meint, daß der einzelne Gemeindevertreter gegen Beschlüsse oder Wahlen der Ge-

---

[521] BVerfGG und entsprechende Landesgesetze, z. B. das Gesetz über den Verfassungsgerichtshof für das Land Nordrhein-Westfalen vom 4. 3. 1952 — GVBl. NW S. 23.

[522] So Ule Anm. II zu § 40; für die entsprechende Vorschrift der VO 165: BVerwG NJW 1956 S. 563; OVG Lüneburg OVGE Bd. 2 S. 225, Bd. 3 S. 223, Bd. 4 S. 240; DVBl. 1952 S. 25; LVG Gelsenkirchen bei Kottenberg-Steffens Entsch. Nr. 3 zu § 49.

[523] VO 165, VGG.

[524] DVBl. 1959 S. 548ff., insbesondere S. 560.

[525] Anm. I 2b zu § 43.

[526] Städtetag 1952 S. 108.

[527] KommPolBl. 1958 S. 515.

[528] StT 1958 S. 581f. = DÖV 1958 S. 787.

meindevertretung nur klagen könne, wenn er dadurch in seinen Rechten verletzt werde oder wenn ihm durch spezielle Vorschrift die Klagebefugnis zuerkannt werde[529].

Während Baring[530] seine Ansicht nicht näher begründet, versucht Henrichs[531] seine Auffassung im wesentlichen aus einer Reihe verwaltungsgerichtlicher Entscheidungen herzuleiten, denen nach seiner Ansicht der von ihm behauptete Grundsatz stillschweigend zugrunde liegt. Das OVG Münster[532] wiederum bestreitet, daß man aus den angeführten Entscheidungen diesen Schluß ziehen könne, und meint, in allen von Henrichs aufgeführten Entscheidungen seien entweder die Rechte der Gemeindevertreter verletzt gewesen oder das Gesetz habe ausdrücklich eine Klagebefugnis vorgesehen.

Eine Prüfung der von Henrichs zitierten Entscheidungen zeigt, daß die Ansicht des OVG Münster im wesentlichen zutrifft.

Die erste von Henrichs angeführte[533] Entscheidung[534] betraf den Ausschluß eines Gemeindevertreters von den Ratssitzungen. Hier standen subjektive öffentliche Rechte des Klägers als Gemeindevertreter in Frage.

Die zweite Entscheidung[535] [536] lehnt die Anfechtung einer Oberbürgermeisterwahl durch einige Stadtvertreter wegen mangelnder Klagebefugnis der Kläger ab. Die Begründung der Entscheidung mag — wie Henrichs zuzugeben ist — zweifelhaft sein. Sie spricht aber zumindest nicht für seine Ansicht.

Die dritte angeführte[537] Entscheidung[538] stellt ausdrücklich auf die Verletzung subjektiver Rechte des Klägers ab.

Die vierte Entscheidung[539] [540] stützt die von Henrichs vertretene Ansicht. Das Gericht bejaht ausdrücklich, aber ohne nähere Begründung die Befugnis zweier Amtsverordneter, auf Feststellung zu klagen, daß die Wahl des Amtsbürgermeisters wegen mangelnder Wählbarkeit nichtig sei.

Die fünfte Entscheidung[541] [542], auf die Henrichs seine Folgerungen wesentlich stützt, spricht dagegen bei näherer Betrachtung nicht für, sondern gegen seine Ansicht. Das Gericht erörtert die Klagebefugnis

[529] Ähnlich LVG Braunschweig DVBl. 1952 S. 25.
[530] Vgl. Anm. 526.
[531] In KommPolBl. 1958 S. 581f. und in DVBl. 1959 S. 548ff.
[532] Vgl. Anm. 528.
[533] DVBl. 1959 S. 550 unter a).
[534] LVG Lüneburg DV 1949 S. 162.
[535] Henrichs DVBl. 1959 S. 550 unter b).
[536] VG Kassel DV 1949 S. 244.
[537] Henrichs a. a. O. unter c).
[538] Bayer. VGH VRSpr. Bd. 1 S. 198.
[539] Henrichs a. a. O. unter d).
[540] LVG Arnsberg DV 1949 S. 246.
[541] Henrichs a. a. O. S. 552 unter e).
[542] OVG Lüneburg OVGE Bd. 2 S. 225.

der Kläger, die als Kreistagsabgeordnete die Wahl des Landrats anfochten, ausdrücklich und stellt darauf ab, daß die Kläger gemäß § 49c Abs. 4 rev. DGO in der Fassung für Niedersachsen gegen Wahlen im Kreistag ein formelles Einspruchsrecht hatten. Es folgert daraus, daß den Klägern auch die Klagebefugnis gegen den ablehnenden Einspruchsentscheid zustehe. Das Gericht erkennt daher entgegen der Auffassung von Henrichs keine allgemeine Klagebefugnis der Kreisverordneten an, sondern stellt auf eine spezielle Norm ab, die damals die Klagebefugnis gab.

Die sechste Entscheidung[543] [544] stützt sich ausdrücklich auf die Verletzung subjektiver öffentlicher Rechte des Klägers.

Die siebente Entscheidung[545] [546] unterstützt wiederum die Ansicht von Henrichs. Einige Kreistagsabgeordnete hatten einen Beschluß über die Verlegung des Kreissitzes mit der Begründung angefochten, der Kreistag sei für den Beschluß nicht zuständig. Das Gericht bejahte die Zulässigkeit der Klage ohne nähere Begründung mit einem Hinweis auf die oben angeführte fünfte Entscheidung. Die Klagebefugnis der Kläger beruhte in jener Entscheidung aber auf einer Sondernorm, die hier nicht eingriff. Der Verdacht liegt nahe, daß das Gericht diesen Umstand bei der Verweisung nicht beachtete.

Bei der achten Entscheidung[547] [548] standen wieder subjektive Rechte des Klägers, eines von den Sitzungen ausgeschlossenen Gemeindevertreters in Frage.

Auf die neunte Entscheidung[549] [550] stellt Henrichs wieder besonders ab. Das Gericht hält die Klage einiger Gemeindevertreter für zulässig, welche die Wahl des Oberbürgermeisters wegen fehlender Wählbarkeit anfochten. Die Entscheidung beruht aber, wenn der bei Kottenberg-Steffens abgedruckte Leitsatz zutrifft, auf der Annahme eines subjektiven Rechts der Gemeindevertreter, die Rechtsgültigkeit der Wahl des Oberbürgermeisters feststellen zu lassen, da von dieser die Rechtmäßigkeit seiner Amtshandlungen abhänge. Die Ableitung dieses subjektiven Rechts ist m. E. zweifelhaft. Die Frage bedarf aber hier keiner Lösung. Entscheidend ist, daß das Gericht die Klagebefugnis von dem Bestehen eines subjektiven Rechts des Klägers abhängig macht und kein allgemeines Klagerecht der Gemeindevertreter gegen Beschlüsse oder Wahlen des Rates anerkennt.

---

[543] Henrichs a. a. O. S. 553 unter f).
[544] OVG Lüneburg OVGE Bd. 3 S. 223.
[545] Henrichs a. a. O. S. 553 unter g).
[546] OVG Lüneburg OVGE Bd. 4 S. 240.
[547] Henrichs a. a. O. S. 554 unter h).
[548] OVG Münster OVGE Bd. 3 S. 79.
[549] Henrichs a. a. O. S. 554 unter i).
[550] OVG Münster VRSpr. Bd. 4 S. 389 = Kottenberg-Steffens Entsch. Nr. 1 zu §§ 27, 28, 55.

In der zehnten angeführten[551] Entscheidung hat das OVG Münster[552] die Klage einiger Gemeindevertreter auf Aufhebung eines angeblich rechtswidrigen Ratsbeschlusses mangels Klagebefugnis abgewiesen. Die Gemeindevertreter hätten kein Recht auf rechtmäßige Ratsbeschlüsse. Sie seien daher durch den Gemeinderatsbeschluß auch nicht in ihren Rechten verletzt. Die Entscheidung spricht klar gegen die Ansicht von Henrichs.

Die elfte Entscheidung betrifft wieder subjektive Rechte des Klägers, der als Gemeindevertreter von Ausschußsitzungen ausgeschlossen worden war[553] [554].

Auch bei der nächsten, zwölften Entscheidung[555] handelt es sich um subjektive Rechte der Kläger. Sie bestritten die Rechtswirksamkeit eines Beschlusses, weil die erforderliche 2/3-Mehrheit nicht erreicht sei. Wird ein Beschluß, der einer qualifizierten Mehrheit bedarf, trotz Fehlens dieser Mehrheit als gültig behandelt, so werden die Gemeindevertreter, an deren Stimmen der Beschluß sonst gescheitert wäre, in ihren Rechten als Gemeindevertreter verkürzt.

Der 13. Fall spricht eindeutig gegen Henrichs. Das VG Düsseldorf[556] lehnte die Klage einiger Gemeindevertreter gegen eine Beigeordnetenwahl mangels Klagebefugnis ab. Die Kläger seien nicht durch die Wahl in ihren Rechten verletzt.

Die 14. Entscheidung[557] betrifft wieder die Verletzung subjektiver Rechte der Kläger. Der Gemeinderat hatte durch Beschluß die Ausschußsitze auf die Fraktionen entsprechend ihrer Stärke verteilt, statt eine Verhältniswahl durchzuführen, wie es § 35 Abs. 2 n-w GO entsprochen hätte. Wenn der Gemeinderat durch Beschluß entscheidet, wo er auf Wunsch in geheimer Abstimmung durch Wahl hätte entscheiden müssen, werden die Gemeindevertreter, deren Schutz die verletzte Vorschrift dient, in ihren Rechten beeinträchtigt.

Die folgende, 15. Entscheidung[558] betrifft wieder das subjektiv-öffentliche Recht einer Fraktion im Kreistag auf eine Zuteilung von Sitzen im Kreisausschuß, die ihrer Stärke entspricht[559].

Die 16. Entscheidung[560] behandelt die in § 40 rh-pf GO ausdrücklich geregelte Wahlanfechtung.

---

[551] Henrichs a. a. O. unter k).
[552] Urt. v. 21. 1. 1953, teilweise wiedergegeben in der Entsch. d. OVG Münster v. 10. 7. 1958 in StT 1958 S. 581.
[553] Henrichs a. a. O. S. 556 unter l).
[554] OVG Lüneburg OVGE Bd. 6 S. 437.
[555] OVG Münster v. 1. 7. 1953 — III B 622/53 unveröffentlicht.
[556] StT 1954 S. 387.
[557] OVG Münster OVGE Bd. 10 S. 143.
[558] Bayer. VGH VGHE n. F. Bd. 8 S. 97.
[559] Art. 27 bayer. LKrO.
[560] OVG Koblenz AS Bd. 6 S. 172.

Die 17. und 18. Entscheidung[561] endlich lehnen eine Klage überstimmter Gemeindevertreter gegen angeblich rechtswidrige Gemeinderatsbeschlüsse ausdrücklich mangels Klagebefugnis ab.

Diese Übersicht zeigt, daß die Rechtsprechung ganz überwiegend bisher eine Klage überstimmter Gemeindevertreter gegen Beschlüsse oder Wahlen des Rates nur dann zugelassen hat, wenn die Verletzung subjektiver öffentlicher Rechte der klagenden Gemeindevertreter in Frage stand oder eine besondere Norm die Klagebefugnis gewährte. Von dieser Rechtsprechung weichen nur die ältere Entscheidung des VG Arnsberg[562] und die Entscheidung des OVG Lüneburg[563] ab. Diese Entscheidung des OVG Lüneburg beruht wahrscheinlich auf einer unkritischen Übernahme seiner Entscheidung in OVGE Bd. 2 S. 225[564]. Es kann daher keine Rede davon sein, daß die Rechtsprechung ein allgemeines Klagerecht der Gemeindevertreter gegen rechtswidrige Beschlüsse oder Wahlen des Rates anerkannt hat.

Auch die übrigen von Henrichs zur Begründung seiner Ansicht vorgebrachten Argumente vermögen nicht zu überzeugen. Er[565] verweist einmal auf die in § 30 Abs. 3 n-w GO festgesetzte Schadensersatzpflicht der Ratsmitglieder für pflichtwidrige Beschlüsse. Die Tatsache aber, daß die Mehrheit vielleicht für rechtswidrige Beschlüsse haftbar gemacht werden kann, gibt der Minderheit noch nicht das Recht, alle Beschlüsse vor den Verwaltungsgerichten überprüfen zu lassen.

Henrichs behauptet ferner, daß die Aufsichtsbehörden oft bei der Beanstandung rechtswidriger Gemeinderatsbeschlüsse nachlässig seien, weil sie Streit mit einer großen Gemeinde vermeiden wollten oder weil die Beamten der Aufsichtsbehörde und die Ratsmehrheit in der Gemeinde der gleichen politischen Richtung angehören. Zur Durchsetzung des Rechts sei es daher notwendig, der Minderheit ein selbständiges Klagerecht vor den Verwaltungsgerichten zu gewähren. Falls die Behauptung Henrichs über die oft nachlässige Rechtsaufsicht zutrifft, mag es de lege ferenda nützlich sein, den Ratmitgliedern ein Klagerecht zu gewähren. Eine andere Frage ist es aber, ob sie de lege lata ein Klagerecht besitzen. Gegen die Gewährung des Klagerechts spricht der Umstand, daß durch die Anfechtung von Beschlüssen eine große Unsicherheit in die Verwaltung der Gemeinde getragen wird. Diese Unsicherheit kann lähmend wirken. Es spricht daher viel dafür, die Anfechtung rechtswidriger Ratsbeschlüsse nur in die Hand des Hauptverwaltungsbeamten und der Aufsichtsbehörde zu legen, zweier Instanzen, die eine hinreichende Gewähr für die sorgfältige und ob-

---

[561] OVG Münster v. 4. 11. 1957 — III B 743/56 — unveröffentlicht und OVG Münster StT 1958 S. 581.

[562] Entsch. Nr. 4 der Übersicht, DV 1949 S. 246.

[563] Nr. 7, OVGE Bd. 4 S. 240.

[564] Nr. 5.

[565] Henrichs DVBl. 1959 S. 561.

jektive Handhabung dieser Befugnis geben. Diese Gewähr würde bei einer politischen Ratsminderheit fehlen.

Auch die Ansicht von Baring[566], jedes Mitglied eines Gemeindeorgans sei für eine „andere Streitigkeit des öffentlichen Rechts" klagebefugt, ist abzulehnen. Diese Ansicht stellt m. E. unzulässigerweise das einzelne Gemeinderatsmitglied dem Gemeinderat als Organ der Gemeinde gleich. Sie unterstellt, daß das Gemeinderatsmitglied in Rechtsstreitigkeiten dieselben Rechte geltend machen kann wie der Gemeinderat insgesamt. Das ist abzulehnen. Organ der Gemeinde und Inhaber von verfassungsmäßigen Rechten und Pflichten ist nur der Gemeinderat als solcher, der seinen Willen durch Mehrheitsbeschluß bildet. Das einzelne Gemeinderatsmitglied besitzt öffentlich-rechtliche Rechte und Pflichten nur als Mitglied des Gemeinderats. Es kann aus eigenem Recht nur die Verletzung seiner Mitgliedschaftsrechte rügen. Es ist demnach festzuhalten, daß es eine allgemeine Gemeindeverfassungsklage, in der Gemeinderatsmitglieder die Verletzung objektiven Rechts durch Beschlüsse des Gemeinderats rügen können, nicht gibt. Gemeinderatsmitglieder können im Verwaltungsstreitverfahren nur die Verletzung ihrer subjektiven öffentlich-rechtlichen Mitgliedschaftsrechte rügen.

Diese sind verletzt, wenn ein Gemeinderatsmitglied zu Unrecht von der Teilnahme an Sitzungen ausgeschlossen oder in der Abstimmung behindert wird. Weiter gehört der Verstoß gegen Verfahrensvorschriften, die die freie Entschließung und Stimmabgabe des Ratsmitgliedes sichern sollen, hierher. Andere Fälle sind denkbar. Es würde jedoch zu weit führen, die Vielzahl der bei der Wahl zu beachtenden Vorschriften daraufhin zu untersuchen, inwieweit bei ihrer Nichtbeachtung zugleich subjektiv öffentliche Rechte der Gemeinderatsmitglieder verletzt werden.

Schließlich sei noch ein Gedanke erörtert, der verschiedentlich vorgebracht wurde. Alle Gemeindewahlgesetze der Bundesrepublik enthalten Vorschriften, wonach jeder Wähler die Wahl zum Gemeinderat anfechten kann[567]. Es ist nun wiederholt geäußert worden, daß Wahlen im Gemeinderat sich nicht grundsätzlich von Wahlen zum Gemeinderat unterscheiden und daher Grundsätze, die für die Wahl zum Gemeinderat gelten, auch auf Wahlen im Gemeinderat anzuwenden seien[568]. Aus dieser Verwandtschaft der Wahl zum Gemeinderat mit der Wahl im Gemeinderat ist gefolgert worden, daß die Vorschriften der Kommunal-

---

[566] StT 1952 S. 108, zustimmend H. Becker S. 82.

[567] § 26 b-w KWG; Art. 36ff. bayer. GWG; Ortsgesetz Nr. 30 der Stadt Bremerhaven §§ 37ff.; § 23ff. hess. GKWG; § 49ff. nds. KWG; §§ 36ff. n-w KWG; §§ 50ff. saarl. KWG; rh-pf GWG §§ 41ff.; schl-h GKWG §§ 36ff.

[568] Vgl. hess. VGH in DVBl. 1953 S. 26f.; „Was aber für die Wahlen zu den kommunalen Körperschaften gilt, das muß auch grundsätzlich für die von diesen Körperschaften vorgenommenen Wahlen gelten." Ähnlich VG Gelsenkirchen bei Kottenberg-Steffens Entsch. Nr. 3 zu § 49.

wahlgesetze über die Anfechtung der Wahl durch jeden einzelnen Wähler auf die Wahl im Gemeinderat analog anzuwenden seien. Demnach hätte jeder Gemeindevertreter das Recht, die Wahl eines Wahlbeamten anzufechten[569].

Für die Entscheidung dieser Frage ist von Bedeutung, daß die früheren Gemeindegesetze von Hessen[570], Niedersachsen[571] und Nordrhein-Westfalen[572] ein ausdrückliches Einspruchsrecht der Gemeindevertreter gegen jede Wahl im Gemeinderat kannten. Gegen die ablehnende Einspruchsentscheidung des Gemeinderats stand dem Einsprechenden die Klage im Verwaltungsstreitverfahren offen[573]. Die neueren Gemeindeordnungen und Gemeindewahlgesetze in den drei Ländern haben diese Vorschriften nicht übernommen, obwohl ausdrückliche Anträge in dieser Richtung vorlagen[574]. Die hess. Landesregierung hielt eine derartige Vorschrift wegen der allgemeinen Rechtsbehelfe des VGG für überflüssig[575]. Offenbar ist man in Hessen von dieser Ansicht wieder abgerückt, denn § 55 Abs. 5 hess. GO i. d. F. vom 3. 6. 1960 enthält nun wieder eine ausdrückliche Regelung des Anfechtungsrechts. Für Nordrhein-Westfalen ist nicht ersichtlich, weshalb die entsprechenden Anträge abgelehnt wurden.

Bei der Wahl zum Gemeinderat ist in den meisten Ländern[576] Gegenstand der Wahlprüfung die objektive Rechtmäßigkeit der Wahl, nicht die Verletzung subjektiv-öffentlicher Rechte des Klägers[577]. Andererseits dient aber das Wahlprüfungsverfahren, soweit es von einem Wahlberechtigten eingeleitet wird, überwiegend dem Zweck, das Wahlrecht, eines der vornehmsten staatsbürgerlichen Rechte, zu schützen. Dieses Wahlrecht kann durch den Verstoß gegen Verfahrensvorschriften, die dem Schutz des Wählers dienen oder die ihm die Auswahl unter möglichst vielen Kandidaten sichern, verletzt werden. Auf der Ahndung derartiger Unregelmäßigkeiten liegt der Schwerpunkt der Regelung des Wahlprüfungsrechts[578]. Ferner kann das Wahlrecht durch eine falsche Feststellung des Wahlergebnisses verletzt werden, da hier die einzelne Stimme nicht entsprechend den gesetzlichen Vorschriften berücksichtigt wird. Andererseits kann der einzelne Wähler aber auch

---

[569] So z. B. die Rechtsansicht der Parteien in den Entscheidungen des VG Kassel DV 1949 S. 244 und des Hess. VGH DV 1949 S. 248.

[570] § 11a hess. GWG i. d. F. der Novelle vom 9. 7. 1949 — GVBl. S. 93.

[571] § 49c rev. DGO in der für Niedersachsen geltenden Fassung.

[572] § 5 Abs. 4 n-w Ergänzungsgesetz zur rev. DGO vom 21. 11. 1949 — GVBl. S. 295.

[573] Vgl. § 11a hess. GWG von 1949, siehe oben S. 146 Anm. 4.

[574] Vgl. Drucksachen des hess. Landtags 1952 Abt. III Nr. 21 S. 812 und Drucksachen des n-w Landtags 1952 Bd. I Nr. 153 § 40 und Bd. III Nr. 661 § 40.

[575] Drucksache des hess. Landtags 1951 Abt. I Nr. 275 S. 465 Ziffer 6.

[576] § 36 n-w KWG.

[577] Vgl. Rietdorf Anm. 1 zu § 36 n-w KWG.

[578] Vgl. Rietdorf Anm. 6 zu § 37 n-w KWG.

rügen, daß eine nicht wählbare Person gewählt wurde. Insofern ist er nicht in seinen Rechten verletzt, denn er konnte seine Stimme frei abgeben, und sie wurde auch dem Gesetz entsprechend berücksichtigt. Die Tatsache, daß eine Person gewählt wurde, die nach dem Willen des Gesetzgebers nicht Gemeinderatsmitglied sein kann, verletzt nur objektives Recht.

Es ist aber nicht zu verkennen, daß das Anfechtungsrecht des einzelnen Wählers primär dem Schutz seiner eigenen staatsbürgerlichen Rechte dient. Die Tatsache, daß er in gewissem Umfang auch die Verletzung objektiven Rechts rügen kann, liegt wohl mehr daran, daß man das Anfechtungsrecht der Aufsichtsbehörde, die an sich berufen ist, die Verletzung objektiven Rechts zu rügen, und das Anfechtungsrecht des Wählers, dem es an sich nur zusteht, die Verletzung seines subjektiven Rechts zu rügen, nicht nach Art und Umfang verschieden regeln wollte. Es ist auch oft schwer, die Vorschriften, die subjektiv-öffentliche Rechte des Wählers schützen, und solche, die nur objektive Interessen der Allgemeinheit betreffen, zu trennen. Das bayer. GWG versucht allerdings eine Unterscheidung in dieser Richtung, indem der Wahlberechtigte im wesentlichen nur Verfahrensverstöße und nicht die mangelnde Wählbarkeit des Gewählten rügen kann[579].

Folgt man dieser Betrachtungsweise, so zeigt sich, daß es nicht der eigentliche Zweck der Wahlprüfungsvorschriften ist, dem einzelnen Wähler das Recht zu geben, die Verletzung objektiven Rechts bei der Wahl zu rügen. Sein Rügerecht dient in erster Linie dem Schutz seiner subjektiv-öffentlichen Rechte als Staatsbürger. Seine Befugnis, auch die Verletzung bloß objektiven Rechts zu rügen, ergibt sich aus dem Umstand, daß es gesetzestechnisch schwierig gewesen wäre, das Rügerecht des Wählers von dem der Aufsichtsbehörde abzugrenzen. Man hätte entweder alle Vorschriften, die subjektive Rechte gewähren oder schützen, aufzählen und dazu bestimmen müssen, daß der Wähler nur die Verletzung dieser Vorschriften rügen könne, oder man hätte bestimmen müssen, daß der Wähler die Verletzung wahlrechtlicher Vorschriften nur insoweit rügen könne, als er dadurch in seinen Rechten verletzt sei. In diesem Fall wäre die oft recht schwierige Prüfung, welche subjektiven Rechte des Wählers bestehen und ob sie durch bestimmte Verstöße verletzt werden, den Gerichten überbürdet worden. Stattdessen hat man überwiegend den einfacheren Weg gewählt und dem Wähler das Recht gewährt, die Verletzung aller wahlrechtlichen Vorschriften zu rügen. Da der Schwerpunkt des Wahlprüfungsverfahrens ohnehin bei der Prüfung von Verfahrensverstößen liegt, durch die in der Regel Rechte der Wähler verletzt werden, ist diese Regelung auch tragbar.

Bei dieser Sachlage erscheint es aber ausgeschlossen, das in den Gemeindewahlgesetzen normierte Recht der Wähler zur Anfechtung bloß

[579] Art. 36 bayer. GWG.

objektiv rechtswidriger Wahlen analog auch den Gemeindevertretern für Wahlen im Gemeinderat zu gewähren, denn es handelt sich dabei um eine bloß gesetzestechnische Regelung, die nicht analog angewandt werden kann.

Diese Ansicht wird auch durch die Novelle zu § 40 Abs. 1 rh-pf GO gestützt, durch die das bisher bestehende generelle Anfechtungsrecht der Gemeindevertreter auf die Rüge beschränkt wurde, daß verfahrensmäßige Vorschriften verletzt worden seien[580]. Henrichs[581] behauptet zwar, daß dieses Gesetz lediglich dem Zweck diente, den Verwaltungsgerichten die Möglichkeit zu nehmen, die Befähigung kommunaler Wahlbeamter nachzuprüfen. Grund für die Novelle sei die Unzufriedenheit mit der Behandlung dieser Frage durch das OVG Koblenz[582] gewesen. Die Behauptung mag zutreffen. Sie schließt aber nicht aus, daß bei der Novelle auch der Gedanke mitspielte, daß es nicht Sache der Gemeindevertreter sei, die Verletzung objektiven Rechts durch die Wahl eines ungeeigneten Wahlbeamten zu rügen.

Die hier vertretene Ansicht wird weiter gestützt durch die Tatsache, daß — wie oben geschildert[583] — zwei große Bundesländer, Nordrhein-Westfalen und Niedersachsen, das früher gegebene allgemeine Wahlanfechtungsrecht der Gemeindevertreter nicht in ihre neuere Gesetzgebung übernommen haben. Aus dieser Regelung läßt sich auf den Willen der betreffenden Gesetzgeber schließen, daß sich das Wahlanfechtungsrecht der Gemeinderatsmitglieder nur nach den allgemeinen Gesetzen über das Verwaltungsstreitverfahren regeln solle. Diese Gesetze lassen aber nur die Rüge zu, daß die subjektiv-öffentlichen Rechte des oder der Kläger als Gemeinderatsmitglieder verletzt seien.

Als Ergebnis ist festzuhalten, daß Wahlen im Gemeinderat kraft positiver Regelung in Bremerhaven, Hessen und im Saarland allgemein angefochten werden können. In Rheinland-Pfalz können Wahlen von den Gemeindevertretern nur aus Verfahrensgründen angefochten werden. In den übrigen Ländern können die Gemeinderatsmitglieder die Wahl nur mit der Behauptung angreifen, daß sie durch die Wahl oder die Art ihres Zustandekommens in ihren subjektiven Rechten verletzt seien.

B. Bei Volkswahl

Die Gemeindewahlgesetze in Baden-Württemberg und Bayern regeln die Überprüfung der Volkswahlen besonders. Dabei ist die Überprüfung der Wahl von Amts wegen durch die Aufsichtsbehörde und die Überprüfung der Wahl auf Grund von Rechtsmitteln an der Wahl Beteiligter zu unterscheiden.

---

[580] Rh-pf Gesetz vom 10. 12. 1957 GVBl. S. 210.

[581] Henrichs DVBl. 1959 S. 559 Anm. 73.

[582] Urt. v. 18. 7. 1957 AS Bd. 6 S. 172 = ZBR 1957 S. 366; vgl. auch die Kritik von Groß DVBl. 1958 S. 358f.

[583] Oben Text zu Anm. 570ff.

In beiden Ländern hat der Wahlleiter nach Abschluß der Wahl die Wahlunterlagen der Aufsichtsbehörde vorzulegen.[584] Die Aufsichtsbehörde überprüft nun von Amts wegen die Wahl an Hand der eingereichten Unterlagen[585], und zwar steht ihr dazu in Baden-Württemberg eine Frist von einem Monat und in Bayern eine Frist von vier Monaten zur Verfügung. Vorbehaltlich einer Wahlanfechtung ist die Wahl nach Ablauf dieser Frist als gültig anzusehen[586]. In beiden Ländern[587] kann aber die Wahl eines Bürgermeisters bei Verstößen gegen die Vorschriften über die Wählbarkeit auch noch nach Ablauf dieser Fristen für nichtig erklärt werden. In Bayern ist dies auch dann möglich, wenn bei der Wahl des Bürgermeisters die Mehrheit der abgegebenen Stimmen für ungültig erklärt wurde[588].

Neben dieser Überprüfung von Amts wegen gewähren die beiden Gemeindewahlgesetze noch ein besonderes Anfechtungsrecht. Danach kann in Baden-Württemberg jeder Wahlberechtigte und jeder Bewerber binnen einer Woche nach der öffentlichen Bekanntmachung des Wahlergebnisses gegen die Wahl Einspruch erheben. Über den Einspruch entscheidet der Gemeinderat. Gegen dessen Entscheidung steht dem Wahlberechtigten, der Einspruch eingelegt hat, und dem durch die Entscheidung etwa betroffenen Bewerber die Beschwerde an die Rechtsaufsichtsbehörde zu, die binnen zwei Wochen nach Zustellung der Entscheidung des Gemeinderates zu erheben ist. Der Beschwerdeantrag darf, wenn die Beschwerde wegen Zurückweisung des Einspruches eingelegt wird, nicht über den Einspruchsantrag hinausgehen. Wird Einspruch eingelegt, so läuft die Frist, innerhalb deren die Aufsichtsbehörde die Wahl von sich aus beanstanden kann, erst von dem Tage ab, an dem die Beschwerdefrist abläuft. Wird gegen die Einspruchsentscheidung noch Beschwerde eingelegt, so beginnt die Frist erst an dem Tage, an dem die letzte Beschwerdeentscheidung ergeht. Gegen die Beschwerdeentscheidung kann binnen zwei Wochen nach der Zustellung die Anfechtungsklage erhoben werden[589].

In Bayern kann jeder Wahlberechtigte und jeder auf einem zugelassenen Wahlvorschlag aufgestellte Bewerber binnen vierzehn Tagen nach Verkündung des Wahlergebnisses die Wahl durch schriftliche Erklärung unmittelbar bei der Aufsichtsbehörde anfechten. Die Anfechtung kann nur darauf gestützt werden, daß Vorschriften über das Wahlverfahren verletzt seien, daß sachliche Bescheide des Wahlleiters oder des Wahlausschusses vorschriftswidrig seien oder daß einzelne Stimmen ungültig seien. Bei der Prüfung der Anfechtung ist die Aufsichtsbehörde an die Viermonatsfrist des Art. 37 bayer. GWG nicht

[584] § 43 b-w KWO; § 86 Abs. 2 bayer. GWO.
[585] § 25 b-w KWG; Art. 37 bayer. GWG.
[586] § 25 Abs. 1 b-w KWG.
[587] § 25 Abs. 1 a. E. b-w KWG; Art. 37 Abs. 3 bayer. GWG.
[588] Art. 37 Abs. 4 bayer. GWG.
[589] § 26 b-w KWG.

gebunden[590]. Gegen die Beschwerdeentscheidung ist die Klage im Verwaltungsstreitverfahren gegeben.

Zu beachten ist hierbei, daß weder die an der Wahl beteiligten Parteien und Wählergruppen noch die Gemeinde als solche ein Anfechtungsrecht haben[591]. Die Vorschriften über das der Anfechtungsklage vorausgehende Verfahren sind auch nicht durch § 76 VwGO aufgehoben worden. Das Gleiche gilt für das teilweise bei der Anfechtung von Wahlen im Gemeinderat einzuhaltende Verfahren. Wahlen sind keine Verwaltungsakte[592], so daß die „Anfechtungsklagen" im Anschluß an das Wahlprüfungsverfahren keine Anfechtungsklagen im Sinne der §§ 68ff. VwGO sind[593].

In dem von Amts wegen oder auf Rechtsmittel eines Beteiligten eingeleiteten Überprüfungsverfahren hat die Aufsichtsbehörde die Wahl für ungültig zu erklären, wenn bei der Wahl des Bürgermeisters wesentliche Wahlbestimmungen verletzt worden sind und dadurch das Abstimmungsergebnis beeinflußt werden konnte und wenn der Bürgermeister nicht wählbar war. In Bayern ist die Wahl des Bürgermeisters außerdem für ungültig zu erklären, wenn bei seiner Wahl die Mehrheit der abgegebenen Stimmen für ungültig erklärt wurde. In Baden-Württemberg ist die Wahl ferner für nichtig zu erklären, wenn der Bürgermeister oder Dritte bei der Wahl strafbare Handlungen im Sinne der §§ 107, 107a, 107b, 107c, 108, 108a, 108b, 109a S. 2, 240 StGB oder eine andere gegen ein Gesetz verstoßende Wahlbeeinflussung begangen haben und dadurch das Ergebnis der Wahl beeinflußt werden konnte. Hat der Bürgermeister die oben bezeichneten Verstöße gegen das StGB selbst begangen, so ist seine Wahl für ungültig zu erklären, auch wenn das Wahlergebnis durch die Tat nicht beeinflußt werden konnte.

Kommt die Aufsichtsbehörde bei der Überprüfung der Wahlunterlagen zu dem Ergebnis, daß das Wahlergebnis unrichtig festgestellt wurde, so kann sie es in Bayern selbst berichtigen, während sie in Baden-Württemberg nur die Neufeststellung anordnen kann.

§ 9

Die Erlangung der Beamteneigenschaft durch den gewählten Bewerber

A. Notwendigkeit der Ernennungsurkunde

Die gewählten Bewerber werden in der Regel durch die Wahl und ihre Annahme noch nicht zu Wahlbeamten. Die Wahlbeamten unterliegen als Beamte vielmehr grundsätzlich dem beamtenrechtlichen

---

590 Art. 36 bayer. GWG.

591 Bayer. VGH v. 18. 9. 1952 VGHE n. F. Bd. 5 S. 203; Fritz S. 66.

592 Vgl. hierzu die oben Anm. 518 Zitierten und noch W-B VGH v. 13. 5. 1955 ESVGH Bd. 4 S. 169.

593 So insbesondere Stiefel DÖV 1960 S. 19ff.

Grundsatz, daß Beamter nur ist, wer eine Ernennungsurkunde erhalten hat. Von dieser Regel gibt es bei den Bürgermeistern in Baden-Württemberg und Bayern nach den dort bestehenden Landesgesetzen bestimmte Ausnahmen, die unten[594] erörtert werden sollen.

Einige Gemeindeordnungen erwähnen die Tatsache, daß die Wahlbeamten ernannt werden müssen, noch ausdrücklich, so z. B. § 50 Abs. 1 b-w GO: „Die Beigeordneten sind als hauptamtliche Beamte zu bestellen", §§ 66 Abs. 5 nds. GO: „Die Gemeindedirektoren werden in das Beamtenverhältnis berufen"; §§ 52 Abs. 3, 55 Abs. 2, 58 Abs. 3, 65 Abs. 3 schl-h GO: „Die (Der) ehrenamtlichen Stadträte (ehrenamtliche Bürgermeister, stellvertretenden Bürgermeister) werden für die Dauer ihrer Wahlzeit zu Ehrenbeamten ernannt". Aber auch ohne derartige Vorschriften ergibt sich die Notwendigkeit der Ernennung aus den Landesbeamtengesetzen[595]. Die Notwendigkeit der Ernennung war bei den hessischen Wahlbeamten zweifelhaft. § 60 Abs. 1 hess. LBG lautete: „Die Überführung in das Beamtenverhältnis erfolgt durch Wahl der Vertretungskörperschaften, soweit eine solche Wahl gesetzlich vorgeschrieben ist". § 46 Abs. 2 hess. GO bestimmte: „Bei der Einführung soll dem Beamten eine Urkunde über die Berufung in das Amt überreicht werden". Unter Hinweis auf diese beiden Bestimmungen vertrat die 1. Ausführungsanweisung zur hess. GO vom 19. 5. 1952[596] die Rechtsansicht, daß Aushändigung der Urkunde bei den hessischen Wahlbeamten nur deklaratorische Bedeutung habe und für die Begründung des Beamtenverhältnisses nicht wesentlich sei. In der Tat sprach der Wortlaut der beiden Bestimmungen auf den ersten Blick für eine derartige Auslegung. Dagegen vertrat der hess. VGH in einer Entscheidung vom 28. 3. 1952[597] die Ansicht, daß auch in Hessen die Wahlbeamten einer Ernennungsurkunde bedürften. Die Streitfrage hat sich durch die Neufassung der hess. GO vom 3. 7. 1960 erledigt. Es heißt nun in § 46 Abs. 2 hess. GO, daß die Amtszeit der Bürgermeister und Beigeordneten mit der Aushändigung einer Urkunde über die Berufung in ihr Amt beginnt. Damit ist klargestellt, daß auch in Hessen die gemeindlichen Wahlbeamten einer Ernennungsurkunde bedürfen[598].

Fraglich ist heute noch, ob die berufsmäßigen Gemeinderatsmitglieder in Bayern nach den dort bestehenden Gesetzen einer Ernennungsurkunde bedürfen. Wegen des engen Zusammenhangs dieser Frage mit den Fragen, die sich aus der Rechtsstellung der bayerischen Bürgermeister ergeben, soll diese Frage erst unten erörtert werden[598a].

---

[594] § 9 D.

[595] Vgl. § 12 brem. LBG; § 7 nds. LBG; § 8 n-w LBG; § 8 rh-pf LBG; § 10 saarl. LBG; § 7 schl-h LBG.

[596] Hess. Staatsanzeiger 1952 S. 413.

[597] Insoweit abgedruckt bei Muntzke-Schlempp S. 543; Muntzke-Schlempp selbst beipflichtend S. 543ff., 579.

[598] Vgl. nunmehr auch § 9 hess. LBG n. F. [598a] vgl. unten § 9 D.

Die Frage, ob wiedergewählte Wahlbeamte eine neue Ernennungsurkunde brauchen, wird in der Literatur unterschiedlich behandelt. Teils wird die Notwendigkeit einer neuen Urkunde bejaht[599], teils wird sie verneint und behauptet, die alte Urkunde sei lediglich durch einen Vermerk über die neue Amtszeit zu ergänzen[600]. Ein sachlicher Unterschied zwischen den beiden Auffassungen besteht m. E. nicht. Wenn in der alten Urkunde die neue Amtszeit vermerkt und dann die Urkunde erneut ausgehändigt wird, so ist das so gut, als wenn eine neue Urkunde ausgehändigt worden wäre.

B. Die Form der Ernennungsurkunde

Die Ernennungsurkunden müssen nach den beamtenrechtlichen Vorschriften die Worte „unter Berufung in das Beamtenverhältnis" enthalten[601]. Da die gemeindlichen Wahlbeamten Beamte auf Zeit sind, muß die Urkunde weiter einen entsprechenden Vermerk enthalten. Das geschieht bei den hauptamtlichen Wahlbeamten durch die Worte „unter Berufung in das Beamtenverhältnis auf Zeit". Weiter muß die Amtszeit angegeben werden. Das kann entweder durch die Angabe des Anfangs- und des Enddatums geschehen oder durch die Angabe des Anfangsdatums und der Dauer der Amtszeit. Bei den Ehrenbeamten muß die Ernennungsurkunde die Worte „unter Berufung in das Beamtenverhältnis als Ehrenbeamter" enthalten. Weiter muß der Zeitraum der Berufung angegeben werden. Die Ehrenbeamten werden regelmäßig für die Dauer der Wahlzeit des Gemeinderats gewählt, die zwar an sich festliegt, aber aus verschiedenen Gründen früher enden kann. Die Zeit, für die die Ernennung gelten soll, wird daher am besten durch die Wendung „für die Wahlzeit der am .... gewählten Gemeindevertretung" festgelegt.

Weiter muß in der Urkunde das Amt bezeichnet sein, in das der Gewählte berufen wird.

Zum Teil wird auch empfohlen, die Tatsache und das Datum der Wahl zum Wahlbeamten in die Urkunde aufzunehmen[602]. Dieser Zusatz ist jedoch für die Wirksamkeit der Ernennung ohne Bedeutung[603].

In diesem Zusammenhang ist ein Fehler von Bedeutung, der bei der Ernennung von kommunalen Wahlbeamten anscheinend häufiger auftaucht, indem nämlich in der Ernennungsurkunde der Zusatz „als Ehrenbeamter" oder „auf Zeit für die Dauer vom .... bis ....." fehlt[604].

[599] So Kunze-Schmid, Anm. I 1 zu § 50; 3. Ausführungsanweisung zur schl-h GO v. 10. 5. 1950 — Amtsblatt Schl-H S. 158.

[600] Görg ZBR 1958 S. 65ff., 68.

[601] Vgl. die oben Anm. 595 zitierten Vorschriften.

[602] Vgl. Anlage 2 zur 1. Ausführungsanweisung zur hess. GO vom 19. 5. 1952, Staatsanzeiger S. 413; auch abgedruckt bei Muntzke-Schlempp S. 578f.

[603] Baring Berufung S. 146.

[604] Vgl. BGHZ Bd. 7 S. 259; OVG Münster OVGE Bd. 6 S. 34; Geib Anm. 4d zu § 8; Baring BBZ 1953 S. 165.

Für den Fall, daß der Zusatz „als Ehrenbeamter" fehlt, bestimmen die Landesbeamtengesetze durchweg, daß ein Beamtenverhältnis nicht entsteht[605]. Eine Ausnahme von dieser Regel bilden das nds. LBG[606] und das hess. LBG[606a], nach denen in diesen Fällen der Bewerber Beamter auf Widerruf bzw. auf Probe wird. Die Beamtengesetze für Niedersachsen, das Saarland und Schleswig-Holstein bestimmen aber weiter, daß der Mangel in der Urkunde in bestimmten Fällen unschädlich ist. Läßt sich im Saarland und in Schleswig-Holstein aus den Akten nachweisen, daß die Behörde ein Beamtenverhältnis bestimmter Art, hier ein Ehrenbeamtenverhältnis, begründen wollte und beruht das Fehlen des entsprechenden Zusatzes auf einem Verschulden der Ernennungsbehörde, so gilt die Ernennung als von Anfang an in der beabsichtigten Form wirksam[607]. Das Gleiche gilt in Niedersachsen[608] unter noch einfacheren Voraussetzungen. Es ist hier nur notwendig, daß sich irgendwie, nicht unbedingt aus den Akten, nachweisen läßt, welche Art von Beamtenverhältnis beabsichtigt war. Ferner braucht kein Verschulden im Bereich der Ernennungsbehörde vorzuliegen.

Fehlt bei einem hauptamtlichen Wahlbeamten der Zusatz „auf Zeit" und/oder die Angabe der Zeitdauer der Berufung, so sieht nur das brem. BG[609] vor, daß kein Beamtenverhältnis entsteht. Die anderen Landesbeamtengesetze folgen dem Beispiel des DBG[610], wonach ein Beamtenverhältnis auf Widerruf begründet wird[611]. Früher war streitig, ob diese Regelung des DBG auch galt, wenn die Zeitdauer der Berufung sich eindeutig aus dem Gesetz ergab. Der BGH[612] hat für den Fall eines Amtsbürgermeisters, der früher in ganz Deutschland in allen Fällen für 12 Jahre zu ernennen war, entschieden, daß es bei dieser in jeder Richtung klaren Sach- und Rechtslage eine dem Sinn und Zweck des § 29 Abs. 2 DBG widersprechende Überspannung der Formstrenge sein würde, wenn man trotz der nach dem Gesetz völlig eindeutigen Festlegung der Amtszeit noch deren ausdrückliche Angabe in der Ernennungsurkunde fordern würde. Diese Ansicht wird auch im Schrifttum verschiedentlich vertreten[613]. Das OVG Münster[614] hat allerdings unter Berufung auf den Wortlaut des § 29 DBG in einem ähnlichen

[605] § 12 Abs. 2 b-w LBG; § 7 brem. LBG; § 8 Abs. 3 n-w LBG; § 8 Abs. 3 rh-pf LBG; § 11 Abs. 2 saarl. LBG; § 8 Abs. 1 schl-h LBG.

[606] § 3 Abs. 3 a. E.

[606a] § 9 Abs. 3.

[607] § 11 Abs. 3 saarl. LBG; § 8 Abs. 2 schl-h LBG.

[608] § 7 nds. LBG.

[609] § 7.

[610] §§ 29 Abs. 2, 30.

[611] § 12 Abs. 2 b-w LBG; § 9 hess. LBG; § 7 Abs. 3 nds. LBG; § 8 Abs. 3 n-w LBG; § 8 Abs. 2 rh-pf LBG; § 11 Abs. 2 saarl. LBG; § 8 Abs. 1 schl-h LBG.

[612] BGHZ Bd. 7 S. 259.

[613] Fischbach Anm. 4 zu § 6 BBG; Baring BBZ 1953 S. 165.

[614] OVGE Bd. 6 S. 112, 115.

Fall im entgegengesetzten Sinne entschieden[615]. M. E. mußte man der Entscheidung des BGH für die Fälle folgen, in denen in den Ländern die Amtszeit der gemeindlichen Wahlbeamten durch Gesetz eindeutig geregelt ist. Für die Lösung des BGH spricht neben dessen Begründung der Umstand, daß fast alle neueren Beamtengesetze sich seinen Standpunkt zu eigen gemacht haben. In Baden-Württemberg ist der Mangel der Angabe, für welche Zeit der Beamte bestellt wird, geheilt, wenn die Zeitdauer der Berufung durch Rechtsvorschrift bestimmt ist[616]. Das ist nach § 50 Abs. 1 b-w GO der Fall. In Hessen gilt derselbe Mangel als geheilt, wenn die Zeitdauer der Berufung durch Rechtsvorschrift oder Verordnung bestimmt ist[617]. Das ist bei der ersten Wahl stets der Fall, im Fall der Wiederwahl nur, wenn eine Regelung durch Satzung und nicht durch Beschluß erfolgt ist[618]. In Nordrhein-Westfalen und im Saarland gilt der Mangel ebenfalls als geheilt[619], da in beiden Ländern die Amtszeit der Wahlbeamten durch Gesetz[620] geregelt ist. Entsprechendes gilt in Schleswig-Holstein[621], da die Amtszeit in der Hauptsatzung geregelt sein muß[622]. In Rheinland-Pfalz genügt zur Heilung des Mangels, daß die Amtszeit durch Beschluß der Vertretungskörperschaft festgelegt ist[623], was bei ordnungsgemäßer Durchführung der Wahl der Fall sein muß[624]. In Niedersachsen ist der Mangel endlich nach § 7 Abs. 3 nds. LBG unschädlich, wenn sich irgendwie nachweisen läßt, welche Art des Beamtenverhältnisses, wozu auch die Zeitdauer zu rechnen ist, begründet werden sollte. Dieser Nachweis wird sich allerdings nicht aus dem Gesetz erbringen lassen, denn die Amtszeit der hauptamtlichen Wahlbeamten in Niedersachsen ist variabel[625]. Läßt sich der Nachweis nicht auf andere Weise erbringen, so gilt der Beamte als Beamter auf Widerruf.

Einen neuartigen Zusatz in der Ernennungsurkunde schreibt § 179 Abs. 2 rh-pf LBG vor. Danach wird hinter der Angabe der Amtszeit der Satz eingefügt: „Die Amtszeit verlängert sich um die Zeit, für die das Amt nach den Vorschriften des Selbstverwaltungsgesetzes[625a] bis zur Einführung des Nachfolgers weitergeführt wird; jedoch höchstens um drei Monate". Es ist eigenartig, daß andere Länder diese Vorschrift nicht kennen, obwohl sie ebenfalls ihren Wahlbeamten die Pflicht auferlegen, ihr Amt bis zur Einführung des Nachfolgers weiterzuführen[625b].

[615] Ebenso Brand Anm. 1 zu § 29 DBG.
[616] § 12 Abs. 2 b-w LBG. [617] § 9 Abs. 3 hess. LBG.
[618] § 40 Abs. 2 hess. GO.
[619] § 8 Abs. 3 n-w LBG; § 11 Abs. 2 saarl. LBG.
[620] § 49 Abs. 2 n-w GO; § 48 a Abs. 1 saarl. GO.
[621] § 8 Abs. 1 schl-h LBG. [622] Vgl. oben Anm. 149.
[623] § 8 Abs. 3 rh-pf LBG. [624] Vgl. oben Text nach Anm. 139.
[625] §§ 66 Abs. 4, 81 Abs. 4 nds. GO.
[625a] In Rheinland-Pfalz ist die Gemeinde-, Amts- und Kreisordnung zum sog. Selbstverwaltungsgesetz zusammengefaßt.
[625b] § 41 hess. GO.

Die Ernennungsurkunden müssen weiter unterschrieben werden. Wer für die Unterzeichnung zuständig ist, ergibt sich aus den verschiedenen Gemeindeordnungen unter Beachtung des Umstandes, daß die Ausstellung der Ernennungsurkunde eines Wahlbeamten kein Geschäft der laufenden Verwaltung ist und zu den Verpflichtungserklärungen gehört. Danach ist in Baden-Württemberg[626], Bayern[626], Bremerhaven[627], Rheinland-Pfalz[628] und im Saarland[629] der Bürgermeister allein für die Unterschrift zuständig. Handelt es sich um die Ernennungsurkunde für den Bürgermeister selbst, so muß der Stellvertreter des Bürgermeisters unterschreiben, soweit nicht noch der Vorgänger im Amte ist. Die Gemeindeordnungen von Hessen[630] und Schleswig-Holstein[631] sehen die Unterschrift des Bürgermeisters oder dessen Stellvertreters sowie eines weiteren Wahlbeamten vor. In Niedersachsen muß der Ratsvorsitzende oder dessen Stellvertreter sowie ein weiterer Ratsherr unterschreiben[632]. In Nordrhein-Westfalen unterschreiben der Bürgermeister, der hier nicht Hauptgemeindebeamter ist, oder sein Stellvertreter sowie ein Ratsmitglied[633].

Die Gemeindeordnungen von Hessen[634], Niedersachsen[635], Rheinland-Pfalz[636] und Schleswig-Holstein[637] schreiben weiter zwingend vor, daß die Urkunde mit dem Dienstsiegel versehen sein muß.

C. *Vor der Ernennung zu beachtende Fristen*

Die Vorschriften dreier Länder sehen vor, daß den gewählten hauptamtlichen Wahlbeamten die Ernennungsurkunde erst nach Ablauf einer bestimmten Frist seit der Wahl ausgehändigt werden darf. Diese Vorschriften dienen dem Zweck, der Aufsichtsbehörde und den übrigen Instanzen, denen eine rechtliche Überprüfung der Wahl zusteht oder die eine Überprüfung durch Anfechtung herbeiführen können, Gelegenheit zur Nachprüfung der Wahl zu geben. Diese Fristen sind deshalb von Bedeutung, weil eine Ernennung ohne rechtmäßige Wahl oft wirksam ist[638]. Eigenartigerweise kennen die meisten Länder derartige Vorschriften nicht, so daß dort die Gemeinden durch rasche Ernennung die Überprüfung der Wahl durch die Aufsichtsbehörde weitgehend gegenstandslos machen können[639].

---

[626] § 54 b-w GO; Art. 38, 39 bayer. GO.
[627] § 48 Ziffer 8 Verf. d. Stadt Bremerhaven.
[628] § 26 DVO zur rh-pf GO. [629] § 58 saarl. GO.
[630] §§ 71 Abs. 2, 79 Abs. 3 hess. GO.
[631] §§ 50 Abs. 2, 57 Abs. 2, 61 Abs. 2 schl-h GO.
[632] § 77 Abs. 4 nds. GO. [633] § 54 Abs. 2 n-w GO.
[634] §§ 71 Abs. 2, 79 Abs. 4 hess. GO.
[635] § 68 nds. GO. [636] § 50 rh-pf GO.
[637] §§ 50 Abs. 2, 57 Abs. 2, 61 Abs. 2 GO.
[638] Vgl. dazu unten § 11 und Salzmann-Schunck Anm. 4 zu § 40 rh-pf GO.
[639] Vgl. dazu Henrichs DVBl. 1959 S. 555 Anm. 54 und das dort zitierte Schreiben des n-w Innenministers v. 4. 3. 1959 AZ. III A 5301/59.

Bisher sahen nur § 24 DVO zur rh-pf GO und § 29 Abs. 6 DVO zur schl-h GO vor, daß eine Anfechtung der Wahl oder ein Widerspruch gegen sie abgewartet werden muß. Die rh-pf Vorschrift stellt mehr auf die Anfechtung der Wahl durch ein Ratsmitglied ab und sieht vor, daß die Ernennungsurkunde dem hauptamtlichen Wahlbeamten erst ausgehändigt werden darf, wenn die Frist zur Erhebung einer Beschwerde gegen die Wahl nach § 40 Abs. 1 rh-pf GO abgelaufen ist oder eine erfolgte Anfechtung rechtskräftig zurückgewiesen wurde. Die Vorschrift der schl-h GO sieht vor, daß dem hauptamtlichen Wahlbeamten die Urkunde erst ausgehändigt werden darf, wenn die Aufsichtsbehörde von ihrem Recht nach §§ 51 Abs. 4 und 64 Abs. 4, binnen drei Wochen der Wahl zu widersprechen, keinen Gebrauch gemacht hat. Diese Bestimmung schützt also mehr das Widerspruchsrecht der Aufsichtsbehörde. Den gleichen Zweck verfolgt die neueingeführte Vorschrift des § 10 Abs. 2 n-w LBG, wonach die Urkunde erst ausgehändigt werden darf, wenn die Wahl innerhalb eines Monats nach Durchführung nicht beanstandet wurde.

Im Ergebnis ähnlich wie diese drei Vorschriften wirkt die Bestimmung der saarl. GO[640], daß die Wahl der hauptamtlichen Bürgermeister und Beigeordneten erst mit der schriftlichen Bestätigung durch die Aufsichtsbehörde wirksam wird. Da nur einem wirksam gewählten Wahlbeamten eine Ernennungsurkunde ausgehändigt werden darf, muß daher mit der Ernennung bis zum Eingang der schriftlichen Bestätigung gewartet werden.

D. Ausnahmen von der Notwendigkeit einer Ernennungsurkunde

Von dem oben dargelegten allgemeinen beamtenrechtlichen Grundsatz, daß Beamter nur ist, wer eine Ernennungsurkunde erhalten hat, bestehen nach den Gesetzen von Bayern und Baden-Württemberg einige Ausnahmen, die auch die gemeindlichen Wahlbeamten betreffen.

I. Der Bürgermeister in Baden-Württemberg

Gemäß § 191 Ziffer 1 b-w LBG wird das Beamtenverhältnis des Bürgermeisters durch die rechtsgültige Wahl begründet. Aus dieser Vorschrift ergibt sich negativ, daß es beim Bürgermeister in Baden-Württemberg einer Ernennungsurkunde nicht bedarf[641]. Zu beachten ist dabei, daß der Begriff der „rechtsgültigen Wahl" in § 191 Ziffer 1 b-w LBG nicht nur die materielle Rechtmäßigkeit der Wahl meint, sondern auch ein formelles Element enthält. Der Begriff der „rechtsgültigen Wahl" ist aus § 25 b-w KWG zu entnehmen. Danach ist die Wahl „als rechtsgültig anzusehen", wenn die Rechtsaufsichtsbehörde in dem oben[642] dargelegten Überprüfungsverfahren die Wahl nicht be-

---

[640] § 54 Abs. 3 S. 2.

[641] Einhellige Meinung: Kunze-Schmid Anm. III zu § 42; Göbel Anm. 6 zu § 42. [642] § 8 B.

anstandet hat und die Wahl nicht im Wahlanfechtungsverfahren für ungültig erklärt wurde[643]. Normalerweise, wenn gegen die Wahl kein Einspruch eingelegt wird, ist diese erst nach Ablauf der einmonatigen Beanstandungsfrist als rechtsgültig anzusehen. Der ungestörte Ablauf dieser Frist schafft aber keine formelle Rechtskraft der Wahl. Diese kann vielmehr gemäß § 25 Abs. 1 S. 4 b-w KWG bei Verstößen gegen die Wählbarkeit auch noch nach Ablauf der Wahlprüfungsfrist für ungültig erklärt werden.

Hat also der nach den oben[644] dargelegten Grundsätzen Gewählte die Wahl angenommen und ist die Wahlprüfungsfrist verstrichen und auch keine Wahlanfechtung erfolgt, so ist er damit ohne Aushändigung einer Ernennungsurkunde Beamter geworden. Das Beamtenverhältnis steht allerdings unter dem Vorbehalt, daß die Wahl nicht doch noch später wegen Verstoßes gegen die Vorschriften über die Wählbarkeit für ungültig erklärt wird.

II. Die Bürgermeister in Bayern

Die gesetzliche Regelung in Bayern ist nicht so eindeutig wie die in Baden-Württemberg. Darüber, wann das Beamtenverhältnis der bayerischen Bürgermeister entsteht, sagen die bayerischen Vorschriften ausdrücklich nichts aus. Das bayerische GWG bestimmt aber in Art. 30 Abs. 2, 31 Abs. 1 und 1, 32 und 38 Abs. 4 für die erste Wahl, die Neu- und Nachwahl immer, daß die Amtszeit der Bürgermeister am Tag nach der Annahme der Wahl beginnt, beim berufsmäßigen Bürgermeister allerdings nicht vor dem Ablauf der Amtszeit des Vorgängers.

Da nun die Amtszeit regelmäßig nicht vor der Begründung der persönlichen beamtenrechtlichen Stellung des Gewählten beginnen wird, ist anzunehmen, daß die Bürgermeister in Bayern ihre beamtenrechtliche Stellung durch die Wahl und ihre Annahme erwerben.

Dagegen läßt sich allerdings ein Umstand einwenden. Nach Art. 34 Abs. 2 bayer. GO schließen die berufsmäßigen Bürgermeister mit der Gemeinde einen Dienstvertrag, durch den das Dienstverhältnis geregelt wird. Nach Art. 23 Abs. 1 bayer. KWBG scheidet ein Beamter oder Angestellter im öffentlichen Dienst, der zum berufsmäßigen Bürgermeister gewählt worden ist, auch erst mit Abschluß dieses Dienstvertrages aus seiner bisherigen Stellung aus. Aus diesen Bestimmungen folgert Helmreich[645], daß die Wahl erst durch den Abschluß des Dienstvertrages perfekt werde und die berufsmäßigen Bürgermeister ihr Amt erst mit Abschluß des Dienstvertrages erlangten. Es fragt sich aber, ob der Abschluß des Dienstvertrages für das Beamtenverhältnis von derartiger Bedeutung ist, daß erst er das Beamtenverhältnis be-

[643] Vgl. Kunze-Schmid Anm. III zu § 42; Göbel Anm. 6 zu § 42.

[644] § 6 B.

[645] Anm. 6 zu Art. 35; anders heute Helmreich-Widtmann Anm. 7c zu Art. 34.

gründet, während nach den zitierten ausdrücklichen Vorschriften des GWG die Amtszeit schon vorher beginnt. Gemäß Art. 35 Abs. 2 bayer. GO richtet sich die Besoldung und Versorgung der berufsmäßigen Bürgermeister nach dem KWBG. Innerhalb der Rahmensätze dieses Gesetzes ist die Höhe des Grundgehaltes und der Aufwandsentschädigung durch Satzung festzulegen. Erst im Rahmen von Gesetz und Satzung ist das Dienstverhältnis durch Vertrag zu regeln. Für die wichtigste Frage, die der Besoldung, wird infolge der doppelten Festlegung durch Gesetz und Satzung nicht mehr viel Spielraum zur selbständigen Regelung im Dienstvertrag bleiben. Für die Regelung im Dienstvertrag kommen daher im wesentlichen nur Nebenfragen wie etwa die Gestattung einer Nebentätigkeit, Urlaub, Benutzung eines Dienstwagens, Bereitstellung einer Dienstwohnung und das Entgelt dafür sowie ähnliche Fragen in Betracht[646]. Ein Dienstvertrag, der so im wesentlichen nur für die Nebenfragen bedeutsam ist, ist m. E. nicht geeignet, das Zustandekommen des Dienstverhältnisses über den Zeitpunkt hinaus zu verzögern, an dem nach Art. 30ff. GWG die Amtszeit beginnt. Man muß daher der heute ganz überwiegenden Meinung folgen, daß — jedenfalls nach den bestehenden bayerischen Bestimmungen — auch die berufsmäßigen Bürgermeister in Bayern ihre beamtenrechtliche Stellung durch die Wahl und ihre Annahme erhalten[647]. Bei den ehrenamtlichen Bürgermeistern taucht die eben erörterte Zweifelsfrage nicht auf, da mit ihnen kein Dienstvertrag abgeschlossen wird.

Es verbleibt so allerdings das Problem, was zu geschehen hat, wenn ein Dienstvertrag zwischen dem berufsmäßigen Bürgermeister und der Gemeinde nicht zustande kommt. Man muß sich hier m. E. der Ansicht von Hölzl[648] und Helmreich-Widtmann[649] anschließen, daß es sich bei dem Dienstvertrag um einen öffentlich-rechtlichen Vertrag handelt, bei dem eine Partei die andere auf dessen Abschluß zu angemessenen Bedingungen vor dem Verwaltungsgericht verklagen kann. Lehnt allerdings der gewählte Bewerber den Abschluß des Vertrages zu angemessenen Bedingungen überhaupt ab, so dürfte dies als Amtsniederlegung zu werten sein[650]. Da so der Abschluß des Dienstvertrages einen möglichen Grund zur Niederlegung des Amtes gleich zu Anfang der Amtszeit gibt, erhält auch Art. 23 Abs. 1 bayer. KWBG, wonach der Bewerber aus einem anderen öffentlichen Anstellungsverhältnis erst mit Abschluß des Dienstvertrages ausscheidet, einen Sinn. Deshalb ist aus dieser Vorschrift noch nicht zu folgern, daß das Beamtenverhältnis erst mit dem Abschluß des Dienstvertrages entsteht.

---

[646] So Hölzl Anm. II 1b zu Art. 35.

[647] So Hölzl Anm. I 3 zu Art. 35; Helmreich-Widtmann Anm. 7c zu Art. 34; Masson Anm. 10 zu Art. 35.

[648] Anm. II 1c zu Art. 35.

[649] Anm. 7c zu Art. 34.

[650] Vgl. Masson Anm. 10 zu Art. 34.

Als Ergebnis ist festzuhalten, daß das Beamtenverhältnis der bayerischen Bürgermeister allein durch die Wahl und ihre Annahme entsteht, so daß es keiner Ernennungsurkunde bedarf[651].

III. Die berufsmäßigen Gemeinderatsmitglieder in Bayern

Zweifelhaft ist, ob das eben für die bayerischen Bürgermeister gefundene Ergebnis auch für die berufsmäßigen Gemeinderatsmitglieder der bayer. GO gilt.

Über diese Frage herrscht im bayerischen Schrifttum viel Streit. Die Notwendigkeit einer Ernennungsurkunde bejahen Gerner-Bußler[652], Helmreich[653], Zizler[654] und Baring[655]. Gegen die Notwendigkeit einer Ernennungsurkunde sprechen sich Helmreich-Widtmann[656], Hölzl[657], Menth[658], Masson[659] und Ruscher[660] aus. Unter diesen herrscht wiederum Streit, ob mangels einer Ernennungsurkunde das Beamtenverhältnis durch die Annahme der Wahl[661] oder durch den Abschluß des Dienstvertrages zustandekommt[662]. Diejenigen, welche die Notwendigkeit einer Ernennungsurkunde befürworten, berufen sich vor allem auf Art. 40 Abs. 3 bayer. GO, wonach die berufsmäßigen Gemeinderatsmitglieder den Vorschriften für Gemeindebeamte unterstehen, soweit sie nicht nach Art. 41 besonderen Bestimmungen hinsichtlich der Regelung ihres Dienstverhältnisses unterworfen sind. Da die Gemeindebeamten dem bayerischen Beamtengesetz von 1946 unterstanden, folgern sie, daß auch die berufsmäßigen Gemeinderatsmitglieder diesem Gesetz unterworfen sind. Sie seien daher Wahlbeamte im Sinne des Art. 8 Abs. 1 bayer. LBG von 1946 und bedürften nach Art. 12 dieses Gesetzes einer Ernennungsurkunde. Diese Argumentation aus den Vorschriften des bayer. LBG von 1946 hat nicht dadurch ihre Grundlage verloren, daß inzwischen das bayer. LBG von 1960 in Kraft getreten ist; denn Art. 214 des neuen Gesetzes bestimmt, daß die alten Vorschriften anwendbar bleiben, soweit für kommunale Wahlbeamte auf sie verwiesen wird.

Gerner-Bußler[663] verweisen weiter noch auf den Art. 94 Abs. 1 der bayer. Verfassung, nach dem die Beamten entweder vom Volk gewählt oder von den zuständigen Behörden ernannt werden. Da die berufsmäßigen Gemeinderatsmitglieder nicht vom Volk unmittelbar, sondern

[651] Vgl. jedoch unten § 9 D IV.
[652] Anm. 3 Abs. 2 zu Art. 1 bayer. KWBG.
[653] Anm. 1 zu Art. 41 bayer. GO.
[654] Bayer. Verw.Bl. 1957 S. 175ff., 176.
[655] BBZ 1953 S. 145.
[656] Anm. 2 zu Art. 41.
[657] Anm. 1a zu Art. 41.
[658] S. 194.
[659] Anm. 16 zu Art. 40.
[660] S. 37ff.
[661] Dafür Hölzl Anm. 1a zu Art. 41; Menth S. 210.
[662] So Helmreich-Widtmann Anm. 2 zu Art. 41; Ruscher S. 88.
[663] Anm. 3 Abs. 2 zu Art. 1 bayer. KWBG.

vom Gemeinderat gewählt werden, müßten sie daher durch Aushändigung einer Ernennungsurkunde ernannt werden.

Von den Gegnern dieser Ansicht wird in erster Linie vorgebracht, die Vorschrift des Art. 41 bayer. GO, daß ein Dienstvertrag mit dem berufsmäßigen Gemeinderatsmitglied abzuschließen ist, sei eine besondere Bestimmung im Sinne des Art. 40 Abs. 3 bayer. GO und schließe daher die Vorschriften des bayer. LBG von 1946 über die Ernennung aus[664]. Diese Ansicht ist nur haltbar, wenn man die Meinung vertritt, daß der Dienstvertrag das Beamtenverhältnis der berufsmäßigen Gemeinderatsmitglieder begründet. Insofern widerspricht Menth[665] sich selbst, wenn er auf S. 208 ausführt, schon die Annahme der Wahl und nicht erst der Abschluß des Dienstvertrages begründe das Beamtenverhältnis des berufsmäßigen Gemeinderatsmitgliedes. Es ist bereits oben ausgeführt worden, daß der Dienstvertrag das Beamtenverhältnis der berufsmäßigen Bürgermeister nicht begründet; unter anderem deshalb, weil der Dienstvertrag nichts Wesentliches zu regeln hat. Dieses Argument gilt noch stärker für den Dienstvertrag der berufsmäßigen Gemeinderatsmitglieder als für den der berufsmäßigen Bürgermeister; denn während der Inhalt des Dienstvertrages der Bürgermeister nur hinsichtlich der Besoldung durch die vorhergehende Satzung nach Art. 35 bayer. GO festgelegt wird, wird der Inhalt des mit dem berufsmäßigen Gemeinderatsmitglied abzuschließenden Dienstvertrages nach Art. 41 Abs. 1 bayer. GO insgesamt durch einen vorhergehenden Beschluß festgelegt. Es ist insbesondere nicht einzusehen, weshalb der Dienstvertrag beim berufsmäßigen Gemeinderatsmitglied das Beamtenverhältnis begründen soll, während er es beim berufsmäßigen Bürgermeister nicht tut.

Hölzl[666] bringt ein anderes Argument. Er meint, die Regelung über die Wahl und den Dienstvertrag in den Art. 40, 41 bayer. GO entspreche so sehr der Regelung für die berufsmäßigen Bürgermeister in Art. 34, 35 bayer. GO, daß man daraus schließen müsse, das Beamtenverhältnis werde in beiden Fällen durch die Annahme der Wahl begründet. Hölzl übersieht dabei aber m. E., daß die Begründung des Beamtenverhältnisses durch die Annahme der Wahl bei den Bürgermeistern aus den Art. 30ff. bayer. GWG folgt, wonach bei den Bürgermeistern die Amtszeit am Tage nach der Annahme der Wahl beginnt[667]. Diese Vorschriften gelten nur für die Bürgermeister, nicht aber für die berufsmäßigen Gemeinderatsmitglieder[668]. Eine Parallele zwischen der Regelung bei den Bürgermeistern und den berufsmäßigen Gemeinderatsmitgliedern kann daher insoweit nicht gezogen werden.

---

[664] Menth S. 197; Helmreich-Widtmann Anm. 2 zu Art. 41; Masson Anm. 16 zu Art. 40.

[665] S. 165ff.

[666] Anm. 1a zu Art. 41.

[667] Vgl. Hölzl Anm. 3a zu Art. 35.

[668] Vgl. Art. 34 bayer. GWG.

Hölzl meint weiter, auch der bayer. VGH habe in seiner Entscheidung vom 5. 12. 1957[669] die Ansicht vertreten, daß das Beamtenverhältnis eines berufsmäßigen Gemeinderatsmitgliedes durch die Wahl und ihre Annahme begründet werde. Diese Ansicht trifft nicht zu. Der bayer. VGH wollte sich zu dieser Frage nicht äußern und ließ es ausdrücklich offen, ob der Dienstvertrag oder eine Ernennung das Beamtenverhältnis begründet[670].

Ein bloßes Wortargument bringt Ruscher[671]. Er will aus der Formulierung des Art. 40 Abs. 3 bayer. GO „unterstehen den Vorschriften für Gemeindebeamte", nicht „sind Gemeindebeamte", folgern, daß Art. 40 Abs. 3 bayer. GO nur auf die Vorschriften des bayer. LBG von 1946 über ein bestehendes Beamtenverhältnis verweist und nicht auf die Vorschriften über die Begründung des Beamtenverhältnisses. M. E. trägt die Wortfassung des Art. 40 Abs. 3 bayer. GO diesen Schluß nicht.

Gegen das Argument von Gerner-Bußler aus Art. 94 Abs. 1 bayer. Verfassung[672] wird eingewandt[673], auch die Wahl durch den Gemeinderat sei eine mittelbare Volkswahl, da dieser ja vom Volk gewählt sei. Es wird auch auf[674] das Beispiel der weiteren Bürgermeister verwiesen, die ebenfalls vom Gemeinderat in ihr Amt gewählt werden und doch keiner Ernennungsurkunde bedürfen. Auf diese Einwände erwidern Gerner-Bußler[675] m. E. mit Recht, daß die weiteren Bürgermeister aus der Mitte des Gemeinderats gewählt werden und in diesen vom Volk gewählt worden sind. Die berufsmäßigen Gemeinderatsmitglieder müssen dagegen nicht erst durch eine Volkswahl gehen, da sie nicht aus der Mitte des Gemeinderats zu stammen brauchen. Eine Wahl durch den Gemeinderat ist aber keine Volkswahl.

Die Argumente gegen die Ansicht, daß nach Art. 40 Abs. 3 bayer. GO i. V. m. Art. 9 Abs. 1, 12 bayer. LBG von 1946 die berufsmäßigen Gemeinderatsmitglieder einer Ernennungsurkunde bedürfen, greifen demnach nicht durch. Es ist daher als Ergebnis festzuhalten, daß die berufsmäßigen Gemeinderatsmitglieder in Bayern ihre Beamtenstellung durch die Aushändigung einer Ernennungsurkunde erlangen.

Nach (Regierungsvizepräsident) Zizler[676] händigt auch die überwiegende Praxis in Bayern den berufsmäßigen Gemeinderatsmitgliedern eine Ernennungsurkunde aus.

IV. Die Unvereinbarkeit der Regelung für die Bürgermeister in Baden-Württemberg und Bayern mit dem BRRG

Wie oben[677] festgestellt wurde, bedürfen die Bürgermeister in Baden-Württemberg und Bayern nicht der Aushändigung einer Ernennungs-

---

[669] VGHE n. F. Bd. 11 S. 20ff. [670] Bayer. VGH a. a. O. S. 23/24.

[671] S. 39. [672] Vgl. oben Anm. 663. [673] Menth S. 196.

[674] Hölzl Anm. 1a zu Art. 41.

[675] Anm. 3 Abs. 2 zu Art. 1 bayer. KWBG.

[676] Bayer. VerwBl. 1957 S. 176.

urkunde, sondern erlangen ihre Beamtenrechte durch die Annahme der (rechtsgültigen) Wahl. Dagegen bestimmt § 5 BRRG, daß es zur Begründung eines Beamtenverhältnisses einer Ernennung bedarf.

Es ist daher zu prüfen, ob ein Widerspruch zwischen dem BRRG und den geschilderten Regelungen in Baden-Württemberg und Bayern besteht. Der Widerspruch ist auf den ersten Blick offensichtlich. Wie oben[678] dargelegt wurde, sind die Bürgermeister in Baden-Württemberg und Bayern Beamte im staatsrechtlichen Sinne. Sie stehen zu ihren Gemeinden in einem öffentlich-rechtlichen Dienst- und Treueverhältnis. Zur Begründung eines derartigen Verhältnisses bedarf es nach § 5 BRRG der Ernennung, während die Vorschriften in Baden-Württemberg und Bayern das Beamtenverhältnis ohne Ernennung entstehen lassen.

Trotzdem wird, gestützt auf die Entstehungsgeschichte des BRRG, die Ansicht vertreten, daß das BRRG auf die Bürgermeister in Baden-Württemberg und Bayern nicht anzuwenden sei[679]. Der Entwurf des BRRG[680] enthielt einen § 116, welcher lautete: „Die in den Ländern Baden-Württemberg und Bayern geltenden besonderen Vorschriften für Bürgermeister und Landräte bleiben unberührt". In der Begründung[681] hieß es dazu, der § 116 berücksichtige die besonderen Verhältnisse in Baden-Württemberg und Bayern, da dort die Bürgermeister und in Bayern auch die Landräte auf Grund einer Volkswahl in ihr Amt berufen würden, und auch sonst sei ihre Rechtsstellung abweichend vom allgemeinen Beamtenrecht geregelt. Dabei solle es auch in Zukunft sein Bewenden haben. Der Bundesrat schlug auf einen Antrag der bayerischen Landesregierung hin der Bundesregierung die Streichung des § 116 vor[682]. Der schriftliche Antrag der bayerischen Landesregierung und seine genaue Begründung sind der Öffentlichkeit nicht zugänglich und daher nicht greifbar. In der Begründung des Bundesrates zu seinem Änderungsvorschlag heißt es lediglich: „In Bayern sind nach der Auffassung der Bayerischen Regierung die Bürgermeister und Landräte keine Beamten im Sinne dieses Gesetzes. In Baden-Württemberg ist zumindest noch der Status der Landräte gesetzlich nicht geregelt. Zur Zeit ist er nicht einheitlich. Die Vorschrift erscheint daher entbehrlich". Die Bundesregierung hat dem Vorschlag des Bundesrates, den § 116 zu streichen, ohne Kommentar zugestimmt[683]. Auf Grund dieses Umstandes ist der § 116 nicht in das BRRG gelangt. Die Entstehungsgeschichte des BRRG zeigt so, daß die Gesetzesverfasser das BRRG nicht auf die Bürgermeister und Landräte in Baden-

[677] § 9 D I und II.
[678] § 1 A.
[679] Trudpert Müller B-W VerwBl. 1957 S. 70.
[680] Drucksache 1549, Deutscher Bundestag, 2. Wahlperiode.
[681] Drucksache 1549 S. 57.
[682] Drucksache 1549 Anl. 2, Vorschlag Nr. 46, S. 74.
[683] Drucksache 1549 S. 78.

Württemberg und Bayern angewandt wissen wollten. Es fragt sich nun, ob diese Entstehungsgeschichte des BRRG ausreicht, um das BRRG auf Bürgermeister in Bayern und Baden-Württemberg nicht anzuwenden.

M. E. reicht der bloße Wille des Gesetzgebers, wie er in den Gesetzesmaterialien zum Ausdruck kommt, nicht aus, um zu einer Auslegung des Gesetzes zu gelangen, die seinem klaren Wortlaut widerspricht. Wie das BVerfG[684] und der BGH[685] zutreffend ausgeführt haben, kann der Wille des Gesetzgebers bei der Auslegung des Gesetzes nur insoweit berücksichtigt werden, als er in dem Gesetz selbst einen hinreichend bestimmten Ausdruck gefunden hat.

Der Wille des Bundesgesetzgebers, die Bürgermeister in Baden-Württemberg und Bayern dem BRRG nicht zu unterwerfen, hat aber in dem Gesetz keinen Ausdruck gefunden. § 2 BRRG definiert das Beamtenverhältnis als ein öffentlich-rechtliches Dienst- und Treueverhältnis. Es ist unstreitig, daß die Bürgermeister in Baden-Württemberg in einem derartigen Verhältnis zu ihrer Gemeinde stehen[686]. Für die bayer. Bürgermeister bestreitet zwar Helmreich-Widtmann[687], daß sie in einem (staatsrechtlichen) Beamtenverhältnis zu ihrer Gemeinde stehen. Von dieser Meinung ging anscheinend auch die bayerische Landesregierung aus, als sie im Bundesrat die Ansicht vertrat, daß das BRRG auch ohne den § 116 des Entwurfs auf die Bürgermeister und Landräte in Bayern unanwendbar sei. Diese Ansicht ist oben[688] bereits widerlegt worden. Die dem bayerischen Recht eigentümliche Unterscheidung in vom Volk gewählte Beamte einerseits und ernannte Beamte andererseits ändert nichts daran, daß beide Gruppen zu ihrem Dienstherrn in einem öffentlich-rechtlichen Dienst- und Treueverhältnis (Beamtenverhältnis) stehen.

Demnach ist das BRRG auf die hier allein interessierenden Bürgermeister in Baden-Württemberg und Bayern anwendbar[689]. Das BRRG ist am 1. September 1957 in Kraft getreten[690]. Die Dreijahresfrist des § 1 BRRG war damit am 1. September 1960 abgelaufen. Die Frist ist jedoch durch das Bundesgesetz vom 21. 8. 1961[691] bis zum 31. 12. 1963 verlängert worden.

Die Länder Baden-Württemberg und Bayern sind daher gehalten, die Rechtsverhältnisse der Bürgermeister den Vorschriften des Beamten-

---

[684] BVerfGE Bd. 1, 299ff., 312, Bd. 10 S. 234ff., 244; NJW 1960 S. 1563f.

[685] LM Nr. 3 zu § 133 BGB.

[686] Vgl. Kunze-Schmid Anm. VII zu § 42 und Anm. I zu § 142; Göbel Anm. I zu § 142.

[687] Anm. 7a zu Art. 34. [688] § 1 A.

[689] So richtig Schorn S. 133/134; Hefele-Schmidt zu Art. 214 Anm. 2; H. Becker S. 93/94; a. A. für Bayern Helmreich-Widtmann Anm. 7a zu Art. 34; zweifelnd Hölzl zu Art. 34.

[690] Vgl. § 142 Abs. 1 BRRG a. F.

[691] BGBl. I 1361, Art. II Ziffer 1, die sog. Kühltau-Novelle.

rechtsrahmengesetzes anzupassen und insbesondere vorzusehen, daß diese Beamten durch Aushändigung einer Ernennungsurkunde ernannt werden. Es hat jedoch nicht den Anschein, als ob diese Länder vorhaben, ihr Kommunalbeamtenrecht entsprechend zu ändern. Das bayer. LBG ist nach seinem § 214 auf die kommunalen Wahlbeamten nicht anwendbar. Da das neue bayer. LBG das bayerische Beamtenrecht dem BRRG anpassen sollte, hat man offenbar für die kommunalen Wahlbeamten eine derartige Anpassung nicht für notwendig gehalten. Das neue b-w LBG[692] läßt es hinsichtlich der Erlangung der Beamteneigenschaft durch den Bürgermeister bei der alten Regel[693], obwohl auch dieses Gesetz die Anpassung an das BRRG bringen sollte.

§ 10

Der Anspruch auf Ernennung

Es ist oben[694] gezeigt worden, daß die Wahl eines Wahlbeamten einige Monate vor dem Beginn der Amtszeit erfolgen kann. Eine Reihe von Gerichtsentscheidungen[695] zeigt nun, daß die Ratsmitglieder nicht selten in der Zeit zwischen Wahl und Ernennung ihren Sinn ändern und an der getroffenen Wahl nicht festhalten wollen. Die Gründe für die Sinnesänderung können mannigfaltig sein. Es ist insbesondere möglich, daß nachträglich noch weitere Personen sich um das zu besetzende Amt beworben haben, daß die Mehrheitsverhältnisse im Rat sich durch Neuwahl oder Koalitionsverschiebungen geändert haben oder daß es zu Meinungsverschiedenheiten mit dem gewählten Bewerber gekommen ist. Der Gemeinderat faßt in dieser Lage oft eine formelle Entschließung, daß die alte Wahl aufgehoben sei, und die zuständigen Organe der Gemeinde weigern sich daraufhin, den gewählten Bewerber durch Aushändigung der Ernennungsurkunde zu ernennen. Der gewählte Bewerber besteht demgegenüber auf der einmal getroffenen Wahl und verlangt, ernannt zu werden. Die Tatsache, daß die Wahlbeamtenstellen großer Gemeinden in der Regel in die höchsten Gruppen der Besoldungsgesetze eingestuft sind, gibt derartigen Konflikten dann besonderes Gewicht.

Es taucht so die Frage auf, ob ein Bewerber um eine Wahlbeamtenstelle im Laufe des Berufungsverfahrens eine Rechtsstellung erlangen

---

[692] § 191 Ziffer 1 b-w LBG.

[693] § 42 Abs. 2 b-w GO a. F. [694] § 4 A.

[695] BVerwG in RiA 1955 S. 301f.; OVG Münster bei Kottenberg-Steffens Entsch. Nr. 4 zu § 49; OVG Lüneburg v. 7. 10. 1952 in OVGE Bd. 6 S. 358 ff.; v. 18. 9. 1953 in Amtsblatt für Schl-H 1953 Beilage Rechtspr. Nr. 40; Hess. VGH v. 26. 1. 1949 VRSpr. Bd. 1 S. 333ff. und v. 12. 11. 1954 DVBl. 1955 S. 331ff.; VG Gelsenkirchen v. 3. 5. 1957 bei Kottenberg-Steffens Entsch. Nr. 3 zu § 49; VG Münster bei Kottenberg-Steffens Entsch. Nr. 5 zu § 49; VG Hannover DVBl. 1950 S. 91; VG Arnsberg v. 28. 1. 1953 abgedruckt bei Muntzke-Schlempp S. 547f.

kann, die ihm einen Anspruch auf Ernennung gewährt. Die Möglichkeit eines derartigen Anspruches wird heute überwiegend anerkannt[696].

Die Gegner[697] der herrschenden Meinung stellen sich auf den Standpunkt, daß die Wahl zum Wahlbeamten lediglich eine interne Willensbildung des Rates sei, die erst durch die konstitutive Aushändigung der Ernennungsurkunde wirksam werde[698]. Das VG Arnsberg führt dazu noch weiter aus, daß die Ernennung ja rechtsbegründend wirke und bestimmte Mängel des Berufungsverfahrens heile. Daraus müsse umgekehrt geschlossen werden, daß derjenige, dem noch keine Ernennungsurkunde ausgehändigt worden sei, kein Beamter sei und auch keinen Anspruch auf Ernennung habe.

Diejenigen, die einen Anspruch auf Ernennung bejahen, stehen überwiegend auf dem entgegengesetzten Standpunkt, daß nämlich bei der Wahl der Schwerpunkt des Berufungsverfahrens liege und die Ernennung nur ein Folgeakt sei, welcher der Wahl nachlaufe. Das OVG Lüneburg führt in seinem in dieser Frage grundlegenden Urteil vom 7. 10. 1952[699] aus, daß in unserem heutigen Staat auch die kommunale Selbstverwaltung demokratisch aufgebaut sei[700]. Die leitenden Kräfte würden hier wie auch schon vor 1933 im Wege demokratischer Wahl gewonnen. Unter diesen Umständen widerspreche es den Strukturprinzipien der demokratischen Selbstverwaltung, in der Wahl eines Wahlbeamten durch die ihrerseits gewählte Gemeindevertretung auch dann nur einen Akt der internen Willensbildung ohne Rechtswirkung nach außen zu sehen, wenn die Wahl dem Gewählten in feierlicher Form bekanntgegeben worden sei. Vielmehr liege das Schwergewicht des Berufungsverfahrens bei der Wahl. Die Ernennung diene nur dem Vollzug jenes Aktes im Hinblick auf die besonderen Verhältnisse des Beamtenrechts. Das Gericht weist insofern auf § 64 schl-h GO hin, der die Wahl des Bürgermeisters eingehend regelt, aber über die Ernennung kein Wort verliert. Die Gemeinde sei daher durch die Wahl — vorbehaltlich eines Widerspruchs der Aufsichtsbehörde — gebunden und berechtigt und verpflichtet, den Gewählten zu ernennen. Diese Rechtslage werde durch § 11 Abs. 11 DVO zur schl-h GO klargestellt, wonach der hauptamtliche Bürgermeister und die hauptamtlichen Stadträte unverzüglich zu Beamten auf Zeit zu ernennen sind, wenn die Kommunalaufsichtsbehörde von ihrem Widerspruchsrecht keinen Gebrauch ge-

---

[696] Vgl. die oben S. 179 Anm. 2 zitierten Urteile mit Ausnahme der Entscheidungen des VG Hannovers und des VG Arnsberg; ferner Baring BBZ 1953 S. 145f.; Berkenhoff S. 131; Elsner bei Peters Hdb. Bd. I S. 280; Geib Anm. 4 zu § 197; Kottenberg Anm. III zu § 49; Klaus Müller S. 50; Muntzke-Schlempp S. 548ff.; Salzmann-Schunck Anm. 2 zu § 44; H. Becker S. 94—97.

[697] VG Hannover DVBl. 1950 S. 91; VG Arnsberg abgedruckt bei Muntzke-Schlempp S. 547; Kunze-Schmid Anm. VII 8 zu § 37; Menth S. 57; Fischbach Anm. VI zu § 2 BBG; Bochalli BBG S. 110.

[698] VG Hannover und VG Arnsberg wie Anm. 2; Menth S. 57.

[699] OVGE Bd. 6 S. 358.

macht hat. Bei der nun auftauchenden Frage, ob der Gewählte aus der objektiven Pflicht der Gemeinde, ihn zu ernennen, ein subjektiv-öffentliches Recht auf Ernennung herleiten könne, müsse man, so führt das Gericht weiter aus, der Auslegung den Vorzug geben, die der Fürsorgepflicht und Treuepflicht gerecht werde, die einem Dienstherrn gegenüber seinem Beamten obliege. Der Gewählte sei zwar noch nicht Beamter, da er noch nicht ernannt sei. Er bedürfe aber in dem Übergangsstadium zwischen Wahl und Ernennung in besonderem Maße des Schutzes. Der beamtenrechtliche Grundsatz der Fürsorge und Treue des Dienstherrn gegenüber dem Beamten[701] sei daher auf den Gewählten entsprechend anzuwenden. Der Pflicht des Dienstherrn zur Fürsorge stehe aber eine entsprechende Berechtigung auf Seiten des Beamten gegenüber. Dasselbe müsse für den gewählten Bewerber gelten. Damit, daß der Kläger gewählt und ihm das Wahlergebnis offiziell mitgeteilt worden sei, habe er mithin einen Rechtsanspruch auf Ernennung erworben.

Das VG Gelsenkirchen kommt in seinem Urteil vom 3. 5. 1957[702] zu dem gleichen Ergebnis, geht aber in der Begründung andere Wege. Das VG geht davon aus, daß eine „Wahl" im Gemeinderat etwas anderes sei als ein „Beschluß" des gleichen Gremiums, und verweist darauf, daß diese Unterscheidung den übrigen westdeutschen Gemeindeordnungen ebenso geläufig sei wie der von Nordrhein-Westfalen[703]. Das Gericht führt weiter aus, daß in Nordrhein-Westfalen nur die Ratsmitglieder[704], der Bürgermeister[705], der Gemeindedirektor und die Beigeordneten[706] „gewählt" werden, also die Personen, die rechtlich als Verfassungsorgane der Gemeinde tätig würden. Die sonstigen Beamten der Gemeinde würden auf Grund eines „Ratsbeschlusses" ernannt[707]. Das Gericht folgert aus dieser Hervorhebung des Begriffes der Wahl und der Beschränkung der Wahl nur auf die Verfassungsorgane der Gemeinde, daß die Wahlen als Rechtsinstitut in allen diesen Fällen miteinander identisch seien. Die Tatsache, daß die Gemeinderatsmitglieder durch Urwahl und die übrigen Organe durch Wahl des seinerseits gewählten Gemeinderats bestellt werden, begründe keine rechtliche Verschiedenheit. In allen Fällen handele es sich um echte Wahlen im verfassungsrechtlichen Sinne, nämlich um politische und zugleich auch in der Rechtsordnung stehende Entscheidungen über verschiedene zur Wahl gestellte Bewerber. Das Gericht weist zur Begründung dieses Standpunktes noch darauf hin, daß das preußische

---

[700] Art. 28 Abs. 1 und 2 GG.
[701] § 36 DBG; § 79 BBG.
[702] Bei Kottenberg-Steffens Entsch. Nr. 3 zu § 49 GO.
[703] § 35 n-w GO.
[704] § 29 n-w GO.
[705] § 32 n-w GO.
[706] § 49 n-w GO.
[707] § 54 Abs. 1 n-w GO.

Gemeindewahlgesetz i. d. F. vom 12. 2. 1924[708] und das Ergänzungsgesetz dazu vom 14. 6. 1924[709], das letzte demokratische Gemeindewahlrecht in Preußen, die Wahl der Beigeordneten zusammen mit dem allgemeinen Wahlrecht zu den Gemeindevertretungen geregelt hatte. Weiter werde noch heute in Baden-Württemberg der Bürgermeister, als Wahlbeamter das dem Gemeindedirektor in Nordrhein-Westfalen etwa entsprechende Organ, durch Volkswahl berufen.

Das VG Gelsenkirchen meint weiter, daß die allgemeinen Grundsätze des Wahlrechts, wie sie sich z. B. aus dem n-w KWG ergeben, auch auf die Wahl eines Beigeordneten anzuwenden seien, da die Wahl eines Gemeinderatsmitgliedes und die eines Beigeordneten als Rechtsinstitut identisch seien. So gewinne der Kandidat bei der Gemeinderatswahl bereits durch die Mehrheitsentscheidung seinen „Sitz" im Rat[710]. Es bedürfe zwar noch weiterer Folgeakte, die aber nur untergeordnete Bedeutung hätten. Der Kandidat müsse die Wahl annehmen[711] und vom Bürgermeister in den Rat eingeführt und auf die gewissenhafte Erfüllung[712] seiner Pflichten vereidigt werden. Diese Folgeakte seien aber zwangsläufig und dienten nur dem Vollzug der durch die Wahl getroffenen Entscheidung.

Das Gleiche gelte für die Wahl der Beigeordneten. Auch sie ziehe einige Folgeakte nach sich. Der Gewählte müsse die Wahl annehmen, was sich zwar nicht ausdrücklich aus dem Gesetz, aber aus allgemeinen Grundsätzen ergebe. Weiter müsse er vor seinem Amtsantritt in einer Sitzung des Rates vereidigt und in sein Amt eingeführt werden[713].

Das Entscheidende sei nun, daß der Gewählte in beiden Fällen einen Rechtsanspruch auf die Vollziehung der Folgeakte habe: der Entgegennahme der Annahmeerklärung durch das zuständige Organ der Gemeinde, der Vereidigung, der Amtseinführung und — beim Wahlbeamten — der Aushändigung der Ernennungsurkunde. Das ergebe sich aus der Rechtsnatur der Wahl und aus dem von der Kommunalverfassung erkennbar gesetzten Wertverhältnis zwischen der Wahl und den Folgeakten. Die Wahl allein sei das Bestimmende. Die Folgeakte enthielten darüber hinaus keine selbständige Rechtsentscheidung mehr.

Ebensowenig wie der Bürgermeister einem ihm mißliebigen Ratsmitglied die Vereidigung und Amtseinführung verweigern könne, könne er einem zum Beigeordneten Gewählten die Aushändigung der Ernennungsurkunde verweigern, solange nicht etwa die Voraussetzungen für einen Widerspruch nach § 39 Abs. 1 n-w GO vorlägen. Der Rat könne die Wahl auch nicht wieder aufheben. Denn die Wahlbeamten würden nach § 49 Abs. 2 n-w GO ausdrücklich auf zwölf Jahre gewählt. Eine Abwahl sei in der n-w GO im Gegensatz zu den — damals noch geltenden — § 76 hess. GO und § 72 schl-h GO nicht vorgesehen.

[708] GS S. 99. [709] GS S. 551 und 591.

[710] §§ 28ff. n-w KWG.

[711] § 33 n-w KWG. [712] § 32 Abs. 3 n-w GO.

[713] § 49 Abs. 3 n-w GO.

Nach alledem habe der Gewählte einen Rechtsanspruch auf die Aushändigung einer Ernennungsurkunde.

Das VG Münster hat sich in seiner Entscheidung vom 7. 11. 1958[714] gegen die Auffassung des VG Gelsenkirchen gewandt, die es als „reine Kreationstheorie" bezeichnet. Es wendet ein, die Verfassungswirklichkeit bei einer Volkswahl unterscheide sich wesentlich von der bei einer Wahl in der Vertretungskörperschaft. Weiter sei es ein anerkannter Grundsatz des deutschen Rechts, daß zwischen der internen Willensbildung und der Entäußerung des Willens unterschieden werde. Die Willensbildung schaffe für sich allein weder bei natürlichen noch bei juristischen Personen eine rechtliche Bindung im Sinne eines Schuld- oder Haftungsverhältnisses. Hierfür sei in jedem Falle noch die Willensentäußerung durch eine hierfür befugte Person erforderlich.

Bei diesen Ausführungen ist aber zu beachten, daß auch das VG Münster einen Anspruch auf Ernennung nicht grundsätzlich ablehnt. In dem von ihm entschiedenen Fall war der Kläger in nicht-öffentlicher Sitzung zum Amtsbeigeordneten gewählt worden. Der Amtsbürgermeister hatte sofort Widerspruch gemäß § 39 n-w GO eingelegt, den die Amtsvertretung annahm. Später unterrichteten Amtsdirektor und Amtsbürgermeister den Kläger mündlich von Wahl und Widerspruch. Der Kläger nahm daraufhin die Wahl an. Im Falle des VG Gelsenkirchen war gegen die Wahl des Klägers kein wirksamer Widerspruch oder ein sonstiger Rechtsbehelf eingelegt worden. Die Wahl war dem Kläger vom Oberstadtdirektor, der nach der Hauptsatzung der Stadt für die Ausstellung der beamtenrechtlichen Ernennungsurkunden zuständig war, mit dem Bemerken mitgeteilt worden, daß er in der nächsten Ratssitzung ernannt und vereidigt werden solle. Der Kläger nahm die Wahl an.

Das OVG Münster hat mit Urteil vom 20. 3. 1958[715] über die gegen das zitierte Urteil des VG Gelsenkirchen eingelegte Berufung entschieden. Das OVG führt aus, daß man mit gutem Grund die Ansicht vertreten könne, daß dem Gewählten auf Grund der Wahl ein Anspruch auf Ernennung zustehe. Das Gericht weist darauf hin, daß bei der Wahl der Schwerpunkt des Berufungsverfahrens liege, daß die n-w GO deutlich zwischen der Wahl der Wahlbeamten und dem Beschluß über die Ernennung anderer Beamter unterscheide und daß die Wahl unabänderlich sei und nach § 49 Abs. 2 S. 1 n-w GO für zwölf Jahre gelte. Andererseits sei aber zu beachten, daß nach der n-w GO der Bürgermeister, der Gemeindedirektor und die Aufsichtsbehörde gewisse Eingriffsmöglichkeiten gegenüber Wahlen hätten und daß diese Eingriffe aufschiebende Wirkung hätten. Soweit ein Eingriff dieser Art erfolge und nicht ausgeräumt sei, bestehe jedenfalls kein Anspruch des Gewählten.

---

[714] Bei Kottenberg-Steffens Entsch. Nr. 5 zu § 49.

[715] Bei Kottenberg-Steffens Entsch. Nr. 4 zu § 49.

Das OVG Münster stellt dann jedoch entscheidend auf die Mitteilung des Oberstadtdirektors an den Gewählten ab, er sei gewählt und solle in der nächsten Sitzung ernannt und vereidigt werden. Die „Bestimmenden und vertretungsberechtigten Organe" hätten damit unmißverständlich und eindeutig zu erkennen gegeben, daß sie den Kläger zum Beigeordneten ernennen wollten[716]. Sie hätten diesen Willen dem Kläger durch das zuständige Organ mitteilen lassen und die Ernennung, den Vollzug dieser Willensentschließung, für die nächste Ratssitzung versprochen. Es handele sich hier um eine beamtenrechtliche Zusicherung, die bindend sei, wenn sie eindeutig gemacht worden sei, die zuständige Stelle den Willen und das Bewußtsein gehabt hätte, sich zu binden, und nicht gegen zwingende Rechtsvorschriften verstoßen worden sei. Diese Voraussetzungen lägen hier vor. Das OVG Münster hat daher dem Kläger seinen Anspruch auf Ernennung aus dem Gesichtspunkt der beamtenrechtlichen Zusicherung zugesprochen.

Die Entscheidung des OVG Münster bietet m. E. keine befriedigende Lösung des hier zu erörternden Problems, ob dem gewählten Bewerber ein Anspruch auf Ernennung zusteht. Die Möglichkeit .einer Zusicherung eines Dienstherrn an eine bestimmte Person, diese zum Beamten zu ernennen, wird heute im Grundsatz allgemein anerkannt[717]. Als Voraussetzung einer wirksamen Zusicherung wird allgemein gefordert, daß die Zusicherung von der für die Ernennung zuständigen Stelle erklärt wird, daß sie eindeutig ist, daß die erklärende Stelle den Willen und das Bewußtsein hatte, sich zu binden, und daß die Zusicherung nicht gegen zwingende Rechtsvorschriften verstößt. Weiter muß die Zusicherung formgerecht abgegeben sein, wenn Verpflichtungserklärungen des Dienstherrn formgebunden sind, wie z. B. regelmäßig im Gemeinderecht[718]. Über diese Voraussetzung dürfte Einigkeit bestehen, obwohl sie nicht immer besonders betont wird. Strittig ist dagegen, ob bei Fehlen einer besonderen Formvorschrift die Zusicherung nicht wenigstens aktenkundig gemacht sein muß[719] und ob die Zusicherung nur dann wirksam ist, wenn es im Hinblick auf den Vertrauensschutz Treu und Glauben widersprechen würde, ihre Wirksamkeit zu leugnen[720]. M. E. werden nun wenigstens die unstreitigen

[716] Gemeint ist hiermit die Wahl durch den Rat.

[717] Vgl. BGH v. 9. 1. 1956 ZBR 1956 S. 185 und vom 20. 12. 1956 BGHZ 23 S. 36; OVG Rh-Pf ZBR 1956 S. 262 und ZBR 1959 S. 79; OVG Hamburg VRSpr. Bd. 7 Nr. 46; W-B VGH DVBl. 1951 S. 121 m. Anm. von Heylandt DVBl. 1951 S. 123; VGH Kassel NJW 1956 S. 484; Bayer. VGH VGHE n. F. Bd. 6 S. 693; LVG Rh-Pf VRSpr. Bd. 6 S. 448; Schütz DÖD 1959 S. 61; Thiele DÖD 1958 S. 101; W. Jellinek VerwR S. 363; Stich ZBR 1956 S. 250; Bochalli Anm. 5 zu § 7 LBG; Fischbach Anm. 2 zu § 183 BBG; Wiggert DÖV 1959 S. 170f.

[718] Vgl. Stich a. a. O.; Wiggert a. a. O.; OVG Rh-Pf ZBR 1956 S. 263.

[719] Vgl. z. B. OVG Rh-Pf ZBR 1959 S. 79 gegen BGH in BGHZ Db. 23 S. 26.

[720] Vgl. hierzu z. B. W-B VGH DVBl. 1951 S. 121.

Voraussetzungen einer wirksamen Zusicherung regelmäßig nicht erfüllt sein, wenn dem Gewählten die Wahl mitgeteilt wird.

Da nirgendwo gesagt ist, daß die Mitteilung von der Wahl schriftlich ergehen muß, wird die Wahl dem Gewählten oft genug nur mündlich mitgeteilt werden[721]. In allen diesen Fällen kommt schon deshalb keine wirksame Zusicherung zustande, weil die Zusicherung eine Verpflichtungserklärung ist und Verpflichtungserklärungen nach allen Gemeindeordnungen der Schriftform bedürfen[722]. Selbst wenn die Mitteilung über die Wahl schriftlich erfolgt, könnte sie nach einigen Gemeindeordnungen nur dann eine wirksame Zusicherung sein, wenn sie von einem weiteren Organ oder Beamten der Gemeinde unterschrieben wird[723], nach anderen, wenn auch das Dienstsiegel beigedrückt wird[724].

Eine weitere Schwierigkeit für eine verbindliche Zusicherung ergibt sich aus dem Umstand, daß die zuständige Stelle für die Ernennung der Wahlbeamten und damit auch für die Zusicherung nicht unbedingt mit der Stelle identisch sein muß, die — zumindest auch — für die Mitteilung an den gewählten Bewerber zuständig ist. Man könnte zweifeln, ob für die Mitteilung an den Gewählten der Hauptgemeindebeamte oder der Vorsitzende der Vertretungskörperschaft zuständig ist. Das Problem taucht in Bayern, Baden-Württemberg und Rheinland-Pfalz nicht auf, da dort beide Organe identisch sind. Auch in Hessen und Schleswig-Holstein sind sie in den Gemeinden mit Bürgermeisterverfassung identisch. In Nordrhein-Westfalen, Niedersachsen und Bremerhaven sowie in Hessen und Schleswig-Holstein in den Gemeinden mit Magistratsverfassung sind der Hauptgemeindebeamte und der Vorsitzende des Rates dagegen nicht identisch. Es fragt sich, wer hier für die Mitteilung von der Wahl an den Gewählten zuständig ist. Klare Äußerungen zu dieser Frage sind nicht ersichtlich. Das OVG Münster[725] hält, ohne das Problem ausdrücklich anzuschneiden, den Hauptgemeindebeamten, das VG Münster[726] „zumindest auch" den (Amts)Bürgermeister für zuständig. M. E. sind beide Organe in gleicher Weise nebeneinander zuständig: der Vorsitzende des Rates, weil es seine Aufgabe ist, das Ergebnis der Wahl festzustellen und zu verlautbaren, der Hauptgemeindebeamte, weil er die Beschlüsse (im weitesten Sinne) des Rates auszuführen hat. In den hessischen und schleswig-holsteinischen

[721] Vgl. z. B. den Sachverhalt der Entsch. des OVG Lüneburg v. 28. 9. 1953 Amtsblatt für Schl-H Beilage Rechtspr. Nr. 40 und der Entsch. des VG Münster bei Kottenberg-Steffens Entsch. Nr. 5 zu § 49.

[722] Vgl. § 54 Abs. 1 b-w GO; Art. 38 Abs. 2 bayer. GO; § 48 Ziffer 8 Verf. der Stadt Bremerhaven; § 71 Abs. 2 hess. GO; § 68 Abs. 1 nds. GO; § 56 Abs. 1 n-w GO; §§ 50 Abs. 2, 57 Abs. 2, 61 Abs. 2 schl-h GO.

[723] § 71 Abs. 2 hess. GO; § 68 Abs. 1 nds. GO; § 56 Abs. 1 n-w GO; §§ 50 Abs. 2, 57 Abs. 2, 61 Abs. 2 schl-h GO.

[724] § 71 Abs. 2 hess. GO; § 50 Abs. 2 rh-pf GO.

[725] Bei Kottenberg-Steffens Entsch. Nr. 4 zu § 49.

[726] Bei Kottenberg-Steffens Entsch. Nr. 5 zu § 49.

Gemeinden mit Magistratsverfassung würde aber nur eine Mitteilung des Bürgermeisters mit Unterschrift eines weiteren Beamten den Anspruch auf Ernennung begründen können, da der Vorsitzende der Vertretungskörperschaft keine Verpflichtungserklärungen für die Gemeinde abgeben kann. In Niedersachsen könnte nur eine vom Ratsvorsitzenden, einem Ratsherrn und dem Gemeindedirektor unterschriebene Mitteilung als Zusicherung wirksam sein, da wirksame Verpflichtungserklärungen, die nicht zu den Geschäften der laufenden Verwaltung gehören, vom Ratsvorsitzenden und vom Gemeindedirektor ausgehen müssen[727] und für Ernennungsurkunden der Ratsvorsitzende und ein Ratsherr zuständig sind[728]. In Nordrhein-Westfalen müßte die Mitteilung vom Bürgermeister, einem Ratsmitglied, dem Gemeindedirektor und einem Beamten unterschrieben sein, da der Bürgermeister und ein Ratsherr die für Ernennungen zuständige Stelle[729] und der Gemeindedirektor und ein Beamter die für Verpflichtungserklärungen[730] zuständige Stelle sind. Das OVG Münster brauchte sich in seiner oben zitierten Entscheidung nicht mit dieser Problematik auseinanderzusetzen, da die betreffende Stadt von der Möglichkeit des § 54 Abs. 2 S. 3 n-w GO Gebrauch gemacht hatte, die Ausstellung der Ernennungsurkunden dem Oberstadtdirektor zu übertragen.

Abgesehen von diesen formellen Bedenken besteht aber m. E. ein durchgreifendes materielles Bedenken gegen die Ansicht des OVG Münster. Grundsätzlich besteht kein Anspruch auf Ernennung zum Beamten. An die Voraussetzungen einer rechtswirksamen Zusicherung auf Ernennung sind daher scharfe Anforderungen zu stellen, da es sich um eine Ausnahme von dieser Regel handelt. Es wird daher gefordert, daß das Bewußtsein der erklärenden Behörde „zweifelsfrei"[731] oder „deutlich"[732] aus der Erklärung hervorgehen muß. Wiggert[733] betont, daß eine Zusicherung auf Beförderung oder Ernennung nur bei einem absoluten Bedürfnis der Verwaltung abgegeben werden soll.

Ein solches Bedürfnis, eine Zusicherung abzugeben, wird oft dann bestehen, wenn eine Behörde eine Person als Beamten gewinnen oder behalten will, der von anderer Seite günstige Stellen angeboten werden und der sie aus irgendwelchen Gründen nicht sofort, sondern erst in Zukunft eine entsprechende Stellung bieten kann. Oder eine Behörde will einen Beamten gewinnen, für den der Übergang zu dem neuen Dienstherrn im Anfang gewisse Nachteile bietet, die erst durch seine Entwicklung in der neuen Stelle wettgemacht werden können. In diesen Fällen kann ein Bedürfnis der Behörde bestehen, dem Bewerber die Vorteile,

---

727 § 68 Abs. 1 und 2 nds. GO.
728 § 77 Abs. 4 nds. GO.
729 § 54 Abs. 2 S. 1 n-w GO.
730 § 56 Abs. 1 n-w GO.
731 W-B VGH DVBl. 1951 S. 122; Fischbach Anm. 2 zu § 183 BBG.
732 Thiele DÖD 1958 S. 105.
733 DÖV 1959 S. 171.

die sie ihm erst in Zukunft bieten kann, schon jetzt verbindlich zuzusichern[734].

Bei der Auslegung einer Erklärung, aus der die eine Partei eine verbindliche Zusicherung entnehmen will, ist es daher ein wertvolles Indiz, ob eine entsprechende Interessenlage vorgelegen hat. Geht der Wille, sich zu binden, nicht ganz eindeutig aus dem Wortlaut der Erklärung hervor, so muß dieser Wille sich zumindest aus dem Wortlaut der Erklärung in Verbindung mit den äußeren Umständen, der Interessenlage, ergeben.

Die reine Mitteilung der Wahl ist zunächst nur die Mitteilung der Tatsache, daß sich die Mehrheit des Rates für den betreffenden Bewerber entschieden hat. Daß der Bewerber nun auch ernannt wird, entspricht zwar dem gewöhnlichen Lauf der Dinge. Eine verbindliche Zusicherung, ihn auch zu ernennen, kann aber aus der bloßen Mitteilung nicht ohne weiteres entnommen werden. Selbst wenn nun zusätzlich noch erklärt wird, der Bewerber werde in der nächsten Ratssitzung eingeführt und ernannt werden, so ist das prima facie nur der Hinweis, daß beabsichtigt sei, so zu verfahren, und noch keine „Willenserklärung" im Rechtssinne. Die Aussage über den inneren Willen, eine bestimmte Handlung vorzunehmen, ist an sich rechtlich unbeachtlich. Die Willenserklärung im Sinne des BGB setzt den Willensvollzug voraus, d. h. es muß sich um ein „ich kaufe hier und jetzt" und nicht um ein „ich habe die Absicht zu kaufen" handeln[735]. Entsprechendes muß für den Verwaltungsakt, die Willenserklärung der Verwaltung[736], gelten.

Dem bloßen Wortlaut der Erklärung: „Sie sind am ..... vom Rat der Stadt zum ..... gewählt worden und werden am ..... eingeführt und ernannt werden," ist daher eine eindeutige rechtsverbindliche Zusicherung noch nicht zu entnehmen. Im Einzelfall kann diese Erklärung abgegeben werden, in der der Bewerber an einer bindenden Zusage interessiert ist und die Gemeinde ihrerseits den Bewerber sichern will, um ihn zur Annahme der Wahl zu bewegen. In diesem Fall kann m. E. die Erklärung eine bindende Zusicherung sein. Der Sachverhalt und die Urteilsgründe der Entscheidung des OVG Münster lassen eine derartige Interessenlage nicht erkennen. Sie wird auch selten sein, da im allgemeinen die gut besoldeten Wahlbeamtenstellen so gesucht sind, daß die Gemeinde nicht noch besondere Zusagen geben muß, um Bewerber anzuziehen.

Die Entscheidung des OVG Münster ist daher m. E. in ihrer Allgemeinheit abzulehnen.

Es fragt sich somit, ob der Ansicht des OVG Lüneburg[737] und des VG Gelsenkirchen[738] zu folgen ist, die den Anspruch auf Ernennung

[734] Peters Lehrb. S. 258.
[735] Vgl. hierzu Enneccerus-Nipperdey § 145 II A 2.
[736] Jellinek VerwR S. 246.
[737] OVGE Bd. 6 S. 358.
[738] Kottenberg-Steffens Entsch. Nr. 3 zu § 49.

in der einen oder anderen Weise aus der Wahl selbst herleiten. Bei der Prüfung dieser Frage soll zuerst von dem Fall ausgegangen werden, daß die Wahl ordnungsmäßig vorgenommen wurde und daß gegen sie weder Widerspruch noch Beanstandung eingelegt wird. Die Rechtslage, die sich bei Widerspruch und Beanstandung ergibt, soll anschliessend erörtert werden.

Die beiden Urteile des OVG Lüneburg und des VG Gelsenkirchen fußen auf der Ansicht, daß das Schwergewicht des Berufungsverfahrens bei der Wahl und nicht bei der Ernennung liegt. Dieser Ansicht muß man m. E. folgen. Die Wahlbeamten sind verfassungsmäßig vorgesehene Organe ihrer Gemeinde, einer Körperschaft des öffentlichen Rechts. Es entspricht dem Wesen einer sich nach demokratischen Grundsätzen selbstverwaltenden Körperschaft des öffentlichen Rechts, daß ihre Organe durch direkte oder indirekte Wahl bestellt werden. Für die Gemeinden hat der Grundsatz der demokratischen Selbstverwaltung Verfassungsrang[739]. Die Wahlbeamten üben in ihrer Organstellung ständig hoheitsrechtliche Befugnisse aus. Die ständige Ausübung hoheitsrechtlicher Befugnisse ist aber nach dem Verfassungsgrundsatz des Art. 33 Abs. 4 GG Personen zu übertragen, die in einem öffentlich-rechtlichen Dienst- und Treueverhältnis, also einem Beamtenverhältnis[740], stehen. Die Ernennung zum Beamten dient daher dem Zweck, dem gewählten Organ die Rechtsstellung eines Beamten zu geben, der er nach herkömmlicher und anerkannter[741] Auffassung bedarf, um seine organschaftlichen Befugnisse auszuüben. Das OVG Lüneburg[742] hat diese Bedeutung der Ernennung zutreffend so formuliert: „Die Ernennung zum Beamten dient ausschließlich dem Vollzug jenes Aktes der Selbstgestaltung (sc. der Wahl) im Hinblick auf die besonderen Verhältnisse des Beamtenrechts".

In den Gemeindeordnungen kommt auch hinreichend zum Ausdruck, daß es sich bei der Wahl der Wahlbeamten um einen besonderen Akt der verfassungsrechtlichen Selbstgestaltung handelt und nicht um eine bloß interne Willensbildung des Rates, wie sie z. B. der Anstellung eines gewöhnlichen Gemeindebeamten vorangeht[743]. Die bayer. GO betont noch besonders[744]: „Anstellung im Gemeindedienst gilt nicht als Wahl". Alle Gemeindeordnungen heben die Wahl neben den sonstigen Beschlüssen des Gemeinderates hervor[745].

Hier ließe sich zwar einwenden, daß eine Wahl unter mehreren Bewerbern technisch anders verlaufe als ein Beschluß, bei dem mit Ja oder Nein über eine Vorlage oder einen Antrag entschieden wird. Die

---

739 Art. 28 Abs. 1 GG.
740 Vgl. § 2 Abs. 1 BRRG.
741 Art. 33 Abs. 4 GG.
742 a. a. O. S. 361.
743 Vgl. z. B. §§ 49 und 54 Abs. 1 n-w GO.
744 Art. 51 Abs. 4.
745 Vgl. die oben Anm. 62 zitierten Vorschriften.

Hervorhebung der Wahl beruhe nur auf diesem Unterschied. Dieser Einwand ließe aber außer acht, daß in den besonderen Vorschriften über die Wahl überall vorgesehen ist, daß die Wahl entweder überhaupt oder aber auf Wunsch eines Gemeinderatsmitgliedes geheim durchzuführen ist[746]. Diese Bestimmungen lassen erkennen, daß die Wahl eben doch ein wichtiger und besonders zu sichernder Akt ist.

Bezeichnend ist ferner, daß, wie das VG Gelsenkirchen[747] mit Recht hervorhebt, mit einer Ausnahme[748] nur die verfassungsmäßig vorgesehenen Organe der Gemeinde durch Wahl berufen werden. Das VG Gelsenkirchen weist weiter zutreffend darauf hin, daß zwischen Urwahlen und Wahlen im Gemeinderat enge Beziehungen bestehen[749]. Nicht nur das preußische Gemeindewahlgesetz von 1924 regelte die Urwahl zum Gemeinderat und die Wahl der Wahlbeamten im Gemeinderat gemeinsam. Das Gleiche gilt heute noch für das bayer. GWG, das die Wahl der Gemeinderatsmitglieder und der Bürgermeister durch Urwahl und die Wahl der weiteren Bürgermeister und der berufsmäßigen Gemeinderatsmitglieder durch Wahl im Gemeinderat zusammen behandelt. Weiter verweist § 52 Abs. 1 saarl. GO für die Anfechtung von Wahlen im Gemeinderat auf das Gemeindewahlgesetz. Man darf m. E. aus diesen Gleichstellungen und Verweisungen mit dem VG Gelsenkirchen den Schluß ziehen, daß die Urwahlen und die Wahlen im Gemeinderat als Rechtsinstitut identisch sind.

Die Wahl eines Wahlbeamten im Gemeinderat ist demnach nicht nur eine interne Willensbildung des Rates, wie die Gegner eines Anspruches auf Ernennung meinen[750]. Es handelt sich vielmehr ebenso um den grundlegenden Akt einer Bestellung eines Verfassungsorgans wie bei der Volkswahl der Gemeinderatsmitglieder. Da aber überall festgelegt ist, daß die Organe für eine bestimmte Zeit bestellt werden[751], ist die einmal erfolgte Organbestellung nicht beliebig abänderbar[752]. Der Gemeinderat ist daher grundsätzlich — von besonderen Umständen wie Widerspruch oder Beanstandung abgesehen — an seine einmal getroffene Wahl gebunden[753]. Diese Bindung schließt aber ein, daß der Gemeinderat auch gehalten ist, das Berufungsverfahren zu vollenden, d. h. die Folgeakte der Wahl zu vollziehen. Er muß dafür sorgen, daß die Wahl dem Gewählten mitgeteilt wird und daß der Gewählte nach

---

[746] Vgl. oben § 6 A I.

[747] a. a. O. S. 14f.

[748] §§ 143 Abs. 2, 37 Abs. 7 b-w GO; vgl. oben S. 13.

[749] a. a. O. S. 15.

[750] Vgl. oben Anm. 697.

[751] Vgl. oben § 3 A.

[752] Vgl. OVG Lüneburg OVGE Bd. 2 S. 225ff. und OVGE Bd. 6 S. 358ff., 364; OVG Münster Kottenberg-Steffens Entsch. Nr. 4 zu § 49 S. 27 oben; VG Gelsenkirchen a. a. O. S. 21f.; Muntzke-Schlempp S. 542.

[753] So ausdrücklich § 48 Abs. 3 DVO zur saarl. GO.

der Annahme der Wahl ernannt, vereidigt und eingeführt wird. Es würde unter Umständen eine sinnlose Blockierung des Verfassungslebens der Gemeinde bedeuten, den Gemeinderat an die Wahl zu binden, ohne seine Organe gleichzeitig zu verpflichten, das Berufungsverfahren im Sinne der Wahl zu vollenden.

Der Gemeinderat ist daher m. E. kraft des objektiven Gemeindeverfassungsrechts aller Länder grundsätzlich an die einmal getroffene Wahl gebunden und verpflichtet, die Folgeakte der Wahl vollziehen zu lassen. Eine andere Frage ist, ob und wann der Gewählte ein subjektives Recht auf Vollzug der Folgeakte hat.

Dieser Unterschied ist m. E. auch für die Auslegung des § 197 Abs. 2 schl-h LBG bedeutsam. Die Vorschrift lautet: „Nach Bekanntgabe der Wahl (sc. des Wahlbeamten) ist die Vertretungskörperschaft an das Wahlergebnis gebunden". Der Referentenkommentar von Geib erläutert die Vorschrift mit dem Hinweis, daß die Bindung der Vertretungskörperschaft ihrer Fürsorgepflicht gegenüber dem Gewählten entspreche, und bezieht sich auf die Entscheidung des OVG Lüneburg vom 7. 10. 1952[754]. Nach seinem Wortlaut scheint der § 197 Abs. 2 schl-h LBG entgegen der hier vertretenen Ansicht auszusprechen, daß der Rat nicht schon mit der Wahl, sondern erst mit der Bekanntgabe des Wahlergebnisses an dieses gebunden wäre. Es würde sich dabei um einen Satz des objektiven Gemeindeverfassungsrechts handeln, bei dem schwer verständlich wäre, wie er in den Zusammenhang eines Landesbeamtengesetzes paßt. In Wirklichkeit betrifft die Vorschrift, wie auch die Anmerkung von Geib zeigt, nur die Frage, wann die Vertretungskörperschaft im Hinblick auf das subjektive Recht des Gewählten diesem gegenüber an das Wahlergebnis gebunden ist. Erst bei dieser Auslegung wird die Stellung der Vorschrift in einem Landesbeamtengesetz verständlich.

Es ist demnach weiter zu prüfen, ob der Verpflichtung des Gemeinderates, dem Gewählten das Wahlergebnis mitzuteilen und ihn bei Annahme der Wahl zu ernennen, zu vereidigen und einzuführen, eine subjektive Berechtigung des Gewählten gegenübersteht.

Das VG Gelsenkirchen hatte zwar einen Fall zu entscheiden, in dem das Wahlergebnis dem Gewählten bereits formell mitgeteilt war. Aus seinen Ausführungen[755] läßt sich aber entnehmen, daß es den subjektiven Anspruch des Gewählten schon auf Grund der bloßen Wahl im Gemeinderat bejahen will[756]. Die Ansicht des VG Gelsenkirchen ist m. E. insoweit bedenklich. Es begründet seine Ansicht mit einem Vergleich aus dem Gemeindewahlrecht und behauptet, der Kandidat einer Gemeinderatswahl „erringe" seinen Sitz im Rat bereits durch die Mehrheitsentscheidung in der Volkswahl und habe nun auf Grund dieser Stellung einen Anspruch auf Vollzug der Folgeakte. Diese An-

[754] Anm. 3 zu § 197.

[755] Insbesondere a. a. O. S. 15/16.

[756] So auch Berkenhoff S. 131.

sicht steht m. E. im Widerspruch zum n-w KWG, auf das sich das VG bezieht. Danach stellt erst der Wahlausschuß das Ergebnis der Wahl fest[757], das der Wahlleiter dann bekannt gibt[758]. „Ein gewählter Bewerber erwirbt die Mitgliedschaft in der Vertretung mit dem Eingang der Annahmeerklärung beim zuständigen Wahlleiter[759]". Dieser Wortlaut des Gesetzes läßt erkennen, daß die subjektive Berechtigung des gewählten Bewerbers als Ratsmitglied erst nach der Bekanntgabe der Wahl mit dem Eingang der Annahmeerklärung entsteht.

Diese Lösung erscheint auch sachgerecht. Bei einer Gemeinderatswahl weiß der Kandidat nach der Wahl nicht, ob er gewählt ist. Es erscheint mißlich, ihm eine subjektive Rechtsstellung allein auf Grund einer Wahlentscheidung einzuräumen, von deren Ausgang er nichts wissen kann. Es ist daher m. E. richtig, auf den Eingang der Annahmeerklärung nach Bekanntgabe der Wahl abzustellen. Der Bewerber um eine Wahlbeamtenstelle ist nicht gehalten, an der öffentlichen Ratssitzung, in der die Wahl stattfinden soll, teilzunehmen. Es ist vielleicht sogar taktvoller, ihr fernzubleiben. Außerdem ist der Rat in der Lage, in nichtöffentlicher Sitzung zu verhandeln, um die persönlichen und fachlichen Qualitäten der Bewerber freier erörtern zu können. Der Bewerber braucht bis zur Mitteilung von der Wahl von ihrem Ausgang nichts zu erfahren. Der Rat ist im übrigen an die Bewerber nicht gebunden. Er kann auch eine Person wählen, die sich nicht beworben hat und die daher von der Wahl bis zur amtlichen Mitteilung nichts erfährt. Es erscheint nicht überzeugend, dem Gewählten auf Grund der nicht amtlich verlautbarten Wahlentscheidung ein subjektives Recht zu gewähren. Dem VG Münster[760] ist insoweit Recht zu geben, daß die interne Willensbildung einer juristischen Person nach deutschem Recht noch kein Recht eines Dritten begründet, sondern daß dazu immer noch die ordnungsmäßige Willensentäußerung hinzutreten müsse.

Die Wahl allein begründet daher noch kein Recht des Gewählten auf Ernennung.

Möglicherweise entsteht dieses Recht aber durch die ordnungsgemäße Mitteilung der Wahl und ihre Annahme durch den Gewählten. Das OVG Lüneburg[761] will den Anspruch in diesem Stadium des Verfahrens aus einer analogen Anwendung der beamtenrechtlichen Treue- und Fürsorgepflicht herleiten. Diese analoge Anwendung ist aber m. E. nicht möglich. Das beamtenrechtliche Dienst- und Treueverhältnis, aus dem sich die Fürsorgepflicht des Dienstherrn herleitet, entsteht durch den Formalakt der Ernennung, nicht früher[762]. Es er-

[757] § 31 n-w KWG.
[758] § 32 n-w KWG.
[759] § 33 Abs. 1 S. 1 n-w KWG.
[760] Kottenberg-Steffens Entsch. Nr. 5 zu § 49 S. 31.
[761] OVGE Bd. 6 S. 358ff.
[762] §§ 2, 5 BRRG.

scheint mir daher begrifflich ausgeschlossen, in analoger Rechtsanwendung eine Nebenwirkung des Beamtenverhältnisses vor den Zeitpunkt der Ernennung herüberzuziehen und daraus den Anspruch auf Ernennung herzuleiten.

M. E. kann man aber in diesem Stadium des Verfahrens in ähnlicher Weise wie das VG Gelsenkirchen den Analogieschluß auf die Regelung des allgemeinen Gemeindewahlrechts ziehen. Ebenso wie der Kandidat der Gemeinderatswahl in Nordrhein-Westfalen seine Rechtsstellung als Mitglied der Vertretungskörperschaft mit dem Eingang der Annahmeerklärung beim Wahlleiter erwirbt[763], so erwirbt der zum Wahlbeamten Gewählte die Grundlage seiner Rechtsstellung als Organ der Gemeinde mit dem Eingang seiner Annahmeerklärung bei der Gemeinde. Der Rat hat die betreffende Person gewählt und damit die grundlegende Entscheidung des Berufungsverfahrens getroffen. Die Entscheidung ist für den Rat, wie oben ausgeführt wurde, sofort bindend. Er hat die Wahl dem Gewählten mitteilen lassen, und dieser hat die Wahl angenommen. Der Gewählte hat so auch zur Verwirklichung der Wahlentscheidung beigetragen; denn würde er die Annahme der Wahl verweigern, so wäre die Wahl hinfällig. Der Gewählte ist damit auf Aufforderung des Rates aktiv handelnd in das Berufungsverfahren eingetreten, und es erscheint m. E. nur recht und billig, ihm von nun an ein subjektives Recht auf Vollendung des Berufungsverfahrens zu geben, da die übrigen Akte des Verfahrens keine selbständigen Entscheidungen mehr bieten, sondern nur zwangsläufige Folgeakte der grundlegenden Entscheidung sind.

Unter der oben gemachten Einschränkung, daß gegen die Wahl weder Widerspruch noch Beanstandung erhoben werden, erwirbt daher der Gewählte durch die rechtsgültige Wahl, die amtliche Mitteilung von der Wahl an ihn und seine Annahmeerklärung einen Anspruch auf Vollzug der Folgeakte, insbesondere der Ernennung.

Fraglich ist, welche Rechtslage sich ergibt, wenn die Aufsichtsbehörde oder die dazu besonders berufenen Gemeindeorgane[764] die Wahl beanstanden oder ihr widersprechen. Insbesondere erscheint zweifelhaft, ob auch in diesem Fall ein Anspruch des Gewählten auf Ernennung besteht oder bestehen bleibt. Die Eingriffsmittel der bezeichneten Behörden sind ja teilweise unbefristet und können noch nach Mitteilung und Annahme der Wahl eingelegt werden. Die Frist zu ihrer Einlegung kann auch noch über die Annahme der Wahl hinaus laufen.

Durch den Widerspruch oder die Beanstandung wird die Gemeindevertretung gehalten, sich mit der beanstandeten Entscheidung erneut zu befassen[765]. Es entfällt damit kraft Gesetzes die sonst geltende Bindung an die Wahlentscheidung[766]. Mit der Bindung an die Wahl-

[763] § 33 Abs. 1 S. 1 n-w KWG.

[764] Vgl. oben § 8 A II. [765] Vgl. oben § 8 A.

[766] Teilweise a. A. Berkenhoff S. 131, der aber aus der Entscheidung des VG Gelsenkirchen zu weitgehende Folgerungen zieht.

entscheidung wird aber auch der Anspruch des Gewählten hinfällig, denn dieser Anspruch wurde oben aus der objektiven Bindung der Vertretungskörperschaft an das Wahlergebnis und der durch die Mitteilung und Annahme der Wahl hinzutretenden persönlichen Berechtigung des Gewählten hergeleitet. Steht aber die Bindung an das Ergebnis der Wahl von vornherein unter der Bedingung, daß gegen die Wahl weder Widerspruch noch Beanstandung eingelegt werden, so steht der Anspruch des Gewählten, der sich aus dieser Bindung herleitet, ebenfalls unter dieser Bedingung[767].

Eine Klage des Gewählten gegen die Widerspruchsverfügung ist zwar zulässig, aber unbegründet[768], denn er hat keinen Anspruch darauf, daß der Widerspruch oder die Beanstandung unterlassen wird[769].

§ 11

Die Ernennung ohne rechtsgültige Wahl

Nachdem im vorigen Paragraphen die Rechtsstellung einer Person erörtert wurde, die zwar rechtsgültig gewählt aber noch nicht ernannt wurde, ist nun die in etwa umgekehrte Frage zu prüfen, wie die Rechtsstellung einer Person zu beurteilen ist, die ohne vorhergegangene rechtsgültige Wahl zum Wahlbeamten ernannt wurde.

Die Frage war bisher nur in zwei landesrechtlichen Vorschriften ausdrücklich geregelt. § 14 Abs. 2 schl-h LBG bestimmte: „Die Ernennung eines durch Wahl zu berufenden Beamten ist nichtig, wenn ihr kein rechtswirksamer Beschluß der für die Wahl zuständigen Stelle zugrunde gelegen hat". Nach § 150 rh-pf LBG a. F. war die Ernennung eines ehrenamtlichen Bürgermeisters oder Beigeordneten kraft Gesetzes nichtig, wenn ihre Wahl für ungültig erklärt wurde.

Die übrigen Landesgesetze enthielten für gemeindliche Wahlbeamte keine entsprechenden Vorschriften.

Eine vergleichbare Vorschrift für Richter enthält noch § 9 Ziffer 2 des Berliner Landesrichtergesetzes[770]. Danach ist die Ernennung eines Richters nichtig, wenn bei der Berufung der Richterwahlausschuß nicht mitgewirkt hat.

Nach § 10 Abs. 2 BRRG i. d. F. des Bundesgesetzes vom 21. 8. 1961[770a] können die Länder durch Gesetz bestimmen, daß eine Berufung in das Beamtenverhältnis nichtig ist, wenn eine ihr zugrunde liegende Wahl unwirksam ist. Von dieser Ermächtigung haben nur Baden-

---

[767] So auch OVG Lüneburg v. 28. 9. 1953 Amtsblatt f. Schl-H Beilage Rechtspr. Nr. 40; VG Münster v. 7. 11. 1958 Kottenberg-Steffens Entsch. Nr. 5 zu § 49, S. 32; Geib Anm. 4 zu § 197.

[768] Vgl. BVerwG v. 10. 6. 1955 in RiA 1955 S. 301 f.

[769] Vgl. Geib Anm. 4 zu § 197.

[770] v. 19. 6. 1958 GVBl. S. 551.

[770a] BGBl. I 1361.

Württemberg[770b], Rheinland-Pfalz[770c] und Schleswig-Holstein[770d] Gebrauch gemacht. Dort ist mithin die Ernennung eines gemeindlichen Wahlbeamten nichtig, wenn die ihr zugrunde liegende Wahl „nicht rechtswirksam"[770e] oder „unwirksam"[770f] ist.

Es ergibt sich die Frage, wie die Ernennung einer nicht gewählten Person zum Wahlbeamten in den Ländern zu beurteilen ist, deren Landesbeamtengesetze eine den genannten Vorschriften entsprechende Regel nicht enthalten. Die Frage ist schnell beantwortet, wenn man mit der wohl überwiegenden Meinung davon ausgeht, daß die Gründe für die Nichtigkeit und Zurücknehmbarkeit einer Beamtenernennung in den Beamtengesetzen im Anschluß an die §§ 32—34 DBG erschöpfend geregelt sind[771]. Die Anhänger dieser Ansicht vertreten zwar vereinzelt die Meinung, das zur Ausstellung und Aushändigung der Ernennungsurkunde an sich zuständige Gemeindeorgan sei dann unzuständig, wenn es an einer entsprechenden Wahl fehle. Die Ernennung sei mithin in diesen Fällen von einer unzuständigen Behörde ausgesprochen und daher nach den dem § 32 Abs. 1 DBG überall entsprechenden Regelungen der Landesbeamtengesetze[772] nichtig[773]. Demgegenüber ist einzuwenden, daß der nach außen zur Vertretung der Gemeinde berufene Hauptgemeindebeamte bzw. die in Nordrhein-Westfalen und Niedersachsen zur Unterzeichnung der Beamtenurkunden berufenen nichtbeamteten Ratsvorsitzenden und Ratsmitglieder stets für die Ausstellung und Aushändigung der Urkunde „zuständig" sind[774]. Es handelt sich um eine Frage des Verfahrens, nicht der Zuständigkeit, wenn die an sich dazu berufenen Organe einen Kollegialbeschluß verlautbaren oder vollziehen, der gar nicht gefaßt wurde[775]. Da die anderen Nichtigkeits- und Widerrufsgründe nicht vorliegen, hat das OVG Münster[776] entschieden, daß auch die Ernennung eines Nichtgewählten zum Wahlbeamten wirksam sei, da die Ernennung als rechtsbegründender Formalakt etwaige Mängel der zugrunde liegenden Willensbildung heile. Die Entscheidung hat Zustimmung gefunden[777].

[770b] § 13 Abs. 2 b-w LBG.

[770c] § 14 Abs. 3 rh-pf LBG.

[770d] § 14 Abs. 4 schl-h LBG.

[770e] § 14 Abs. 3 rh-pf LBG; § 14 Abs. 4 schl-h LBG.

[770f] § 13 Abs. 2 b-w LBG.

[771] OVG Münster v. 15. 10. 1952 StT 1953 S. 27 und v. 15. 4. 1953 VRSpr. Bd. 5 S. 805; OVG Rh-Pf AS Bd. 2 S. 186ff.; VG Arnsberg v. 28. 1. 1953 zitiert bei Muntzke-Schlempp S. 547; VG Rh-Pf v. 5. 5. 1953 DVBl. 1954 S. 127; Muntzke-Schlempp S. 547; Brand Anm. zu § 32—34 DBG; Otto ZBR 1955 S. 1f. [772] Vgl. z. B. § 12 Abs. 1 n-w LBG.

[773] So z. B. Anonym „Briefkasten" BBZ 1953 S. 80; insbesondere Menth S. 59f. [774] So mit Recht Baring Berufung S. 146.

[775] So insbesondere OVG Münster v. 9. 3. 1956 DVBl. 1957 S. 233.

[776] StT 1953 S. 27.

[777] Muntzke-Schlempp S. 549; Salzmann-Schunck Erl. 4 zu § 40; Baring Berufung S. 146.

Der Ausgangspunkt dieser Entscheidung, daß nämlich die in den Beamtengesetzen geregelten Nichtigkeits- und Widerrufsgründe eine abschließende Regelung darstellen, ist jedoch nicht unbestritten. Peters[778] vertritt unter Berufung auf Heylandt[779] die Ansicht, daß die §§ 32—34 DBG eine Reihe von Fehlerfolgen, die bisher umstritten gewesen seien, für die Beamtenernennung teilweise abweichend vom allgemeinen Verwaltungsrecht regelten und insoweit den allgemeinen Regeln vorgingen[780]. Die Nichtigkeitsgründe seien damit aber nicht erschöpfend aufgezählt, während dies bei den Widerrufsgründen der Fall sei, wie sich aus der Wortfassung des § 32 Abs. 2 DBG ergebe[781].

Die Vertreter der erstgenannten Ansicht berufen sich vor allem auf die Absicht des Gesetzgebers des DBG, die Rechtsunsicherheit bei Beamtenernennungen zu beseitigen[782]. Das VG Rh-Pf[783] zitiert dazu die amtliche Begründung zum DBG: „Die Ernennung zum Beamten ist ein Hoheitsakt. Sie ist nichtig, wenn die Voraussetzungen des § 31 Abs. 1 vorliegen. Sonstige Fehler bei der Ernennung sollen den öffentlich-rechtlichen Akt der Ernennung nicht ohne weiteres nichtig machen. Es ist vielmehr der Weg gewählt worden, die Ernennung für nichtig erklären zu lassen." Es ist jedoch so, daß die Motive des Gesetzgebers nicht bindend sind, sondern nur einen Anhaltspunkt bei der Auslegung des Gesetzes geben[784]. Hinzu kommt, daß das DBG außer im alten Land Südbaden nirgends mehr gilt, sondern durch neuere Beamtengesetze ersetzt wurde, die allerdings die Regelung des DBG fast wörtlich übernommen haben. Daß die Regelung der Nichtigkeitsgründe in § 32 Abs. 1 DBG entgegen der Ansicht des Gesetzgebers nicht abschließend war, zeigte schon § 27, der den Wortlaut der Ernennungsurkunde regelte. Eine Ernennung, bei der in der Urkunde die Worte „unter Berufung in das Beamtenverhältnis" fehlten, war danach unwirksam — nichtig — ohne daß das ausdrücklich gesagt wurde. Die Frage, ob die Ernennung zum Beamten auf Zeit wirksam war, wenn die Angabe der Zeitdauer der Berufung fehlte, war ebenfalls im DBG nicht ausdrücklich geregelt und hat zu widersprechenden Gerichtsentscheidungen geführt[785]. Das VG Rh-Pf[786], das sich ausdrücklich gegen die Ansicht von Peters wendet, nennt darüber hinaus einige Fälle unwirksamer Ernennungen, die im DBG und teilweise auch in den

---

[778] Lehrb. S. 259.

[779] Beamtenrecht S. 98f.

[780] So heute auch Fischbach Anm. I zu § 11 BBG anders früher im Kommentar zum DBG 1951 S. 470; Weber AöR n. F. Bd. 34 S. 62/63.

[781] Peters Lehrb. S. 260; Fischbach Anm. I zu § 11 BBG.

[782] Vgl. OVG Münster VRSpr. Bd. 5 S. 805.

[783] DVBl. 1954 S. 127.

[784] Enneccerus-Nipperdey § 55 I 1.

[785] Vgl. BGH v. 2. 10. 1952 BGHZ Bd. 7 S. 249 gegen OVG Münster v. 15. 10. 1952 OVGE Bd. 6 S. 34.

[786] DVBl. 1954 S. 127.

neueren Beamtengesetzen nicht ausdrücklich geregelt sind, so z. B. die mangelnde Mitwirkung dritter Stellen und die fehlende Zustimmung des Ernannten. Baring[787] nennt in diesem Zusammenhang die nicht formgerechte Unterzeichnung der Ernennungsurkunde. Das VG Rh-Pf versucht seine Ansicht von der erschöpfenden Aufzählung der Nichtigkeitsgründe in § 32 Abs. 1 DBG damit zu halten, daß es die im Gesetz nicht geregelten Fälle der unwirksamen Ernennung als „Nichternennung" bezeichnet und sie im Gegensatz zu der nach § 32 Abs. 1 DBG nichtigen Ernennung stellt[788]. Es ist dies jedoch ein Unterschied in der Terminologie und nicht in der Sache. Auch die „Nichternennung" ist ein Verwaltungsakt und kein Nichtverwaltungsakt wie etwa eine Scherzerklärung oder die Erklärung eines Hauptmanns von Köpenick[789]. Die „Nichternennung" im Sinne des VG Rh-Pf ist nur ein Verwaltungsakt, der wegen Formmangels nichtig ist. Interessanterweise rechnet das VG Rh-Pf auch die wegen mangelnder Mitwirkung dritter Stellen unwirksamen Ernennungen hierher, in denen der Mangel nicht in der Form, sondern im Verfahren liegt. Derartige Fälle, wie etwa die mangelnde Mitwirkung der Aufsichtsbehörde oder des Personalrats führen einige neuere Beamtengesetze[790] im Anschluß an § 10 BRRG als besonderen Nichtigkeitsgrund an. Das Beispiel zeigt, daß zwischen der „Nichternennung" im Sinne des VG Rh-Pf und der nichtigen Ernennung kein sachlicher Unterschied besteht. In beiden Fällen handelt es sich um einen Verwaltungsakt, der wegen besonderer Mängel nichtig ist. Diese Betrachtung zeigt, daß auch die Anhänger der Ansicht, daß die Ernennung nur aus den in den Beamtengesetzen besonders geregelten Fällen nichtig sein könne, weitere, nicht besonders aufgeführte Nichtigkeitsgründe kennen. Sie verschleiern diese Tatsache lediglich durch eine sachlich nicht begründete terminologische Unterscheidung. Im Grunde wenden sie den Grundsatz des allgemeinen Verwaltungsrechtes, daß Formmängel einen Verwaltungsakt nichtig machen[791], an, wenn sie eine mündliche Ernennung als „Nichternennung" und damit als unwirksam bezeichnen. Sie folgen damit an sich doch der Ansicht von Peters, daß auf Ernennungen die Nichtigkeitsgründe des allgemeinen Verwaltungsrechts anwendbar sind, soweit nicht die Beamtengesetze für einige Fehlergruppen Sonderbestimmungen enthalten. Der Unterschied zwischen der überwiegenden Meinung und der Ansicht von Peters ist damit jedoch nicht gegenstandslos. Bei der „Nichternennung" der herrschenden Meinung handelt es sich überwiegend um Fälle, in denen die Ernennung den Formerfordernissen nicht entspricht, wobei jedoch auch Verfahrensmängel wie die mangelnde Mitwirkung dritter Behörden oder das fehlende Einverständnis des Ernannten mit hinein-

[787] Berufung S. 146.
[788] So auch Bochalli Anm. zu § 12 n-w LBG.
[789] Vgl. Peters Lehrb. S. 165.
[790] z. B. § 11 Abs. 1 Ziff. 2 n-w LBG.
[791] Vgl. Peters Lehrb. S. 166.

gezogen werden. Nach Peters sollen jedoch nicht nur die Regeln über Formmängel, sondern alle Nichtigkeitsgründe des allgemeinen Verwaltungsrechts anwendbar sein, soweit die Beamtengesetze nicht eine Sonderregelung enthalten. Die obigen Ausführungen beweisen nur, daß auch die überwiegende Meinung ihre Regel von der erschöpfenden Aufzählung der Nichtigkeitsgründe im Einzelfall durchbricht. Immerhin zeigen sie, daß sich diese Regel nicht streng durchführen läßt.

Otto[792] untersucht die Frage, ob die in den Beamtengesetzen aufgeführten Nichtigkeitsgründe eine abschließende Regelung darstellen, unter dem Gesichtspunkt, ob die Regeln des allgemeinen Verwaltungsrechts über die Nichtigkeit weitergehen als die in den Beamtengesetzen geregelten Gründe. Er kommt zu dem Ergebnis, daß die Nichtigkeitsgründe der Beamtengesetze praktisch alle wichtigen Fälle treffen, so daß für die Anwendung der allgemeinen Regeln kein Bedürfnis bestehe. Die wichtige und hier besonders interessierende Frage der Verfahrensmängel behandelt er[793] nur unter dem Aspekt der mangelnden Mitwirkung, Zustimmung oder Genehmigung einer dritten Behörde und führt aus, daß Mängel in dieser Hinsicht auch nach den Regeln des allgemeinen Verwaltungsrechts nicht zur Nichtigkeit führten. Es ist hier nicht der Ort, auf diese zweifelhafte Frage einzugehen. Diese Behandlung der Verfahrensmängel zeigt aber, daß die Abhandlung von Otto unter dem gleichen Mangel leidet wie die meisten Beamtengesetze. Das Beamtenrecht wird dort einseitig unter dem Gesichtspunkt der Laufbahnbeamten auf Lebenszeit und hier noch vorzugsweise der Staatsbeamten gesehen. Die Zeitbeamten und Wahlbeamten werden nur am Rande behandelt. Die schweren Mängel des Berufungsverfahrens, die hier vorkommen können, werden in der Regel nicht berücksichtigt. Es dürfte aber Einhelligkeit darüber bestehen, daß es der Billigkeit entspricht, die Ernennung eines Wahlbeamten als unwirksam zu behandeln, der bei der Ernennung wußte, daß er entweder überhaupt nicht gewählt war oder daß seine Wahl an ganz offensichtlichen schweren Mängeln litt.

Da somit die überwiegende Meinung ihren Grundsatz von der erschöpfenden Aufzählung der Nichtigkeitsgründe selbst durchbricht und andererseits auch ein Bedürfnis für die Anerkennung weiterer Nichtigkeitsgründe besteht, ist es m. E. nur konsequent, der Ansicht von Peters zu folgen, daß vorbehaltlich der Spezialregelung der Beamtengesetze die Regeln des allgemeinen Verwaltungsrechts über die Nichtigkeit der Verwaltungsakte auch auf die Ernennung anzuwenden sind.

Die Frage, welche Fehler zur Nichtigkeit eines Verwaltungsaktes führen, ist umstritten. Es ist hier nicht Raum für eine Erörterung dieses Problems. Es sei daher insoweit auf die Lehrbücher des Ver-

[792] ZBR 1955 S. 1ff.
[793] a. a. O. S. 4f.

waltungsrechts[794] und auf die einschlägigen Abhandlungen[795] und Gerichtsentscheidungen[796] verwiesen. M. E. ist für die Verfahrensmängel der sogenannten Evidenztheorie zu folgen, wie sie das OVG Münster in seiner Entscheidung vom 9. 3. 1956[797] im Anschluß an Ule[798] und Bender[799] vertritt. Danach ist ein Verwaltungsakt nur dann nichtig, wenn er an einem schweren und offenkundigen Mangel leidet. Für diese Auffassung spricht entscheidend, daß unter der Herrschaft der verwaltungsgerichtlichen Generalklausel der Einzelne durch die Möglichkeit der Anfechtung hinreichend gegen fehlerhafte Verwaltungsakte geschützt ist. Die Einordnung eines fehlerhaften Verwaltungsaktes in die Kategorie der Nichtigkeit ist daher nur gerechtfertigt, wenn ein von dem Willen des Betroffenen unabhängiges Interesse an der Nichtigkeit des Verwaltungsaktes besteht und durch die Nichtigkeit die Rechtswerte der Rechtssicherheit und des Vertrauensschutzes nicht gefährdet werden. Ein allgemeines Interesse an der Nichtigkeit eines Verwaltungsaktes besteht bei besonders schweren und groben Fehlern. Die genannten Rechtswerte werden nur dann nicht gefährdet, wenn zu der Schwere des Fehlers dessen Offenkundigkeit hinzutritt, also der grundsätzlich für die Rechtswirksamkeit des Verwaltungsaktes streitende Rechtsschein im besonderen Fall schon auf den ersten Blick widerlegt ist[800]. Dabei ist für die Offenkundigkeit auf die Tatsachenkenntnis der Beteiligten abzustellen[801], da der Vertrauensschutz zwischen ihnen besteht. Die Evidenztheorie erhält dadurch einen subjektiven Einschlag, worauf Wolff[802] mit Recht hinweist.

Es fragt sich nun, ob eine Ernennung ohne entsprechende Wahl an einem schweren Verfahrensmangel leidet. Nach Jellinek[803] kann ein Verfahrensmangel nur dann zur Nichtigkeit führen, wenn er den Verwaltungsakt selbst betrifft. Weiter zurückliegende Fehler hätten keine Nichtigkeitserfolge. Es ließe sich daher die Ansicht vertreten, der Verwaltungsakt der Ernennung sei derjenige, auf den es ankomme, die Wahl dagegen sei eine weiter zurückliegende Voraussetzung. Man kann aber m. E. Wahl und Ernennung nicht derart auseinanderreißen. Es ist im vorigen Paragraphen dargelegt worden, daß bei der Wahl der Schwerpunkt des Berufungsverfahrens liegt und die Ernennung nur ein unselbständiger Folgeakt ist. Dieser Sachlage entspricht es

[794] Peters S. 165ff.; Forsthoff S. 202ff.; Wolff S. 236ff.; Jellinek S. 268ff.; Huber Bd. II S. 662ff.; Bender S. 102ff.

[795] Ule DVBl. 1957 S. 26ff.; Bachof DÖV 1951 S. 275.

[796] OVG Münster OVGE Bd. 1 S. 100f.; DVBl. 1957 S. 21ff.; Hess. VGH VerwRSpr. Bd. 1 S. 152ff. und Bd. 6 S. 203ff.

[797] DVBl. 1957 S. 21ff.

[798] Recht-Staat-Wirtschaft Bd. III S. 260ff.

[799] Bender VerwR S. 102ff.

[800] So OVG Münster DVBl. 1957 S. 24.

[801] Vgl. Bachof DÖV 1951 S. 276 a. E.

[802] VerwR § 51 I 3b a. E.

[803] VerwR S. 271.

allein, wenn man die Wahl auch als verfahrensmäßigen Bestandteil der Ernennung ansieht. Es hat insofern seinen guten Sinn, daß empfohlen wird, die Tatsache der Wahl in die Ernennungsurkunde aufzunehmen[804]. Die grundlegende Bedeutung der Wahl erfordert es auch, daß ihr Fehlen als schwerer Verfahrensmangel angesehen wird. Das Gleiche muß gelten, wenn ein irgendwie gearteter Wahlvorgang stattgefunden hat, der aber selbst wieder an schweren Mängeln leidet, wie etwa eine Wahl durch einen beschlußunfähigen Gemeinderat oder durch einen Rat, dessen Mehrheitsverhältnisse durch fehlerhafte Ladung der Mitglieder manipuliert wurde. Auch eine beanstandete Wahl oder eine Wahl, der widersprochen wurde, gehört hierher. Ein Versuch, die verschiedenen Fehlermöglichkeiten hier zu erörtern, würde zu weit führen.

Derartige schwere Mängel führen zur Nichtigkeit der Ernennung, wenn sie offenkundig sind, d. h. wenn sie den Beteiligten bekannt oder doch leicht erkennbar sind. Dabei werden schwere Mängel des Berufungsverfahrens den beteiligten Gemeindeorganen immer erkennbar sein, so daß es im wesentlichen auf die Tatsachenkenntnis des Gewählten ankommt. Der Gewählte verdient keinen Vertrauensschutz, wenn er von vornherein weiß, daß er ernannt wird, obwohl er überhaupt nicht gewählt wurde oder obwohl seine Wahl an ganz groben Mängeln leidet. Ebenso verdient er keinen Vertrauensschutz, wenn er die Mängel nicht erkennt, obwohl sie für ihn leicht erkennbar sind.

In diesen Fällen, in denen Schwere und Offenkundigkeit des Verfahrensmangels zusammentreffen, ist die Ernennung nach den Regeln des allgemeinen Verwaltungsrechts nichtig, soweit nicht Sondervorschriften wie die eingangs genannten die Nichtigkeit besonders regeln. Die Anwendung der Evidenztheorie auf die Nichtigkeit der Ernennung entkräftet auch ein Argument, daß von der überwiegenden Meinung dafür vorgebracht wird, daß die Nichtigkeitsgründe der Beamtengesetze eine erschöpfende Aufzählung sind. Danach soll der Beamte auf die Rechtswirksamkeit der Ernennungsurkunde vertrauen können und nur mit den Nichtigkeitsgründen der Beamtengesetze rechnen müssen[805]. Es wird also auf den Vertrauensschutz abgestellt. Ein schützenswertes Vertrauen des Ernannten besteht aber dann nicht, wenn ihm die schweren sonstigen, nicht im jeweiligen Beamtengesetz aufgeführten Mängel offenkundig sind.

Nach dem eben Ausgeführten sind aber nicht alle Ernennungen ohne rechtsgültige Wahl nichtig. Es bleiben diejenigen Fälle, in denen das Fehlen der Wahl oder die sonstigen Mängel des Berufungsverfahrens dem Ernannten unbekannt geblieben sind und auch nicht ohne weiteres für ihn erkennbar waren. In diesen Fällen ist die Ernennung nach der Evidenztheorie nicht nichtig, und die erschöpfend aufgezählten Widerrufsgründe der Beamtengesetze liegen ebenfalls nicht vor. Die Ernennung ist demnach wirksam.

[804] Vgl. oben Anm. 602, 603.
[805] OVG Münster VRSpr. Bd. 5 S. 805.

Gegen diese Lösung läßt sich einwenden, daß die Ernennung eines Wahlbeamten, also eines verfassungsmäßigen Gemeindeorgans, ohne vorhergehende rechtsgültige Wahl ein schwerer Eingriff in die demokratische Selbstverwaltung der Gemeinde ist. Auf dieses Bedenken stellt Koch[806] ab. Der Einwand greift aber m. E. nicht durch. Er ist nur berechtigt, wenn aus der Ernennung ohne weiteres folgt, daß der ohne vorhergehende rechtsgültige Wahl ernannte Wahlbeamte sein Amt auch ausüben kann. Die rechtmäßige Ausübung der organschaftlichen Befugnisse setzt aber voraus, daß der Wahlbeamte auch zum Organ bestellt worden ist. Seine Organstellung wird aber, wie oben[807] ausgeführt wurde, durch die Wahl und nicht durch die Ernennung begründet. Der ohne Wahl ernannte Wahlbeamte kann demnach sein Amt nicht ausüben, da er die zur Ausübung seines Amtes erforderliche Organstellung nicht erlangt hat. Dagegen besitzt er die persönliche Rechts- und Pflichtenstellung eines Beamten[808]. Diese Lösung entspricht der, die der Gesetzgeber von Nordrhein-Westfalen in einem gleichen Konflikt zwischen dem Beamtenrecht und den Grundsätzen demokratischer Selbstverwaltung gewählt hat. In den ersten Nachkriegsjahren waren in den Gemeinden Nordrhein-Westfalens „Wahlbeamte" auf Zeit oder Lebenszeit ernannt worden, ohne daß der Ernennung eine Wahl durch einen seinerseits demokratisch gewählten Gemeinderat zugrunde lag. Mit der Einführung eines demokratischen Gemeindeverfassungsrechts ergab sich die Frage, was aus diesen „Wahlbeamten" werden sollte. Der Gesetzgeber in Nordrhein-Westfalen hat dann durch die Gesetze vom 9. 12. 1947[809] und vom 27. 7. 1948[810] und § 117 Abs. 2 lit. c n-w GO bestimmt, daß bei den im Amt befindlichen Wahlbeamten, die nicht von einer gewählten Vertretungskörperschaft gewählt oder im Amt bestätigt waren, die Vertretungskörperschaft über das Verbleiben im Amt entscheide. Soweit die Beamten ausscheiden sollten, wurden dadurch ihre wohlerworbenen Rechte als Beamte nicht berührt[811]. Die Wahlbeamten, die nicht durch Wahl eines seinerseits demokratisch gewählten Gemeinderats berufen waren, mußten demnach durch Beschluß des nun gewählten Gemeinderats legitimiert werden oder aus dem Amt ausscheiden. Sie behielten aber auch im Falle ihres Ausscheidens ihre Beamtenrechte[812].

In gleicher Weise können m. E. die wirksam ernannten, aber nicht rechtsgültig gewählten Wahlbeamten ihr Amt nicht ausüben, behalten aber ihre Beamtenrechte. Das Recht der Gemeinde auf demokratische Selbstverwaltung wird auf diese Weise nicht verletzt, denn sie ist frei, in einem ordnungsgemäßen Berufungsverfahren eine Person als Organ zu berufen. Die Gemeinde bleibt lediglich finanziell durch die Besol-

---

[806] SKV 1955 S. 208ff. [807] Oben Text nach Anm. 793.

[808] So für ähnliche Verfahrensmängel Otto a. a. O. S. 5.

[809] GVBl. 1948 S. 37. [810] GVBl. S. 245.

[811] § 2 des n-w Gesetzes vom 9. 12. 1947.

[812] Vgl. Klaus Müller S. 43, Friesenhahn Rechtsgutachten.

dungsansprüche des zu Unrecht Ernannten belastet. Diese Belastung muß sie aber im Interesse des Ernannten in Kauf nehmen. Der Fehler im Berufungsverfahren ist durch Versehen der für die Wahl oder die Ernennung berufenen Gemeindeorgane verursacht worden, während der Ernannte in seinem Vertrauen auf die Ernennung, welche die Grundlage seiner persönlichen und wirtschaftlichen Stellung ist, geschützt werden muß. Gerade im Verfassungsleben der Gemeinden, insbesondere der kleinen Gemeinden, wirken viele juristische Laien mit. Die Möglichkeit, daß sich durch Unkenntnis der Beteiligten Mängel im Berufungsverfahren ergeben, ist daher groß. Andererseits bietet die tägliche Verwaltungspraxis genug Anlaß für Zwistigkeiten zwischen dem Rat und der Spitze der Gemeindeverwaltung. Die Wahlbeamten müssen nun m. E. davor geschützt werden, daß sich der Rat bei Differenzen mit ihnen plötzlich irgendwelcher Mängel im Berufungsverfahren besinnt, die der Beamte bei der Ernennung nicht erkennen konnte und die vielleicht schon Jahre zurückliegen. Die Regelung des § 14 schl-h LBG ist unter diesem Gesichtspunkt m. E. rechtspolitisch bedenklich.

Es kommt allerdings hinzu, daß eine Wahl, die an groben Verfahrensmängeln oder anderen behebbaren Mängeln leidet, gültig wiederholt werden kann. Dem Gemeinderat steht es also frei, bei behebbaren Mängeln der Wahl diese rechtsgültig zu wiederholen und den zu Unrecht, aber wirksam Ernannten durch die zweite Wahl zu legitimieren. Der Gemeinderat wird zu einer wirksamen zweiten Wahl des Ernannten immer dann geneigt sein, wenn die Mängel der ersten Wahl auf einem Verschulden seiner Mitglieder beruhen und daher Schadensersatzansprüche der Gemeinde gegen diese drohen[813], weil die Gemeinde dem Wahlbeamten sein Gehalt zahlen muß, ohne seine Dienste in Anspruch nehmen zu können.

Zusammenfassend ist zu sagen, daß eine Ernennung ohne rechtsgültige Wahl in Baden-Württemberg, Rheinland-Pfalz und Schleswig-Holstein nichtig ist. In den übrigen Ländern ist die Ernennung — vorbehaltlich der unter Umständen anwendbaren besonderen Nichtigkeitsgründe oder Widerrufsgründe der Landesbeamtengesetze — nur dann nichtig, wenn für die Beteiligten schwere Mängel des Berufungsverfahrens offenkundig sind. Sind die Mängel nicht offenkundig, so ist die Ernennung wirksam, der Ernannte kann aber sein Amt nicht ausüben, soweit die Wahl nicht wirksam nachgeholt wird.

§ 12

Der Amtsbeginn

Der gewählte Bewerber wird grundsätzlich dadurch Beamter, daß ihm die formgerechte Ernennungsurkunde ausgehändigt wird. Die

[813] Vgl. § 30 Abs. 3 n-w GO.

Ernennung wird am gleichen Tage wirksam, wenn nicht in der Urkunde ein späterer Tag bestimmt ist. Eine Ernennung auf einen zurückliegenden Zeitpunkt ist unzulässig und insoweit unwirksam[814]. Gleichzeitig mit der Ernennung wird dem Wahlbeamten sein Amt übertragen. Falls nicht in der Urkunde ein späteres Datum festgesetzt ist, wird die Amtsübertragung sofort wirksam, und die Amtszeit beginnt zu laufen. Das ist in einigen Gemeindegesetzen[815] noch besonders ausgesprochen.

Die Amtszeit der Bürgermeister in Baden-Württemberg, die keine Ernennungsurkunde erhalten, beginnt mit dem Amtsantritt[816]. Der Bürgermeister darf sein Amt erst antreten, wenn die einmonatige Beanstandungsfrist verstrichen und damit die Wahl rechtsgültig geworden ist[817]. Beim Amtsantritt verpflichtet ein vom Gemeinderat gewähltes Mitglied den Bürgermeister in öffentlicher Sitzung des Gemeinderats und vereidigt ihn, wenn er noch keinen Diensteid abgelegt hat[818]. Die Verpflichtung gilt nur für die jeweilige Amtszeit und ist bei einer Wiederwahl im Gegensatz zum Diensteid zu wiederholen. Sie ist ein in feierlicher Form gehaltener Hinweis auf die Pflichten des Bürgermeisters gegenüber der Gemeinde, ihren Einwohnern und dem Staat. Die Formel des Diensteides ergibt sich aus Art. 78 b-w Verfassung. Der Amtsantritt ist der Aufsichtsbehörde anzuzeigen[819].

Bei den Beigeordneten in Baden-Württemberg, die eine Ernennungsurkunde erhalten, gelten für den Amtsantritt die üblichen Regeln[820]. Zu beachten ist, daß bei ihnen keine Verpflichtung stattfindet[821]. Dagegen sind sie nach Art. 78 b-w Verfassung zu vereidigen.

Die Amtszeit des ersten oder weiteren bayerischen Bürgermeisters beginnt am Tage nach der Annahme der Wahl, bei einem berufsmäßigen Bürgermeister allerdings nicht vor dem Ablauf der Amtszeit des Vorgängers[822]. Der erste Bürgermeister wird vom ältesten Mitglied des Gemeinderates, die weiteren Bürgermeister vom ersten Bürgermeister in öffentlicher Sitzung des Gemeinderates vereidigt[823]. Die Eidesformel ergibt sich aus § 31 Abs. 5 bayer. GO. Dagegen leisten die berufsmäßigen Gemeinderatsmitglieder den nach Art. 16 bayer. LBG von 1946[824] vorgesehenen Beamteneid und nicht den für Gemeinderatsmitglieder vorgeschriebenen[825].

Auch in den übrigen Ländern haben die Wahlbeamten bei der ersten Berufung zum Beamten den Beamteneid zu leisten[830]. In einigen Ländern

[814] Vgl. § 10 Abs. 3 n-w LBG; § 13 Abs. 3 schl-h LBG; § 11 Abs. 3 brem. LBG; allgemein § 5 Abs. 4 BRRG.

[815] § 46 Abs. 2 hess. GO; § 2 Abs. 3 2. DVO zur saarl. GO.

[816] § 42 Abs. 3 b-w GO. [817] Vgl. oben S. 164.

[818] § 42 Abs. 6 b-w GO. [819] § 11 der 1. DVO zur b-w GO.

[820] Kunze-Schmid Anm. I 2 zu § 50.

[821] Vgl. Runderlaß zu 50 b-w GO.

[822] Art. 30 Abs. 2, Art. 31 Abs. 1 und 2, Art. 32 und 38 Abs. 4 bayer. GWG.

[823] § 31 Abs. 5 bayer. GO. [824] Vgl. § 214 bayer. LBG.

[825] [829] Hölzl Anm. 8 zu Art. 31.

[830] Vgl. § 40 BRRG, § 61 n-w LBG.

gelten darüberhinaus noch besondere Vorschriften über den Zeitpunkt der Vereidigung der gemeindlichen Wahlbeamten. In Bremerhaven[831], Nordrhein-Westfalen[832] und Schleswig-Holstein[833] muß die Vereidigung vor dem Amtsantritt erfolgen und in Bremerhaven und Nordrhein-Westfalen mit einer Amtseinführung verbunden werden. In Bremerhaven wird der Oberbürgermeister vom Stadtverordnetenvorsteher und die Stadträte vom Oberbürgermeister vereidigt. In Nordrhein-Westfalen werden alle gemeindlichen Wahlbeamten vom Vorsitzenden der Gemeindevertretung, dem Bürgermeister, vereidigt. In Schleswig-Holstein vereidigt ebenfalls der Vorsitzende der Gemeindevertretung die Wahlbeamten der Gemeinde; nur in den ehrenamtlich verwalteten Landgemeinden, wo der ehrenamtliche Bürgermeister zugleich Ratsvorsitzender ist, wird er von seinem Stellvertreter eingeführt und vereidigt.

Besondere Vorschriften über die Amtseinführung kennen noch Hessen und Rheinland-Pfalz. In Hessen[834] werden die Bürgermeister und Beigeordneten von dem Vorsitzenden der Gemeindevertretung in ihr Amt eingeführt und durch Handschlag auf die Erfüllung ihrer Aufgaben verpflichtet. In Gemeinden mit Bürgermeisterverfassung, in denen der Bürgermeister gleichzeitig den Vorsitz im Rate führt, übernimmt das an Jahren älteste Gemeinderatsmitglied die Einführung und Verpflichtung[835]. Die Einführung und Verpflichtung muß spätestens sechs Monate nach der Wahl stattfinden und entfällt bei einer Wiederwahl des alten Stelleninhabers. In Rheinland-Pfalz[836] wird eigenartigerweise der Bürgermeister von einem Vertreter der Aufsichtsbehörde eingeführt. Der Bürgermeister führt seinerseits die Beigeordneten ein. Mit der Einführung ist eine Verpflichtung verbunden. Beide Länder schreiben vor, daß die Ernennungsurkunde bei der Einführung überreicht wird. Sie wird dem Bürgermeister von seinem allgemeinen Stellvertreter und den Beigeordneten vom Bürgermeister ausgehändigt[837]. Eine Verbindung der Einführung mit der Leistung des Beamteneides ist dagegen in beiden Ländern nicht vorgeschrieben. Sie wird sich aber in der Regel empfehlen. Dabei ist in Hessen allerdings zu beachten, daß nach dem Runderlaß vom 30. 12. 1948[838] grundsätzlich der Leiter der Anstellungsbehörde den Eid abzunehmen hat. Der Leiter der Anstellungskörperschaft wird von einem Vertreter der Aufsichtsbehörde vereidigt. Demnach ist der Bürgermeister von einem Vertreter der Aufsichtsbehörde zu vereidigen.

In Niedersachsen und im Saarland ist eine besondere Amtseinführung oder der Zeitpunkt der Vereidigung nicht vorgeschrieben.

---

[831] § 47 Abs. 4 Verf. d. Stadt Bremerhaven.
[832] § 49 Abs. 3 n-w GO.
[833] §§ 53, 59, 66 schl-h GO.
[834] § 46 hess. GO. [835] § 78 Abs. 1 hess. GO n. F.
[836] § 47 rh-pf GO.
[837] § 46 Abs. 2 hess. GO; § 26 Abs. 3 DVO zur rh-pf GO.
[838] Staatsanzeiger S. 1.

MÜNSTERISCHE BEITRÄGE
ZUR RECHTS- UND STAATSWISSENSCHAFT

Herausgegeben von der Rechts- und Staatswissenschaftlichen Fakultät der Westfälischen Wilhelms-Universität in Münster. Format Oktav.

1. **Wurzel, Wandel und Wert der strafrechtlichen Legalordnung**
von Privatdozent Dr. Dietrich Oehler. XX, 217 Seiten. 1950.
DM 9,—

2. **Wechsel- und Scheckrecht unter Berücksichtigung des ausländischen Rechts**
von Professor Dr. Ernst Jacobi †. XV, 1057 Seiten. 1955.
Halbleder DM 106,—

3. **Die Wahlverfahren und ihre Vereinbarkeit mit den demokratischen Anforderungen an das Wahlrecht**
von Dr. Heribert Westerath. VIII, 71 Seiten. 1955. DM 7,25

4. **Der strafrechtliche Schutz bei den Sicherungsrechten des modernen Wirtschaftsverkehrs**
Zugleich ein Beitrag zur Lehre von der Abhängigkeit des Strafrechts vom Zivilrecht von Rechtsanwalt Dr. Jürgen Baumann. XI, 260 Seiten. 1956. DM 30,—

5. **Der allgemeine Gleichheitssatz und die Aufgabe des Richters**
Ein Beitrag zur Frage der Justitiabilität von Art. 3 Abs. 1 des Bonner Grundgesetzes von Werner Böckenförde. XVI, 90 Seiten. 1957.
DM 9,80

6. **Die Anwendung von Gesetzen auf früher entstandene Sachverhalte**
(sogenannte Rückwirkung von Gesetzen) von Dr. Hans Scheerbarth. XV, 112 Seiten. 1961. DM 14,—

7. **Rechtspflegedelikte in der fränkischen Zeit**
von Dr. Adolf Schmitt-Weigand. XXVIII, 162 Seiten. 1962. DM 21,—

8. **Die Kriminalität in den USA und ihre Behandlung**
von Professor Walter C. Reckless. 1963. Im Druck

WALTER DE GRUYTER & CO · BERLIN 30

VERÖFFENTLICHUNGEN DER VEREINIGUNG DER DEUTSCHEN STAATSRECHTSLEHRER

Die verfassungsrechtliche Stellung der politischen Parteien im modernen Staat. Die Verfassungsverfahren

Berichte von *Konrad Hesse*, *Gustav E. Kafka*, *Karl August Bettermann*, *Erwin Melichar* und Aussprache zu den Berichten in den Verhandlungen der Tagung der deutschen Staatsrechtslehrer zu Wien am 9. und 10. Oktober 1958

Oktav. 255 Seiten. 1959. DM 24,— (Heft 17)

Das Grundgesetz und die öffentliche Gewalt internationaler Staatengemeinschaften. Der Plan als verwaltungsrechtliches Institut

Berichte von *Georg Erler*, *Werner Thieme*, *Max Imboden*, *Klaus Obermayer* und Aussprache zu den Berichten in den Verhandlungen der Tagung der deutschen Staatsrechtslehrer zu Erlangen vom 8. und 9. Oktober 1959

Oktav. 255 Seiten. 1960. DM 21,50 (Heft 18)

Verträge zwischen Gliedstaaten im Bundesstaat. Schranken nichthoheitlicher Verwaltung

Berichte von *Hans Schneider*, *Wilfried Schaumann*, *Walter Mallmann*, *Karl Zeidler* und Aussprache zu den Berichten in den Verhandlungen der Tagung der deutschen Staatsrechtslehrer zu Köln vom 12. bis 15. Oktober 1960

Oktav. IV, 291 Seiten. 1961. DM 30,— (Heft 19)

Prinzipien der Verfassungsinterpretation. Gefährdungshaftung im Öffentlichen Recht

Berichte von *Peter Schneider* und *Horst Ehmke*, *Günther Jaenicke* und *Walter Leisner* und Aussprache zu den Berichten in den Verhandlungen der Tagung der deutschen Staatsrechtslehrer zu Freiburg vom 4. bis 7. Oktober 1961

Oktav. IV, 288 Seiten. 1963. DM 36,— (Heft 20)

Föderalismus als nationales und internationales Ordnungsprinzip. Die Öffentliche Sache

Berichte von *Hartwig Bülck* und *Peter Lerche*, *Werner Weber* und *Klaus Stern* und Aussprache zu den Berichten in den Verhandlungen der Tagung der deutschen Staatsrechtslehrer in Münster vom 3. bis 6. Oktober 1962

(Heft 21) Im Druck.

Angaben über Heft 1—16 auf Anfrage.